ÉMILE BERGERAT

THÉOPHILE GAUTIER

ENTRETIENS, SOUVENIRS
ET CORRESPONDANCE

AVEC UNE PRÉFACE
DE
EDMOND DE GONCOURT
ET
UNE EAU-FORTE DE FÉLIX BRACQUEMOND

DEUXIÈME ÉDITION

PARIS
G. CHARPENTIER, ÉDITEUR
13, RUE DE GRENELLE-SAINT-GERMAIN, 13
1879

THÉOPHILE GAUTIER

IL A ÉTÉ TIRÉ

Cinquante exemplaires numérotés sur papier de Hollande.

Prix : 7 fr.

Et *douze* exemplaires numérotés sur papier de Chine.

Prix : 12 fr.

ÉMILE BERGERAT

THÉOPHILE GAUTIER

ENTRETIENS, SOUVENIRS
ET CORRESPONDANCE

Avec une Préface

DE

EDMOND DE GONCOURT

ET

UNE EAU-FORTE DE FÉLIX BRACQUEMOND

Deuxième édition.

PARIS

G. CHARPENTIER, ÉDITEUR

13, RUE DE GRENELLE-SAINT-GERMAIN, 13

1879

PRÉFACE

> Toute ma valeur, les critiques n'ont jamais parlé de cela : c'est que je suis un homme pour qui le *monde visible existe*.
>
> Charles Demailly.

Voilà comme j'aime le théâtre... dehors ; — c'était Théophile Gautier qui nous accrochait le bras, sur le boulevard, pendant un entr'acte de la première de *Rothomago*. — Il reprenait : « J'ai trois femmes dans ma loge qui me raconteront le spectacle. Fournier, un homme de génie ! Jamais avec lui une pièce nouvelle. Tous les deux ou trois ans, il reprend *le Pied de mouton*. Il fait repeindre un décor rouge en bleu ou un décor bleu en rouge, il introduit un truc, des danseuses anglaises... Tenez, pour tout au théâtre, il faudrait que ça soit comme ça. Il ne devrait y avoir qu'un vaudeville ; on y ferait quelque petit changement de loin en loin. C'est un art si abject le théâtre, si gros-

sier!. . . . . Ne trouvez-vous pas ce temps-ci assommant? Car enfin on ne peut s'abstraire de son temps. Il y a une morale imposée par les bourgeois contemporains à laquelle il faut se soumettre. Pas possible de rien dire. Ils ne veulent plus du sexe dans le roman. J'avais un côté sculptural et plastique. J'ai été obligé de le renfoncer. Maintenant j'en suis réduit à décrire consciencieusement un mur, et encore je ne peux pas raconter ce qui est quelquefois dessiné dessus . . . . . .
. . . . . . Puis la femme s'en va. Elle n'est, à l'heure qu'il est, qu'une gymnastique vénérienne avec un petit fonds de Sandeau. Et c'est tout. Plus de salons, plus de centre, plus de société polie enfin... Une chose curieuse! J'étais, l'autre jour, au bal chez Walewski. Je ne suis pas le premier venu, n'est-ce pas? Eh bien, je connaissais à peu près deux cents hommes, mais je ne connaissais pas trois femmes. Et je ne suis pas le seul! »

« Toi, dit-il, en apostrophant Claudin, qui s'était approché de nous pour l'écouter, toi, tu es heureux! Tu aimes le progrès, les ingénieurs

PRÉFACE.

qui abîment les paysages avec leurs chemins de fer, les utilitaires, tout ce qui met dans un pays une saine édilité, tu es un civilisé... Nous, nous trois, avec deux ou trois autres, nous sommes des malades... des décadents... non, plutôt des primitifs... non, encore non, mais des particuliers bizarres, indéfinis et exaltés. Il y a des moments, oui, où je voudrais tuer tout ce qui est : les sergents de ville, M. Prudhomme, M. Pioupiou, toute cette cochonnerie-là... Claudin, vois-tu, je te parle sans ironie, je t'envie, tu es dans le vrai. Tout cela tient à ce que tu n'as pas, comme nous, le sens de l'exotique. As-tu le sens de l'exotique? Non, voilà tout! Nous ne sommes pas Français, nous autres; nous tenons à d'autres races. Nous sommes pleins de nostalgies. Et puis, quant à la nostalgie d'un pays se joint la nostalgie d'un temps... comme vous, par exemple, du XVIIIe siècle... comme moi de la Venise de Casanova avec embranchement sur Chypre, oh! alors c'est complet... Venez donc un soir chez moi. Nous causerons de tout cela longuement. Nous serons, tour à tour, chacun de nous trois, Job sur son fumier avec ses amis. »

Et le grand écrivain disait ces paroles désespérées avec de la placidité dans la figure, de doux gestes apaisés, une voix qui ne renfermait rien de l'amertume colère de l'Occident, une voix dont la musique voilée et la tristesse sereine avaient comme l'accent d'un spleenétique de l'Orient.

Bientôt le dîner Magny nous réunissait tous les trois à la même table, chaque quinzaine. Là, Théophile Gautier, — *Théo*, comme l'appelaient les gens devenus ses amis, — apportait sa parole colorée, des pensées d'une crudité superbe, une science toujours armée du mot technique, et fouettée par la contradiction des Sainte-Beuve, des Taine, des Berthelot, des Renan, cette grasse et verveuse et cocasse éloquence charriant du Rabelais.

« Les bourgeois! il se passe des choses énormes chez les bourgeois... J'ai pénétré dans quelques intérieurs. C'est à se voiler la face. La tribaderie. . . . .

. . . . »

Mais je m'aperçois ici qu'il est nécessaire de

s'arrêter; car il faudra attendre, pour l'impression des conversations intégrales de notre ami, la fondation de cette bibliothèque spéciale appelée par Gavarni une bibliothèque autorisée à l'usage des hommes deux fois majeurs.

Les bourgeois restaient, pour le vieux romantique, ce qu'avait été toute sa vie pour Voltaire « l'infâme », et une philippique contre les *bôrgeois* était toujours l'exorde, le début imprécatoire et, pour ainsi dire, l'affilage de sa parole. Mais des bourgeois, Théo allait bien vite à d'autres sujets de toutes sortes et de tous les ordres. Il passait de la description de la chemise d'une femme janséniste à une définition de l'*insénescence* du sens intime, d'une peinture de l'intérieur de Nohant à un toast à Sakia-Mouni, d'un aperçu sur des fragments générateurs de métaux rapportés du Groënland au *racontar* d'un démaillottement de momie, d'une leçon sur le torse du Vatican à une scatologie bréneuse, d'un coin inédit de Constantinople à l'historique de son gilet rouge.

« Un gilet rouge... allons donc! ce n'était

pas un gilet rouge que je portais à la première représentation d'*Hernani*, mais bien un pourpoint rose... Messieurs, c'est très important. Le gilet rouge aurait indiqué une nuance politique républicaine. Il n'y avait rien de ça. Nous étions simplement *moyenageux*. Et tous.... un républicain, nous ne savions pas ce que c'était. Il n'y avait que Pétrus Borel de républicain. Nous étions tous contre les libéraux et pour Marchangy. Nous représentions le parti mâchicoulis, et voilà tout. Ç'a été une scission, quand j'ai chanté l'antiquité... Mâchicoulis et rien que mâchicoulis ! »

Un jour, Théo interrompait un convive parlant de sa vie de travail, d'analyse et de privation d'amour dans le sens élevé du mot. « Tout cela est une théorie du renoncement stupide... La femme, prise comme purgation physique, ne vous débarrasse pas de l'aspiration idéale... Plus on dépense, plus on acquiert... Moi, par exemple, j'ai fait faire une bifurcation à l'école du romantisme, à l'école de la pâleur et des crevés. Je n'étais pas fort du tout. J'ai écrit à Lecour de venir chez moi, et je lui ai dit :

« Je voudrais avoir des pectoraux comme dans « les bas-reliefs et des biceps hors ligne. » Lecour m'a un peu *tubé* comme ça... « Ce n'est « pas impossible », m'a-t-il dit... Tous les jours, je me suis mis à manger cinq livres de mouton saignant, à boire trois bouteilles de vin de Bordeaux, à travailler avec Lecour deux heures de suite. J'avais une petite maîtresse en train de mourir de la poitrine. Je l'ai renvoyée. J'ai pris une grande fille, grande comme moi. Je l'ai soumise à mon régime : bordeaux, gigot, haltères... Voilà ! et j'ai amené, avec un coup de poing sur une tête de Turc, et encore sur une tête de Turc neuve, j'ai amené 520. Aussandon, qui a étouffé un ours à la barrière du Combat pour défendre son chien, et qui, de là, est allé laver à la pompe ses entrailles qui sortaient... un gaillard, n'est-ce pas ? n'a jamais pu arriver qu'à 480. »

Un jour Théo jetait à Taine, qui mettait dans ses préférences Musset au-dessus de Hugo : « Taine, vous me semblez donner dans l'idiotisme bourgeois. Demander à la poésie du sentimentalisme... ce n'est pas ça. Des mots rayonnants, des mots de lumière... avec un rythme et une musique, voilà ce que c'est que la poésie... Ça ne prouve rien, ça ne raconte rien... Ainsi, le commencement de *Ratbert*... il n'y a pas de poésie au monde comme cela. C'est le plateau de l'Hymalaya. Toute l'Italie blasonnée est là... et rien que des mots. » Là-dessus, quelqu'un venant à la rescousse de Taine, le vieux romantique laissait tomber avec une foi enthousiaste : « Voyez-vous, on dira tout ce qu'on voudra, Hugo est le chanteur du vent, de la nuée, de l'océan : c'est le poëte des fluides. »

Un jour Théo lançait à Renan, qui professait qu'on devait écrire aujourd'hui, seulement et uniquement avec la langue du XVIIe siècle :

« Je crois bien qu'ils avaient assez des mots qu'ils possédaient en ce temps-là. Ils ne savaient rien : un peu de latin et pas de grec. Pas un mot d'art. N'appelaient-ils pas Raphaël le Mignard de son temps! Pas un mot d'histoire. Pas un mot d'archéologie. Pas un mot de nature. Je vous défie de faire le feuilleton que je ferai mardi sur Baudry avec les mots du

XVIIe siècle. » Et rarement la conversation amenait dans le règne de Louis XIV l'amoureux de la langue du XVIe siècle, sans qu'il poussât au Roi-Soleil, qui était, après le bourgeois, sa seconde bête noire, et qu'il traitait comme un Michelet doublé d'un père Duchêne :

« Un porc grêlé comme une écumoire et petit... Il n'avait pas cinq pieds, le grand roi. Toujours à manger et à c... C'est plein de m... ce temps-là. Lisez la lettre de la Palatine. Et borné avec cela..... Parce qu'il donnait des pensions pour qu'on le chantât... Une fistule dans le c.. et une autre dans le nez, qui correspondait avec le palais... Ça lui faisait juter par les fosses nasales les carottes et toutes les juliennes de son temps. Et c'est vrai, ce que je dis là. »

Alors un tumulte, un brouhaha, un hourvari, un orage d'objurgations et de tendres injures, dans le bruit desquelles on percevait la voix un peu enrouée du terrible Théo répéter sur un ton bouffon : « Moi, je suis fort ; j'amène 520 sur une tête de Turc et je fais des métaphores qui se suivent. Tout est là. »

Cette langue originale, ce parler imagé, ce verbe peint donnaient à les écouter, quand Théophile Gautier était en verve, une jouissance que je n'ai rencontrée dans la conversation d'aucun autre homme. Ce n'était pas cette espèce de sourire intérieur que produit l'étincelle d'un joli esprit, c'était un gaudissement, une lubréfaction de tout votre être artiste, un plaisir touchant presque aux sens, une joie intellectuelle qui avait un rien de matériel, quelque chose de comparable au bonheur physique d'une rétine dans la contemplation du tableau d'un des maîtres de la pâte colorée. Mais que peut être, pour celui qui me lit, une parole dont on n'a pas la mimique, la vie, le spectacle, une parole dont je n'apporte ici qu'une notation même incomplète? De ces sérieux et joyeux devis, il aurait fallu une sténographie, et il n'y en a pas... Mais si, cependant, le gendre et le disciple du maître, dans l'intimité d'une existence mêlée pendant de longs mois, nuit et jour, a recueilli la parole de l'homme doublement cher. Il a pieusement appliqué son talent et son cœur à retenir, à noter, à fixer la pensée parlée de l'écrivain, telle qu'elle se formulait dans sa bouche aux heures suprêmes. Il a forcé son oreille, pour ainsi dire, à emporter le son de cette voix qui allait s'éteindre. Il a donné la durée éternelle au fugitif bruit des mots, aux ondes sonores des belles et grandes choses que le vaillant causeur jetait dans l'air. Et Bergerat nous a conservé, dans ce livre, DIX ENTRETIENS qui sont comme le verbe Théo apporté à entendre à tous ceux qui ne connaissent que l'*imprimé* de l'illustre mort.

Parfois, mon frère et moi, nous nous trouvions assis avec Théophile Gautier, autour de sa propre table, entre ses deux sœurs et ses deux filles, à côté d'Éponine, la chatte noire aux yeux verts, qui avait sa chaise pour dîner ainsi qu'une personne naturelle. Le plat de fondation était presque toujours un *risotto*, dont l'hôte avait le droit d'être fier, et souvent des mets bizarres, des mets avec des recherches de l'invention de l'écrivain aux prétentions culinaires. Qui ne se souvient des célèbres épinards dans lesquels étaient pilés des noyaux d'abricots! En ce milieu de famille, aux paroles tempérées, parfois le débonnaire maître de la maison amusait la table et remplissait les entr'actes de la conversation par de joyeuses pantalonnades, menaçant, avec des courroucements olympiens très drolatiques, de faire *estrangouiller* et *étriper* les bonnes à propos d'une sauce tournée; et cela pendant qu'Estelle se posait à la joue, fabriquée avec n'importe quoi, une mouche, en prenant pour miroir le manche de sa fourchette. Puis l'on passait dans le salon aux murs égayés de lumineuses esquisses, et là les deux fillettes, avec leurs grâces d'Orient, avec un brin de ces êtres de gentillesse, timides et curieux, que repousse doucement la main du rajah de Lahore pour laisser passer le prince Soltikoff, cherchaient à vous enlever à la causerie du père, vous entraînaient vers des coins d'ombre et d'intimité, pour vous faire épeler une page de leur grammaire chinoise, ou vous montrer, avec de petits rires argentins, une Angélique d'après le tableau de M. Ingres, sculptée par Judith dans un navet, — hélas! se ratatinant tous les jours.

Mais quelquefois ce n'était plus la petite réunion de famille, l'on tombait sur une immense table où se voyaient un Chinois, des princes russes, des *impresarii* italiens, des violonistes hongrois bottés jusqu'au nombril, un monde de gens aux baragouins divers, et qui faisait ressembler la salle à manger de Neuilly à la table d'hôte de la tour de Babel. Un jour, il s'y trouvait vingt individus parlant quarante langues, et Théo disait orgueilleusement :
« Avec ma table, on aurait pu faire le tour du monde sans interprète! »

Les douloureux événements de l'année 1870 nous séparaient. Je retrouvai, à la fin d'octobre, Théophile Gautier au bas de l'escalier du *Journal officiel*, sur le quai Voltaire.

« Pourquoi diable, ô Théo! êtes-vous rentré dans cette sinistre pétaudière?

« — Je vais vous expliquer cela, me répondait-il en posant affectueusement la main sur mon épaule; ce n'est pas très long à dire : Le manque de monnaie, mon cher Goncourt, oui, cette chose bête qu'on appelle *faulte* d'argent! Vous savez comment file un billet de douze cents... c'était tout ce que j'avais... puis mes sœurs étaient à Paris, au bout de leur rouleau... et voilà pourquoi je suis revenu. »

Au bout d'un silence, il ajoutait en se mettant en marche :

« Cette révolution, c'est ma fin, mon coup du lapin... du reste, je suis une victime des révolutions... sans blague. Lors des glorieuses de Juillet, mon père était très légitimiste, et il a joué à la hausse sur les ordonnances... vous pensez comme ça a réussi... nous avons tout perdu : quinze mille livres de rente. J'étais destiné à entrer dans la vie en homme heureux, en homme de loisir; il a fallu gagner sa vie... Enfin, après des années, j'avais assez bien arrangé mon affaire, j'avais une petite maison, j'avais une petite voiture, j'avais même deux petits chevaux... Février met tout à bas... A la suite de beaucoup d'autres années, je retrouve l'équilibre, j'allais être nommé de l'Académie... au Sénat. Sainte-Beuve mort, Mérimée crevard, il n'était pas tout à fait improbable que l'Empereur voulût y

mettre un homme de lettres, n'est-ce pas?...
Je finissais par me caser... Paf! tout f...
le camp avec la République... Vous pensez
bien que, maintenant, je ne puis plus recommencer à faire ma vie..... Je redeviens
un manœuvre, à mon âge........ Un mur
pour fumer ma pipe au soleil et deux fois la
soupe par semaine : c'est tout ce que je demande...

« Pas mal tragique, toute cette ferblanterie! » reprenait-il. Nous passions alors devant
la devanture de Chevet, hier garnie de toutes
les succulences solides de la gueule, aujourd'hui ne montrant plus que le zinc de ses rares
conserves de légumes.

Après quelques moments de méditation,
s'appuyant lourdement sur mon bras, il soupirait : « Est-ce bien un désastre! Est-il complet, concret! D'abord la capitulation, aujourd'hui la famine, demain le bombardement.
Hein! est-il composé d'une manière artistique,
ce désastre! »

Nous nous revoyons par-ci par-là en ces
épouvantables mois de la fin de l'année. J'allai

quelquefois trouver l'auteur des Tableaux de siége, rue de Beaune, dans cette mansarde si petite que la fumée de son cigare vous faisait apercevoir, à l'ouverture de la porte, ainsi qu'une étrange peinture effacée, le blême et immobile maître du logis, sous son bonnet de doge à deux cornes, et avec, sur les genoux, ses maigres chats, ses chats faméliques.

L'année suivante, je passais de longs jours à Saint-Gratien avec Théophile Gautier, chez lequel le médecin de la princesse Mathilde venait de constater une maladie du cœur remontant à des années. Pauvre et cher Théo! en lui était déjà l'affectuosité des gens qui vont mourir. Des pardons et des indulgences lui étaient venus. Il avait dépouillé la *truculence*, la férocité de ses théories sur la femme, la pose à l'insensibilité, toutes les affectations contre nature de l'homme de 1830, et qui avaient fait quelquefois juger si sévèrement notre ami par les gens qui l'entendaient sans le connaître. Sa bonté native se répandait maintenant, sans vergogne, en une tendresse qui avait, comment le dire, une élégance. Il trouvait d'intelligentes et de rares attentions, des coquetteries de lettré, pour caresser le cœur de ceux avec lesquels il vivait. On le sentait s'appuyer à la poitrine de ses fidèles quand il leur donnait le bras. Et se faisant tout petit, tout humble, tout vieux, il sollicitait, il mendiait auprès de la *padrona della casa,* auprès des femmes qui l'entouraient, une amitié, une amitié si joliment épithétée par le poëte et le mourant : « une amitié voluptueuse ».

Tous ces jours passés à Saint-Gratien, des jours d'automne, à onze heures, le château couché, on montait dans la chambre de Théo, et la veillée commençait, avec, aux vitres, un clair de lune faisant dans le brouillard de nacre monté du lac d'Enghien, des lointains de ballade allemande. Alors nous causions ou plutôt il causait. Claudius Popelin en ses CINQ OCTAVES DE SONNETS, a peint sur le vif le causeur de la chambrée, dans sa robe flottante en forme de gandoura, assis sur la carpette du foyer ainsi qu'un fils de l'Islam, les jambes croisées sous lui, ses babouches à la dérive sur le parquet, et parlant bien avant dans la nuit, lentement, gravement, pacifiquement, sans qu'aucun de nous songeât à aller se coucher. Les douces paroles en ces molles nuits, les hautaines ratiocinations, les triomphantes esthétiques, les irrespectueux doutes à propos de tous les catéchismes, les jolies modulations sur l'art, les sublimes énormités, les étonnants sophismes parachevés avec un de ces délicats tours de force, semblables à la cueillette d'une fleurette par la trompe d'un gros éléphant, — et les savoureux paradoxes! O le malheur! que, ces libres et osées improvisations, le maître ne les ait point écrites, qu'il ne laisse pas derrière lui un livre de PENSÉES, et qu'à côté du Théophile Gautier officiel muni de son permis d'imprimer, on ne possède pas un Théophile Gautier émancipé et la pensée débridée, imprimable à *Ville-Affranchie, chez la Veuve Liberté!* On aurait ainsi un grand homme pour moi supérieur au grand homme connu, et qui ne s'est que très incomplétement révélé au public en l'originalité de son dire et de son écriture[1] que dans une préface.

1. Je fais ici allusion à la lettre rabelaisienne écrite d'Italie par Théophile Gautier à Mme X***, et dont la copie est entre les

Une anecdote au sujet des jugements de Théophile Gautier sur les choses et les hommes de son temps « renfoncés », comme il disait, par l'officialité de sa copie. Quelquefois il arrivait à la conscience du critique de prendre sa revanche, entre amis, sur le dos des *louangés* qui n'avaient pas son estime littéraire. A une soirée chez la princesse Mathilde, il lui arrivait de traiter « le nommé Ponsard » avec un mépris qui était la négation catégorique de son talent. Là-dessus quelqu'un lui demandant assez brutalement pourquoi il n'écrivait pas le matin ce qu'il disait le soir :

« Je vais vous conter une petite historiette, répondait tranquillement Théophile Gautier : une fois M. Walewski m'a dit de n'avoir plus aucune indulgence pour personne, vous entendez, pour personne ; il me déclarait qu'à dater de ce jour il me laissait complètement libre d'exprimer ma pensée toute entière sur les pièces représentées. Mais, lui ai-je soufflé dans l'oreille, monsieur le ministre, il y a cette

---

mains de quelques fanatiques du maître, lettre qui est véritablement un chef-d'œuvre de style gras.

semaine aux Français une pièce de X... — Ah! vraiment, a repris vivement l'Excellence, eh bien, vous ne commencerez que la semaine prochaine... Cette semaine, je l'attends toujours! ».

A partir de l'automne de l'année 1871, chaque mois qui se succédait montrait à ses amis Théophile Gautier plus souffrant, plus pâle, plus frappé et plus inquiet de son état. En mars 1872, à un dîner chez Flaubert, où nous n'étions que le maître de la maison, Tourguéneff, Gautier et moi, dans la mélancolie d'un dessert entre hommes touchant à la vieillesse, Tourguéneff, ce grand et aimable esprit, se laissait aller à dire « . . . . Quelquefois, vous savez, il y a dans un appartement une odeur de musc qu'on ne peut chasser, faire disparaître, eh bien, moi, il y a autour de ma personne, et toujours, une odeur de dissolution, de néant, de mort. Sur cette phrase, Théo se levait de table, et tombant sur un divan, prononçait ces tristes et désolées paroles : « Pour moi, il me semble que je ne suis plus un contemporain..... Je parlerais volontiers de mon individu à la troisième personne, avec les aoristes des prétérits *trépassés*... J'ai comme le sentiment de n'être déjà plus vivant. »

A quelques jours de là, j'apprenais que notre ami avait demandé une consultation à Ricord. J'allais aussitôt le voir. « Ricord, me disait-il, d'une voix dolente et ennuyée, croit que c'est la valvule mitrale du cœur qui ne va plus : ou elle se relâche ou elle se resserre. Il m'a ordonné du bromure de potassium dans du sirop d'asperge... mais ce n'est qu'un traitement préparatoire... Il doit revenir samedi » Et s'agenouillant sur un fauteuil, dans une de ces poses tortillées qu'il affectionnait pour s'entretenir des choses de littérature et d'art, et approchant son oreille de ma bouche, il me demandait avec une certaine chaleur, si je trouvais de l'intérêt à son Histoire du Romantisme. Il était un peu tourmenté. Il se sentait si fatigué qu'il craignait que ça ne valût pas ce qu'il aurait pu faire. Il regrettait que la forme du journal ne lui permît pas de développer l'esthétique de la matière. Il se réservait de traiter la question, quelque jour, dans une revue. Puis bientôt le dégoût de son métier, ce dégoût que j'avais déjà rencontré, en ses derniers jours, chez un autre homme célèbre, lui montant aux lèvres, il murmurait : « Ah! si j'avais une petite rente, là, toute petite, mais immuable, comme je quitterais mon chez moi tout de suite, comme j'irais vers un bout de pays avec des rivières où il y a de la poussière dedans — et qu'on balaye..... Ce sont les rivières que j'aime... Pas d'humidité..... dans le dos par exemple un bois de palmiers comme à Bordighere... et à l'horizon une Méditerranée bleue. » Il se taisait quelque temps plongé dans la contemplation de son paysage. Et après un long silence il ajoutait : « Par un coup de soleil, nous esthétiserions au bord de la mer, les pieds dans la vague, comme Socrate ou Platon. »

Déjà l'écrivain était bien malade, et déjà en lui commençait l'ensommeillement du cerveau. Quand il parlait, il avait toujours le tour original de ses anciens concepts, et toujours l'épithète peinte, mais pour parler, pour formuler son paradoxe, on sentait dans sa parole plus lente, dans le cramponnement de son attention après le fil et la logique de ses idées, on sentait une application, une tension, une dépense de force qui n'existaient pas dans le jaillissement spontané et comme irréfléchi de son verbe d'autrefois. Vous avez vu des vieillards à la vue fatiguée, qui pour regarder, soulèvent avec effort leurs lourdes paupières. Théophile Gautier pour rendre sa pensée avec des mots, avait besoin d'un effort physique semblable de tout le bas du visage, et tout ce qui sortait maintenant de lui de supérieur et de bien dit semblait être arraché par une sorte de violence de l'engourdissement d'un état comateux. Enfin sans que cela puisse bien se définir par des phrases, presque invisiblement descendait sur l'homme, l'enveloppait, touchait à ses attitudes, à ses gestes, à son dire, l'humilité honteuse que donne à une intelligence la conscience cruelle de sa diminution, de sa lente et insensible paralysie.

Je me rappelle un des derniers déjeuners que Théophile Gautier fit hors de chez lui, un déjeuner fait chez moi. On aurait dit la visite d'un somnambule. Et cependant, dans la somnolence de sa marche, de ses poses, de sa pensée, quand il arrivait à secouer un moment sa mortelle léthargie, le vieux Théo réapparaissait, et ce qu'il disait d'une voix assoupie, avec des ébauches de gestes, semblait le langage de son ombre — qui se serait souvenu. Il était à table, et nous le croyions bien loin de nous et de la conversation, quand quelqu'un racontant l'effet hallucinatoire produit en plein jour par un champ de fèves et les rêves que ce champ lui faisait monter au cerveau, Théophile Gautier, comme subitement réveillé, disait : « La fève est la plante qui se rapproche le plus de l'animal... vous savez qu'elle se retourne dans la terre... Pythagore la considérait si bien comme quelque chose en dehors de la végétation qu'il la proscrivait comme de la viande. » Quelques moments après, à propos de l'huile d'une salade qu'il trouvait excellente, il se mettait à faire un historique imagé des huiles et des miels de la Grèce qu'il terminait en comparant le mie de l'Hymète « à du sablon jaune entrelardé de bougie ». Mais les phrases charmantes qui sortaient de la bouche du pâle malade avaient quelque chose de mécanique; elles finissaient, elles se taisaient tout à coup comme par l'arrêt brusque d'un ressort, et ainsi qu'une phrase que Vaucanson aurait mise dans le creux d'un automate. Puis aussitôt, le parleur tombait dans un mutisme effrayant, dans une absence de lui-même qui épouvantait, dans un anéantissement qui vous faisait lui parler pour avoir la certitude que la vie intelligente était encore en lui. Et, à ce moment, les choses que vous lui disiez, avant d'arriver à lui, semblaient parcourir des distances immenses. Un mot de l'un de nous sur la reconnaissance universelle de son talent de descripteur, le décidait cependant à reparler à la fin du déjeuner : « Oui, — disait-il, avec une certaine amertume mélancolique et avec ce geste qui lui faisait, à la manière d'un Boudha, soulever un peu devant lui l'indicateur de sa main exsangue, — oui, dans les voyages il est bien entendu qu'on n'y met pas d'idées... il ne peut être question, n'est-ce pas, du mérite des femmes, du progrès, des principes de 89... de toutes les *Lapalissades* qui font la fortune des gens sérieux... Les voyages, c'est la mise en style des choses mortes, des morceaux de nature, des murailles... Il est bien avéré encore que l'homme qui écrit ces machines n'a pas d'idées... Oui, oui, c'est une tactique, je la connais; avec cet éloge, ils font tout simplement de moi un *larbin descriptif.* Et comme, un moment après, toute la table l'engageait à se reposer, à se défatiguer dans la confection tranquille et paresseuse des petits poèmes qu'il aimait à ciseler : de sonnets : « Oh! sur cela, reprenait-il, mes idées sont complètement changées. Je trouve que la poésie doit être fabriquée à l'âge où l'on est heureux. C'est pendant la période de la jeunesse, de la force, de l'amour, qu'il faut parler cette langue. »

Au moment où il s'en allait, jetant les yeux sur le portrait de Jacquemart en tête de l'édition d'Émaux et Camées que le maître m'avait apportée, comme je lui disais :

« Mais, Théo, vous ressemblez à Homère là-dedans?

— Oh! tout au plus à un Anacréon triste! »

Un voyage en Allemagne me séparait du cher malade; à mon retour, je tombais sur un journal qui m'apprenait brutalement sa mort dans un fait-divers. Le lendemain, j'étais à Neuilly, rue de Longchamps.

Bergerat me faisait entrer dans la chambre de l'auteur de Mademoiselle de Maupin. Sa tête, d'une pâleur orangée, s'enfonçait dans le noir de ses longs cheveux. Il avait sur la poitrine un chapelet dont les grains blancs, autour d'une rose en train de se faner, ressemblaient à l'égrènement d'un rameau de symphorine. Et le poète apparaissait ainsi avec la sérénité farouche d'un homme des vieux siècles endormi dans le néant. Rien là ne me parlait d'un mort moderne. Des ressouvenirs des figures de pierre de la cathédrale de Chartres mêlés à des réminiscences des temps mérovingiens[1] me revenaient, je ne sais pourquoi. La chambre même, avec le chevet de chêne du lit, la tache rouge du velours d'un livre de prières, une brindille de buis dans une poterie barbare me donnaient l'impression d'être introduit dans un *cubiculum* de l'ancienne Gaule, dans un pri-

---

[1]. Ce caractère mérovingien du mort, je suis heureux de le retrouver constaté sur le vivant, par Feydeau, dans ses *Souvenirs intimes* sur Théophile Gautier.

mitif, grandiose, redoutable, tragique intérieur roman. Et la douleur fuyante, d'une sœur dépeignée aux cheveux couleur de cendre, une douleur s'enfonçant dans l'angle d'un mur, avec le désespoir sauvage et forcené d'un autre âge, ajoutait encore à l'illusion.

EDMOND DE GONCOURT.

Saint-Gratien, septembre 1878.

DÉDICACE.

Le lecteur aurait le droit d'être surpris — et même scandalisé, qu'un ouvrage sur Théophile Gautier ne fût pas dédié à Victor Hugo. Si l'art est le seul dieu auquel mon maître ait sacrifié pendant les soixante ans qu'il a vécu, il voyait en Victor Hugo l'incarnation vivante de ce dieu. L'existence de ce grand homme était pour lui quelque chose comme une présence réelle de la poésie. C'est à lui que Théophile Gautier, comme le personnage biblique, avait dit : Tu es mon père, ma mère, ma patrie et ma famille.

Ne pas rendre à Victor Hugo ce qui fut Théophile Gautier, ce serait outrager les mânes fidèles de mon maître. J'obéis à la voix qui me parle du tombeau et je place ce livre sous l'invocation du dieu de lettres.

E. B.

THÉOPHILE GAUTIER

THÉOPHILE GAUTIER

I

A mon grand regret et pour mon malheur, je n'ai connu Théophile Gautier que fort tard, atteint déjà du mal qui allait l'emporter, à demi abattu par les souffrances endurées pendant le siége de Paris, par la perte de sa fortune politique et pis encore, par des angoisses patriotiques dont le lecteur suivra les traces dans sa Correspondance. La première fois que je fus admis en sa présence, c'était en août 1871, je fus frappé de l'altération de cette face, célèbre par sa placidité sereine, et pour moi si auguste dans l'intime panthéon de mes cultes artistiques. C'est à peine si je reconnus mon maître. Il me fit parcourir les diverses pièces de sa petite maison, trouée par les obus, et d'un ton que je n'oublierai jamais :
« Je vous présente ma ruine ! » me dit-il en

souriant avec une amère mélancolie. Il n'était pas malaisé de sentir que l'homme en lui était touché aux sources mêmes de la vie. Depuis ce jour qui me reste béni, je puis dire que je ne l'ai pas quitté d'un jour jusqu'à sa mort. Notre vie devint commune et nous nous aimâmes profondément.

Le Théophile Gautier que je présente dans cet ouvrage est donc celui de cette courte période, très-intime et très-résignée, plus intéressante qu'aucune autre peut-être, en cela que, se sentant mourir, le Maître impeccable parut vouloir formuler sa doctrine. Je m'attends à ce que le public éprouve quelque hésitation à reconnaître en lui l'entité populaire du poëte romantique de la légende. Ses vieux amis, ceux-là du moins qui ne l'ont vu, depuis la guerre, qu'à de longs intervalles, et même qui ne l'ont plus vu du tout, m'accuseront peut-être de l'avoir défiguré au bénéfice d'une préoccupation hâtive de postérité. Il y a loin, en effet, du Théo de 1830 à celui de 1872, et tel qui cherchera dans ce livre l'*Albertus* ou le *Fortunio* de sa jeunesse restera sans doute désappointé de n'y trouver que le père de famille essayant de former un jeune homme aux leçons de son expérience et à la lumière de son génie. Il m'appartient moins qu'à personne de décider si dans cette suprême modification de son grand esprit, mon maître doit paraître moins original et moins pittoresque que dans les états précédents. Mais, de ses diverses incarnations littéraires, n'ayant assisté qu'à celle-là, de celle-là seule je me sens le devoir de parler. Devant une telle figure, il y a besogne pour tout le monde, et je ne me charge que de la mienne.

D'ailleurs, à l'heure où j'écris, il reste encore assez de fidèles compagnons de ses premières années pour que l'*Histoire du Romantisme* qui, achevée, devait former une sorte d'autobiographie du poëte, soit complétée par les souvenirs des survivants. Chacun peut et devrait apporter à la publicité les matériaux dont il dispose d'une vie de Théophile Gautier, qui, un jour ou l'autre, sera demandée par la critique. Le regrettable Ernest Feydeau avait le premier compris l'utilité littéraire de ces témoignages de l'amitié; il avait senti le devoir que lui imposait l'honneur d'avoir vécu dans l'intimité d'un tel esprit, et si la très-sincère admiration qu'il professait pour son maître en l'art d'écrire ne lui a pas inspiré un livre plus indispensable, c'est peut-être que le disciple s'est laissé entraîner au plaisir de substituer trop longtemps son intéressante personnalité à celle du modèle. Il nous apprend plutôt ce que Gautier pensait de lui que ce qu'il pensait de Gautier. L'erreur a son côté touchant, surtout si l'on se rappelle que ce livre fut le dernier que signa la main moribonde de l'auteur de *Fanny*, et nul ne se sentira le courage d'en relever l'illusion naïve et l'apologique confusion. Ernest Feydeau n'était pas le premier venu, et outre les curieuses études psychologiques qu'on lui doit, il serait injuste d'oublier que ce fut lui qui suggéra à son ami l'idée du *Roman de la Momie*, et qui lui en facilita l'exécution par ses recherches savantes d'égyptologue.

Je viens de dire qu'un temps viendrait où la critique aura besoin d'une étude complète sur la Vie et l'OEuvre de Théophile Gautier. Cette étude nécessaire à l'histoire littéraire du XIXe siècle, qui l'écrira? Quelque Sainte-Beuve de l'avenir sans doute. Mais aujourd'hui elle n'est pas possible, et voici pourquoi. Théophile Gautier n'est pas encore assez mort pour qu'on juge de la grande place qu'il mesurait sur notre ciel littéraire. Grâce à une série de publications posthumes, entreprise par son éditeur, son nom garde quelque chose de militant qui sied bien à ce rude travailleur, prématurément tombé. A défaut de sa personne, son génie combat encore parmi nous et par une dernière coquetterie de gloire, il éloigne ainsi la postérité, en retarde l'arrêt et la laisse, pour ainsi dire, la palme à la main. Il résulte de cette situation rare et particulière que son nom profite à la fois de la consécration que donne seule la mort et de l'actualité productive, débattue, inédite, que le public recherche dans les œuvres des vivants. Toutes ces pages volantes, jetées par l'écrivain aux quatre vents du journalisme, emportées dans les tourbillons de ce Maelstrom qu'on appelle l'actualité, il a suffi de les recueillir, de les classer et de les numéroter pour qu'elles composassent des livres tout nouveaux, d'un intérêt exceptionnel et d'une forme parfaite. Il n'y a peut-être pas d'autre écrivain dans notre langue avec lequel une pareille entreprise eût pu être tentée sans péril, et ici l'artiste trouve sa récompense de cet admirable souci de la perfection qui ne l'abandonna jamais, dans l'expression de sa pensée, même au plus fort de l'improvisation fugitive. Théophile Gautier a trouvé le secret de n'écrire que des livres en écrivant des articles de journal. Bel exemple et féconde leçon qui nous apprend à tous à concilier les exigences modernes d'une production surmenée avec le respect inaltérable de notre art, à gagner en même temps notre vie et notre réputation; c'est la solution du problème posé à l'homme de lettres par la société. Rien de ce que le maître a signé ne méritant d'être perdu, tout se retrouve, et ainsi est réalisé et prouvé le sage aphorisme qui nous prescrit de laisser bâtir au Temps le monument qu'il doit épargner.

Ce monument, le Temps l'édifie, sous nos yeux,

lentement ; il est déjà énorme ; mais aussi haut qu'il se dresse sur sa base de granit et de marbre, il n'atteint pas encore au tiers de son élévation. Peu de personnes soupçonnent l'étendue de l'œuvre de Théophile Gautier. Il en a été établi un catalogue qui fournit à lui seul la matière d'un gros volume. La partie critique de cette œuvre, réunie en livres, dépasserait certainement en nombre la collection des *Lundis* de Sainte-Beuve ; et je ne parle que de la critique littéraire, dramatique ou bibliographique. Quant à la critique artistique proprement dite, salons, musées, expositions en France et en Europe, j'estime qu'elle irait au double. La somme des romans, poésies, contes, nouvelles, voyages, pièces de théâtre et œuvres d'imagination équivaut à peu près à l'œuvre de Balzac. Si l'on voulait éditer complètement tout Théophile Gautier, on ne s'en tirerait pas à moins de trois cents volumes (il a donné lui-même ce chiffre effrayant), mais l'on aurait dressé l'Encyclopédie du XIXe siècle. Voilà pourquoi, ajoutait-il tristement, je passe pour un paresseux ! Aussi, quand je me présente à l'Académie, on me demande : « Qu'est-ce que vous avez fait[1]. »

---

[1]. A propos de l'Académie, le lecteur verra suffisamment, dans la correspondance du poëte, ce qu'il pensait de cette Suzanne aux quarante vieillards dont, par respect pour d'augustes amitiés plutôt que par illusion personnelle, il s'obstina trop longtemps à solliciter les faveurs cacochymes. Voici d'ailleurs comme il m'en parla, un jour, en promenade, avec la mansuétude ironique

Non-seulement le succès grandissant qui accueille chaque publication échelonnée de cette œuvre posthume a rafraîchi l'admiration de ses fidèles, mais il semble avoir créé au poëte un public neuf et enthousiaste qui se recrute dans la génération nouvelle des lecteurs. On a trop dit que Théophile Gautier, par la nature même de son génie infaillible et serein, resterait l'écrivain des seuls artistes et des seuls lettrés ; à mesure que le goût se propage et que la lecture développe l'instruction, on voit se rétrécir la distance qui séparait encore le public

qui caractérisa ses derniers entretiens. « Si tu dois être de l'Académie, ne te préoccupe de rien, tu en seras ! ne prends pas la peine d'écrire un livre, c'est absolument inutile. Tu peux cependant t'amuser à lancer des pamphlets contre elle ; cela n'empêchera pas ton sort, s'il est écrit. Mais si tu n'es pas prédestiné, si tu ne dois pas en être, trois cents volumes et dix chefs-d'œuvre reconnus pour tels par l'univers agenouillé, et même par elle, entends-tu bien, ne te feront point passer la porte. On naît académicien comme on naît archevêque, cuisinier ou sergent de ville, et celui qui doit l'être ne meurt pas avant de l'avoir été. La mort attend ! Vois ce qui m'est arrivé. La dernière fois que je me suis présenté, j'étais assuré de toutes les voix ; j'avais Guizot et Sainte-Beuve, les politiques et les littéraires, les jeunes et les vieux. On m'avait fait une promesse formelle, et, ce qui valait mieux encore, mon élection servait à payer une dette que l'Académie avait contractée envers moi. Le jour venu, tous votèrent comme un seul homme ; les trente-neuf bulletins portaient mon nom, cela ne fait pas l'ombre d'un doute, et, pour moi, j'en suis encore convaincu à l'heure qu'il est. Cependant mon concurrent fut élu à l'unanimité ! »

J'éclatai de rire. « Tu ris, reprit le maître, tu as tort. Ils étaient de bonne foi. Peut-être avaient-ils tous réellement voté pour moi. Seulement la mauvaise fée qui le jour de ma naissance m'avait

ignorant du poëte hautain. Que de gens ne pourrais-je pas compter qui, d'abord effrayés par l'opulence de sa langue, prévenus par leur éducation même contre la recherche inusitée du terme précis, systématiquement rebelles à l'emploi de toutes les ressources dont dispose le vocabulaire français, n'ouvraient un livre de Théophile Gautier que pour y trouver des preuves de la décadence dénoncée dans les colléges, des outrances romantiques et des intempérances de technique, et qui, le livre une fois commencé, ne pouvaient plus s'arracher au

prédit : Tu n'en seras pas, d'un coup de sa baguette avait changé les bulletins dans l'urne, évidemment. Aussi quand je rencontre l'un des Quarante, tu me vois toujours pénétré de reconnaissance et de respect. Je me dis : En voilà encore un qui a fait le possible, et je le salue profondément; quelquefois même je lui demande de ses nouvelles, car je ne crains plus d'être accusé de trop m'intéresser à sa santé, comme Léon Gozlan.

— Quelle est cette histoire, lui demandai-je?

— Tu ne connais pas l'histoire de Gozlan avec son académicien? Eh bien, voilà. A l'âge critique, malgré l'instinct qui lui criait, comme à moi, qu'il n'était pas prédestiné, Gozlan se laissa convaincre de hasarder quelques visites. Mais en fine mouche qu'il était, il voulut savoir d'abord comment sa candidature serait prise, et il se présenta tout de suite chez le plus grincheux, le plus rébarbatif, le plus momifié, le plus atroclassique des Quarante d'alors. Ce vieillard l'accueillit sans gloire. « Ah ! vous êtes M. Gozlan ? J'en suis charmé, mais je ne connais pas vos ouvrages. A mon âge on relit Racine », et autres aménités. Sans se laisser démonter, Gozlan formule sa demande. « Vous voulez un fauteuil, quel fauteuil ? fait l'autre en humant une prise de tabac. Il n'y a pas de fauteuil libre à l'Académie, que je sache.

— Monsieur, fit Gozlan en se levant, et avec une voix terrible, celui que je vous demandais, *c'était le vôtre !* »

plaisir de son éloquence savante, pleine de relief, de couleur et de pureté! Que de conversions par la simple évidence, devenues des fanatismes exclusifs! Il n'est pas rare d'entendre déclarer à des dilettantes raffinés, à des délicats précieux que de tous les écrivains du siècle, Théophile Gautier est le seul qui ait su le français complétement et qui l'ait écrit sans défaillance. Mais, en outre de ce mérite, son œuvre a des côtés beaucoup plus populaires qu'on ne l'imagine et des qualités d'intérêt auxquelles on commence à rendre justice. Théophile Gautier, comme tous les grands artistes, avait par-dessus tout le respect de son imagination, qui était extrêmement féconde et démesurément fantaisiste; aussi toutes ses créations sont-elles achevées parce qu'elles sont concentrées, et portent-elles le cachet d'un immuable idéal de beauté triomphante. Elles semblent toujours écraser quelque serpent du pied, et ce serpent sera, si l'on veut, la sacro-sainte vulgarité, monstre aux anneaux renaissants dont il avait horreur. Il aurait pu sans doute, aussi bien que n'importe quel auteur à la mode, satisfaire aux goûts dépravés de son temps et banaliser sa pure gloire par quelque sacrifice à la popularité immédiate et palpable. D'aussi grands que lui, de plus grands, si l'on veut, n'ont pas toujours échappé à la tentation de monnayer l'or de leur génie. Le sacrifice n'était pas de ceux qu'on pouvait demander à

Théophile Gautier; lorsqu'un de ses ouvrages (par exemple le *Capitaine Fracasse*) atteignit tout de suite au succès fructueux et universel, ce fut sans aucune concession de l'écrivain aux goûts pervertis du public. Tel il l'avait conçu lorsque l'annonce en parut sur les couvertures des livres d'Eugène Renduel, tel il l'exécuta trente ans après à la demande de l'éditeur Charpentier; la forme même en était restée immuable dans son cerveau, n'ayant rien perdu à une aussi longue gestation; sa perfection avait bravé, et elle brave encore, jusqu'au démodement, cette grande hotte des romans modernes. — Il m'a été donné souvent, durant notre vie en commun, d'assister à la manifestation de ce phénomène intellectuel qui, chez Théophile Gautier, montrait l'artiste tellement en possession de tous ses moyens d'exécution, que la pensée, sous sa plume, revêtait instantanément sa forme absolue, sans la moindre entrave du temps, du bruit ou des distractions extérieures. Je l'ai vu plus d'une fois, à la suite d'une visite d'étranger ou d'ami, reprendre, sans s'être relu, une phrase interrompue, souvent à la moitié d'un mot, et la poursuivre dans tous ses développements avec la même tranquillité que celle qu'il mettait à rallumer son cigare. Je ne connais pas de lui un manuscrit raturé[1].

---

1. Détail curieux, je n'en connais pas non plus de ponctué. Il tenait la ponctuation et l'accentuation pour besogne de prote, et

II

Par le temps de passions politiques qui court, nombre de gens me trouveront peut-être malavisé d'avoir mis au jour certaines lettres de la correspondance du poëte. Ils demanderont s'il était bien utile de rappeler au public que Théophile Gautier, dont la belle figure littéraire est sympathique à tous les partis, fut dévoué à la famille impériale. Je me bornerai à demander à ces personnes ce qu'elles auraient pensé de moi si j'avais supprimé ces lettres qui sont parmi les plus intéressantes, et s'il n'y aurait pas naïveté de ma part à croire que ses contemporains ont déjà oublié quelle place il occupait dans les régions officielles.

D'ailleurs il est de notoriété publique que Théo-

---

son œil de peintre n'était affecté que de la couleur des mots sur le papier. Une de ses métaphores familières pour dire qu'il allait travailler était : « Je vais mettre du noir sur du blanc. »
m'amusai quelquefois à le taquiner sur la manière déplorable dont il corrigeait les épreuves de ses articles ou de ses livres ; à la vérité, il n'y entendait pas grand'chose, et il trouvait que certains mots avaient plus de caractère sans l'orthographe qu'avec elle ; c'était dommage de les changer, et, si on l'écoutait, on les laisserait tels quels pour le plaisir des yeux. En somme, concluait-il, les plus beaux livres sont ceux où il y a le plus de papier blanc.

phile Gautier n'a jamais été un homme politique, et qu'il n'avait que de l'indifférence pour tout ce qui n'était pas l'art ou la poésie. Il ne croyait pas à l'utilité des révolutions, et il se contentait parfaitement de tout régime qui, pendant le cours fatalement restreint de sa durée, favorisait l'éclosion pacifique des choses de l'esprit. On avouera bien que cette façon de voir ne pouvait pas lui inspirer un goût bien vif pour la Commune, par exemple, et qu'elle ne fit rien pour rendre un homme comme lui républicain. Ce serait une erreur de croire cependant que son grand esprit, si vaste et si juste, n'eût pas été frappé par les cataclysmes dans lesquels avait sombré l'empire. Si sa philosophie n'en avait guère été atteinte, si sa fidélité n'en était pas ébranlée, son cœur du moins en avait ressenti une forte secousse. Il ne faut pas oublier que Théophile Gautier avait charge d'âmes, et que du travail de sa plume il nourrissait une très-nombreuse famille. Au 4 septembre il se crut donc perdu, lui et les siens. Aussi ne fut-il pas peu étonné de voir les républicains lui continuer la déférence due à son rare génie et lui assurer sa situation au *Journal officiel*. Il s'aperçut alors que ces gens-là n'étaient pas si farouches qu'il se les représentait. Il le disait ingénument à l'un d'eux, M. Hetzel, son vieil ami, de qui j'en tiens le récit et qui pourrait l'affirmer si besoin était :

« Je veux te dire aussi que tes amis, qui ne me doivent rien, qui auraient pu, bien à tort, mais enfin qui auraient pu, comme d'autres n'y auraient pas manqué, ne voir en moi qu'un adversaire, ont été parfaits pour moi. Grâce à eux, j'ai pu être malade avec tranquillité. Prétextes et raisons, le ministère républicain a tout trouvé bon pour m'aider à supporter la maladie. »

Ces paroles, tous ceux qui ont causé avec le poëte dans les derniers temps de sa vie les lui ont entendu répéter, et je puis ajouter que lorsque nous étions dans l'intimité, il se plaisait à constater que, pendant dix-huit ans, l'empire n'en avait pas tant fait pour lui.

Oui, sans doute, Théophile Gautier avec sa placidité orientale devait se rallier — ou plutôt se laisser rallier — au gouvernement qui promettait la paix à son pays. La paix n'a-t-elle pas été l'unique recherche de sa vie? Mais son bonapartisme — si bonapartisme il y a — peut du moins revendiquer l'excuse et le bénéfice d'un platonisme sans exemple. Qu'on en juge.

Théophile Gautier, sous l'empire, a désiré être inspecteur des Beaux-Arts. Il ne l'a pas été.

Théophile Gautier, sous l'empire, a rêvé d'être conservateur d'une bibliothèque. Il ne l'a pas été.

Théophile Gautier, sous l'empire, espérait entrer à l'Académie française. Il n'y est pas entré.

Théophile Gautier, sous l'empire, souhaitait d'être nommé sénateur, comme Sainte-Beuve et Mérimée. Il n'a pas été nommé sénateur.

Voilà une fidélité qui n'a pas coûté bien cher à l'empire! Mieux encore! Jamais une recommandation, verbale ou écrite, de Théophile Gautier n'a abouti à un résultat heureux, à ce point qu'il avait été obligé d'avouer son impuissance à ceux qui venaient le prier d'un service, et qu'il avait renoncé à écrire en faveur de quelqu'un « pour ne pas lui porter malheur! »

Il me semble qu'après ce qui précède j'aurais eu mauvaise grâce à supprimer de sa correspondance les lettres où il confesse sa foi bonapartiste!

Et maintenant, s'il faut dire ici la vérité telle qu'elle est, l'impossibilité où Théophile Gautier a été toute sa vie d'obtenir de l'empire ce qu'il désirait et ce que l'empire pouvait et *devait* non-seulement lui accorder, mais lui offrir, cette impossibilité, dis-je, a une raison. Et cette raison, c'est qu'il n'était pas bonapartiste! J'en suis fâché pour le parti, mais il y a là une nuance fort distincte et qu'il importe d'observer.

Théophile Gautier, comme beaucoup d'autres esprits éminents de l'époque et appartenant à des opinions diverses, était surtout..... comment dire? mathildien. Le salon de la princesse Mathilde avait alors le privilége de réunir l'élite des célébrités artistiques de Paris, élite que les Tuileries ne surent jamais attirer ni grouper. La princesse, fort encline aux idées libérales, aimant les beaux esprits et les brillants causeurs, artiste elle-même et douée d'un goût particulier pour les choses de l'art, s'était construite dans le temple impérial une petite chapelle indépendante. Elle y recevait, sans leur demander autrement patte blanche, tous ceux que leurs talents d'abord et ensuite leur bonne éducation plaçaient hors de pair dans les sciences, les lettres et les arts. Légitimistes, bonapartistes pratiquants, républicains et même orléanistes, il y en avait de toutes nuances et de toutes convictions, si l'on peut dire. Mais tous, dès le seuil franchi, devenaient d'eux-mêmes mathildiens, tant l'hôtesse savait l'art de les conquérir. Quel rôle charmant la princesse Mathilde n'a-t-elle pas joué là, dans l'histoire du second empire! Quelle aimable petite cour de poëtes et de savants, de peintres et de musiciens, façonnée sur le modèle des cours italiennes de la Renaissance! Une convention passée en règle de conduite et fidèlement observée était de ne jamais parler de politique. Mais la valeur d'un tableau, d'un poëme, d'un opéra, d'une comédie, d'une statue ou d'un livre d'histoire, voire quelquefois d'une toilette de femme élégante et bien portée, cela suffisait à alimenter les réunions de causeries vives, de discussions spirituelles et de récits pittoresques. Celui qui dans trente ans écrira l'histoire de ce salon éclectique, outre qu'il résumera tout l'art militant en France de 1852 à 1870, aura encore l'avantage de dégager de l'empire tout ce qu'il contient de sympathique et d'utile, c'est-à-dire la figure de la femme intelligente, libérale et aimée de tous que l'on a appelée « la bonne princesse ».

Parmi ceux qu'elle désirait le plus d'attacher à elle, Théophile Gautier était l'un des premiers. Mais ce qui prouve bien qu'elle n'y mettait point l'arrière-pensée de conquérir ce talent à l'empire (lequel d'ailleurs était fort incapable d'en apprécier la conquête), c'est qu'elle ne s'arrêta point aux obstacles qui eussent fait reculer toute autre princesse du sang impérial. Théophile Gautier, en effet, avait été lié avec les princes de la famille d'Orléans ; il avait, comme il l'a raconté lui-même, fait une expédition en Afrique avec le duc d'Aumale. Mais il était surtout et avant tout resté fidèle au poëte des *Châtiments*. Cette fidélité inébranlable, passionnée et idolâtre qui couronne toute sa vie d'un nimbe d'or, était la seule chose qu'il n'eût point fallu demander à Théophile Gautier de sacrifier. Mais le jour où il lui fut démontré qu'il pouvait librement rendre hommage au génie de son maître, même à la table d'une Bonaparte, ce jour-là il fut conquis et il devint mathildien.

Théophile Gautier a donc été dévoué courtisan de la princesse et l'hôte assidu de Saint-Gratien; mais c'est très-probablement à cette assiduité qu'il a dû ses mécomptes littéraires et ses déboires. Il ne m'appartient pas de soulever ici les voiles qui couvrent encore certaines intrigues de palais, quoique ces intrigues aient mené mon pays à des désastres sans précédents; mais tout le monde sait aujourd'hui que dans la famille impériale les membres masculins et féminins n'étaient guère d'accord sur la manière de diriger le vol de l'aigle, et que qui voulait plaire à un cousin risquait fort de déplaire à l'autre. Il en était de même pour les cousines. Et c'est pourquoi je dis que Théophile Gautier a pu être mathildien sans être pour cela bonapartiste, et comment il faut expliquer que malgré tous les efforts de son auguste amie il n'a jamais pu obtenir le fauteuil académique ou la chaise d'ivoire de sénateur.

De par tous les droits d'une supériorité incontestée de poëte et de causeur, Théophile Gautier tenait le haut bout de la table chez la princesse Mathilde. Il était le charme de ses réunions et l'attrait de ses fêtes. Jamais il ne fut plus étincelant de verve que dans cette maison où il se sentait heureux, entouré d'admirateurs sympathiques et d'amis.

Sous le sourire de l'hôtesse il redevenait peu à peu le Théo de l'ère romantique, le prodigieux tailleur de paradoxes à facettes, le ciseleur de mots et le coloriste sans égal de la préface de *Mlle de Maupin*. Le jeune France reparaissait alors et le lion secouait sa crinière. Comme on lui savait le pouvoir de tout dire sans blesser aucune conviction morale ou religieuse, on le laissait la bride sur le col. Sa lèvre alors illuminée d'un gai sourire semait les perles et les rubis. Plus il y avait de femmes dans l'assistance et plus ces femmes étaient jeunes, élégantes et belles, plus il étincelait et jetait de fusées et de gerbes. Car c'était cela qu'il aimait en résumé dans la société des puissants. Le luxe est l'élément naturel des poëtes, et quand celui-là avait porté pendant tout un mois le faix des devoirs domestiques et tourné la meule du feuilleton, il n'était pas fâché de reprendre le rêve de Fortunio, ne fût-ce qu'une heure. Je lui ai souvent entendu dire, avec un soupir qui contenait bien des amertumes, que tous les grands poëtes de ce siècle avaient été riches et fortunés. Ses relations officielles lui donnaient l'illusion de cette opulence qui seule lui a manqué peut-être pour fournir toute la mesure de son génie. N'est-ce pas l'honneur des rois et des princes et leur raison d'être que de savoir racheter ainsi les inconséquences de la fortune[1]?

---

1. Dans la préface charmante d'un livre malheureusement non mis dans le commerce, M. Claudius Popelin, l'émailleur-poëte,

Certes il ne faudrait pas inférer de ce qui précède que mon intention soit d'acquérir au parti libéral la figure littéraire d'un homme que l'idée républicaine a toujours effrayé. Sa correspondance fait foi de ces terreurs. Théophile Gautier avait pris au mot le programme socialiste du progrès par la révolution. Il croyait très-sincèrement aux « rouges », et son éducation royaliste ajoutait encore à cette croyance des souvenirs de famille assez peu rassurants. Il disait qu'il appartenait à la génération de ceux qui ont eu des parents guillotinés. Je raconte ailleurs dans quel milieu il avait grandi et quelle influence les récits paternels ont pu avoir sur son esprit d'enfant. Toujours est-il que le principe d'autorité, quel qu'il fût et d'où qu'elle vînt, lui semblait là sauvegarde des sociétés modernes. Il admettait que le bâton devînt sceptre et aussi que le sceptre se fît bâton. D'ailleurs il avait horreur de raisonner sur ce sujet, et quand on l'y acculait, il se levait de table et s'en allait.

Il m'est permis de croire toutefois, d'après des indices certains, que le lecteur pourra relever dans nos entretiens et même dans quelques-unes de ses lettres, que l'établissement pacifique d'une

a tracé un fidèle tableau des soirées de Saint-Gratien et aussi un portrait ressemblant de Théophile Gautier chez la princesse.

République athénienne, dans laquelle les poëtes et les artistes auraient été considérés et honorés, aurait rallié sa philosophie et charmé sa vieillesse. Il se serait laissé volontiers décerner par elle le repos du prytanée, surtout s'il s'y était rencontré en compagnie de Victor Hugo et de quelques autres, glorieux selon son cœur. Le grand respect que lui avaient toujours témoigné les écrivains de la presse avancée le touchait fort sensiblement : les buveurs de sang commençaient à lui paraître les plus aimables gens du monde, et aussi les plus lettrés. Il y en avait parmi eux qui savaient ses œuvres par cœur. Ses livres nouveaux trouvaient en eux leurs premiers zélateurs. Un jour, M. Jules Simon lui fit savoir que la République tenait à honneur de continuer au grand écrivain la pension que M. Walewski lui avait jadis obtenue de l'Instruction publique. Le sachant malade, et pris de la nostalgie du soleil, cette même République lui offrit une mission d'art en Italie. De plus, le retour de Victor Hugo en France avait pour Théophile Gautier déplacé la lumière ; le disciple reprenait doucement l'habitude du chemin de la maison du maître. Qui sait si sous l'influence toujours subie du poëte de l'*Année terrible* le poëte des *Tableaux de Siége* ne se serait pas désenchaîné ! Hélas ! c'est deux fois pour nous qu'il est mort trop tôt. Quelle fidélité devait-il donc, l'honnête et trop scrupuleux maître, à ce parti d'ingrats et d'égoïstes, incapable de répondre au dévouement silencieux d'un tel esprit? Par quel excès de fierté naïve, par quelle fiction d'héroïsme se croyait-il lié à l'aventure du 2 décembre, et quelle reconnaissance devait-il encore à des princes auxquels l'art, qu'il aimait, est resté absolument étranger? Sans doute il avait pour cela quelque raison intime et profonde à laquelle je crois, sans la connaître, comme je crois à son grand cœur, à son clair bon sens et à sa probité, elle aussi, « impeccable ».

Trois femmes, diversement belles, intelligentes et célèbres, ont, de leurs amicales sollicitudes, influé sur la vie de Théophile Gautier. Delphine de Girardin a été la première de ces bonnes inspiratrices; elle fut la Muse de son génie jeune et libre. Tout ce qu'il a écrit dans cette période fortunée, qui commence à son entrée au journal *la Presse* pour finir à son entrée au *Moniteur*, est marqué au sceau de la verve et aussi de l'indépendance. Il écrivait alors ce qu'il voulait et comme il le voulait, et ses fantaisies les plus audacieuses étaient les bien venues. C'était le temps où il se passionnait encore dans les querelles artistiques ou littéraires; où il se donnait la peine d'être sévère pour les médiocres et enthousiaste pour les génies. Le masque d'indifférence, masque olympien, qu'on lui a connu plus tard, ne fut par lui adopté que le jour où il passa d'un journal libre dans un journal officiel. Ce jour-là sa jeunesse était finie ; le romantique rendait les armes.

Toujours, et jusqu'à la fin, mon maître a regretté de s'être laissé rogner les ongles avant l'âge où le lion vieillit. Comme il se sentait de force à se faire seul une situation au moins égale à celle que lui valait son titre d'écrivain officiel, il déplorait amèrement de lui en devoir le bénéfice. Critique libre dans un journal indépendant, Théophile Gautier n'aurait certainement pas été le juge implacablement bénévole qu'il a été pendant vingt ans. Ceux qui l'ont connu un peu intimement savent qu'il n'avait rien en lui d'un docteur Pangloss. Sa sérénité n'était qu'apparente, et je reste convaincu que son rêve fut toujours de travailler pour la bonne cause dans un journal militant, d'y rompre des lances et d'y fausser des cuirasses philistines.

J'ai dit plus haut comment le poëte retrouva une amie sincère et capable de le comprendre en la personne de Mme la princesse Mathilde. Si le salon de Mme de Girardin réunissait des hommes tels que Balzac, Victor Hugo, Lamartine, de Musset, Méry, Gozlan, Alexandre Dumas, Alfred de Vigny, et d'autres encore, celui de la princesse ne le lui cédait ni sur la quantité ni sur la qualité de ses habitués, et Théophile Gautier, demeuré seul avec Sainte-Beuve de la grande génération de 1830, s'y voyait entouré de disciples, sinon de maîtres, dignes de lui. L'assiduité de mon maître chez la princesse Mathilde lui a été bonne de beaucoup de façons, mais surtout en ceci, que tout concourait à lui rappeler qu'il était avant tout poëte et grand poëte. Lorsque tout, autour de lui, semblait se concerter pour lui remettre sans cesse devant les yeux cette corvée du journalisme devant laquelle il succombait, il n'avait qu'à se réfugier dans ce salon charmant pour se voir enfin considérer, non plus comme feuilletoniste, mais comme poëte. Il allait là se retremper et reprendre des forces pour son rude métier de Sisyphe officiel. Quand, par exemple, il s'était abandonné à l'un de ces soliloques paradoxaux, aux théories prodigieuses et petillant de traits et de trouvailles qui donnaient à ses causeries l'attrait d'une féerie, jamais on ne lui aurait dit, en façon de compliment, qu'il venait de parler un *article* admirable. Le tact féminin de l'hôtesse lui ménageait un remerciement plus délicat : « Ah! quel beau sonnet vous feriez avec cela! » Ou encore : « Nous venons d'entendre un superbe poëme! » Cette nuance lui était sensible, elle suffisait à le rendre heureux.

Il ne m'appartient pas de désigner la troisième personne célèbre dont Théophile Gautier a subi l'influence dans sa vie et dans ses écrits; car non-seulement cette personne vit encore, mais des liens étroits l'unissent à la famille du poëte. Mon maître avait pour son caractère pratique et sa douce philosophie une estime particulière. Il lui confiait de préférence à tout autre les secrets de son cœur : c'est à elle qu'il a écrit le plus de lettres, lui qui avait horreur de correspondre et dont les lettres sont si rares. Dans les dernières années cette amitié s'était montée au ton d'un abandon passionné, et comme la bienveillante Égérie habitait à l'étranger, le malade sembla vouloir mettre à profit des jours comptés, et il multiplia ses épîtres qui sonnaient comme des appels au secours. Le dernier qu'il lui jeta par delà les frontières lui arriva trop tard, et quand la dame aux yeux de violette parvint à la petite maison de Neuilly, on cousait dans le linceul son patito, son poëte et son ami fidèle. Sa dernière parole avait été son nom, comme aussi le dernier mot qu'il ait écrit.

Hélas! il ne se doutait guère qu'elle interdirait un jour la publication de ces lettres admirables, écrites la plupart pour la postérité, et dont elle n'a jamais été que l'inconscient prétexte, car ces lettres portaient haut, et passaient, par conséquent, pardessus la tête de la destinataire.

BIOGRAPHIE

DE

THÉOPHILE GAUTIER

BIOGRAPHIE

DE

THÉOPHILE GAUTIER

« Si ce grand désir de voir Berg-op-Zoom vous étonne, c'est que j'ai eu un certain grand-père qui était monté le premier à l'assaut de Berg-op-Zoom, et qui avait reçu une épée d'honneur en argent pour ce beau fait d'armes. Comme c'est l'histoire la plus triomphante de ma famille, je n'aurais pas été fâché d'entrevoir, même de très-loin, un endroit où un de mes ancêtres avait été si courageux. » (*Caprices et Zigzags*, voyage en Hollande, page 73-74.)

Dans les écrits innombrables de mon maître, je n'ai trouvé que ce renseignement sur l'histoire de sa famille. Son autobiographie ne le reproduit point et elle ne révèle rien au public des origines du poëte. Les historiographes et les physiologues me sauront gré sans doute de consigner ici pour la première fois ce que je sais sur ce sujet intéressant. On a beaucoup dit que, par une de ses ancêtres, Théophile Gautier avait du sang oriental dans les veines. Cela est exact en effet, seulement il n'est guère possible aujourd'hui de préciser à quel degré d'ascendance il faut placer cette aïeule. Même dans la famille la légende est demeurée confuse, et ceux qui avaient reçu les derniers échos de la tradition ne peuvent plus être consultés.

Théophile Gautier est le premier qui ait donné un douloureux démenti à ce privilége de sa race, la longévité. Son père (qui profitait de la destruction de son acte de naissance pendant la Révolution pour se rajeunir), avouait plus de quatre-vingts ans ; son grand-père était mort centenaire. De telle sorte qu'en deux bonds la filiation atteignait à Louis XV. Un grand-oncle contemporain de ce roi occupait, dans l'administration des finances de l'État, une fonction équivalente à celle de receveur général aujourd'hui. Il faut croire qu'il avait rendu d'importants services au pays; je crois me souvenir que ce fut dans une disette, puisque Louis XV l'anoblit.

La famille Gautier est originaire d'Avignon. Or il existe, près de cette vieille cité des papes, une montagne nommée l'Avançon qui a le singulier inconvénient de dévaler, et qui s'émiette dans les plaines circonvoisines. Cette montagne appartenait de temps immémorial aux Gautier, qui en avaient pris d'ailleurs le nom de Gautier d'Avançon auquel le poëte pouvait encore prétendre. Le financier en fut le premier titulaire. On a conservé le parchemin qui lui conférait cette noblesse, comme aussi le blason qui en consacra l'héraldisme. L'écu est surmonté d'un casque de chevalier; il porte d'azur au chevron d'or accompagné de trois soucis de même, posés deux et un, avec la devise en banderole : *d'or j'ai soucis!*

« Prophétique devise! disait quelquefois mon maître en souriant, et qui pèse sur ma destinée! Quant à la fameuse montagne, ajoutait-il, qui sait ce qu'elle est devenue! Je n'ai jamais songé à la réclamer au gouvernement, de peur que le vent ne souffle à travers, comme dans celle de Gastibelza. »
— Si jamais le poëte ne se réclama de cette noblesse, c'est que, comme Mirabeau sommé de signer Riquetti, il avait peur de dérouter le monde. Mais sans en tirer vanité plus que de raison, il ne lui déplaisait point de le constater quelquefois, soit à table par exemple, dans l'intimité. Sa famille d'ailleurs, passionnément royaliste, l'avait toujours entretenu dans des sentiments conformes à son origine, et le nom de Charles X n'était jamais prononcé qu'avec respect par tous les siens. Ah! si l'Académie avait su tout cela, Théophile Gautier n'eût pas attendu à sa porte! Que de regrets je vais donner à nos quarante!

Le grand-père de Théophile apparaît, parmi ses ascendants, comme une figure particulièrement originale. C'était un homme d'une force colossale et d'une stature proportionnée à sa force. Il vivait en plein air, le fusil en bandoulière, toujours marchant et chassant, sorte de burgrave errant et farouche, auquel la ville faisait horreur. Buttait-il contre un caillou, il entrait dans des colères terribles, et il déchargeait sur lui, à bout portant, les deux coups de sa carabine. Quand son fils Pierre Gautier gravissait, pour aller le voir, les pentes croulantes de son Avançon, il était accueilli par la mousqueterie paternelle entremêlée d'éclats de rire formidables, par lesquels se révélait sa joie tonnante. Cet Hercule vécut plus de cent ans.

Quant à Pierre Gautier, quoiqu'il fût trempé lui aussi de manière à atteindre le siècle à son tour, ce fut surtout dans le domaine intellectuel qu'il dépensa sa force. Il s'était acquis une instruction solide et des connaissances variées en toutes choses. C'était un homme très-remarquable, et, par son amour des lettres, le digne père de Théophile. « Si j'ai quelque instruction et quelque talent, c'est à lui que je les dois », a écrit le poëte. Il vécut d'ailleurs assez vieux pour jouir de la célébrité précoce de son fils et même pour connaître ses petits-enfants.

La note dominante de la vie et du caractère de

Pierre Gautier, c'est son royalisme intraitable, aveugle et militant. Lorsque Charles X promulgua ses fameuses ordonnances, le père de Théophile mit tout son avoir à la hausse, et comme son fils le blâmait de son imprudence et lui prédisait la ruine, le bonhomme irrité lui mit paternellement le pied au derrière, et cela pour toute réponse. Est-ce que le roi pouvait se tromper! Dieu sait cependant s'il considérait son garçon comme un être supérieur et prédestiné! Mais sa foi monarchique n'admettait pas de raisonnement. C'était d'ailleurs une foi sincère et qui avait agi. Tout jeune encore, en thermidor, à Avignon, Pierre Gautier avait sauvé une grande quantité de nobles et de prêtres enfermés à la Glacière, en les faisant passer (le fait est historique) par les latrines de la prison. Il y avait passé lui-même, le dernier, quand tout son monde avait été en sûreté. Plus tard, quand les Bourbons remontèrent sur le trône, Charles X voulut récompenser son dévouement à la cause royale et il lui fit demander par l'abbé de Montesquiou ce que le roi pouvait faire pour lui. Pierre Gautier, qui s'était ruiné au service de son opinion, répondit au ministre : que le roi eût à se mêler des affaires de la France, et que si lui, Pierre Gautier, était royaliste, c'était pour la satisfaction de sa conscience et parce que cela lui faisait plaisir. Le trait, je crois, dépeint l'homme. Parmi les suspects sauvés ainsi par Pierre Gautier, se trouvait le chevalier de Port de Guy, dont Victor Hugo a parlé dans les *Misérables.* Il resta fort attaché à la famille de son sauveur, et à sa mort il légua en souvenir à la sœur de Pierre toute sa vaisselle plate, qui était fort belle, si j'en juge par les pièces que Théophile Gautier en avait conservées.

Quoiqu'il ne fût que simple fonctionnaire au cadastre, Pierre Gautier devait à ses convictions bien connues d'être traité en pair et en égal par les plus nobles familles du comtat Venaissin. C'est ainsi que, reçu dans la famille de Poudens, il s'y éprit d'une fort belle jeune fille, qui était l'une des sœurs de la comtesse ; il l'a demanda en mariage et il l'obtint sans difficultés. Mme la comtesse de Poudens était l'aînée de six sœurs environ, toutes filles d'un tailleur nommé Cocard, attaché à la maison du comte d'Artois, devenu depuis Charles X. Comme ses parents n'étaient point riches, elle avait fait venir toutes ses sœurs au château de Poudens et s'était chargée de leurs établissements. La comtesse était d'ailleurs une excellente créature qui n'avait, paraît-il, d'autre défaut que celui d'aimer à intéresser le jeu : elle jouait une métairie, un troupeau de moutons, une vigne, un arpent de terre, une coupe de bois, comme on joue deux sous à l'écarté. Peut-être avait-elle trouvé là un moyen ingénieux et discret de doter ses sœurs sans les humilier. L'une d'entre elles épousa le général d'Ixmer, dont le nom figure sur l'Arc-de-l'Étoile. La générale était une femme vaillante, qui s'était fait faire un costume militaire pour pouvoir suivre son mari dans ses campagnes. Une autre s'allia à une famille Samuel Perrin, une autre à une famille Dubosc, et la dernière enfin devint la mère de Théophile Gautier.

Le mariage fut célébré dans l'automne de 1810, au château même de Poudens, par les soins de la comtesse. Le vieux chasseur du mont Avançon y assista et put y tirer, en signe de réjouissance, tous les coups de fusil imaginables. Puis les jeunes époux allèrent passer leur nuit de noces et leur lune de miel au château d'Artagnan, qui appartenait à l'abbé de Montesquiou. Voilà un détail qu'Alexandre Dumas a oublié d'enregistrer dans ses mémoires, car il ne manque pas d'un certain romantisme. Théophile, en effet, est le premier enfant qui soit né du mariage de Pierre Gautier, et rien ne défend d'admettre que le poëte du *Capitaine Fracasse* et du *Château de la Misère* a été conçu sous le toit héréditaire du héros des *Trois Mousquetaires*.

Par ce temps de physiologie passionnée où l'on se plaît à rechercher l'influence maternelle dans l'histoire des hommes illustres, je ne puis me dispenser de dire ici quelques mots de la mère de

Théophile Gautier. D'après une tradition familiale, que je ne dois qu'effleurer, ce n'était pas sans droits que Mme Pierre Gautier, qui d'ailleurs était d'une beauté imposante et d'un port plein de majesté, rappelait par ses traits généraux ce qu'on a appelé le type bourbonnien. Le portrait au pastel que le poëte a laissé de sa mère justifie pleinement, et il explique l'amour qu'avait conçu pour elle un ardent royaliste, auquel l'amitié de l'abbé de Montesquiou ne fit jamais défaut. Il fut le parrain de l'une des sœurs de Théophile et, à sa mort, il légua au jeune écrivain la majeure partie de sa bibliothèque.

Est-ce à la beauté majestueuse de sa mère et à son type hautain et froid qu'il faut attribuer la terreur respectueuse que Théophile Gautier a toujours eue pour elle? Toujours est-il qu'il ne se familiarisa jamais avec elle et qu'il la traita jusqu'à la fin plutôt comme une reine que comme une mère tendre, qu'elle fut d'ailleurs plus que personne. Mme Gautier était en extase devant son fils. Elle ne savait rien de plus beau que lui; c'était une idolâtrie. Théophile racontait qu'ayant un jour reçu de son père une légère chiquenaude, il était allé trouver sa mère et qu'il l'avait sommée de se séparer d'un homme qui l'avait battu, lui, son fils! Et quand Pierre Gautier était rentré, il avait surpris la pauvre femme occupée à faire ses paquets; il eut une peine extrême à la calmer, et peut-être même fit-il des excuses.

Cet enfant gâté, non-seulement de sa famille, mais aussi de la nature, qui le combla de ses dons les plus rares, était né à Tarbes le 30 août 1811[1], pendant un séjour que ses parents y firent pour leurs affaires. La maison où eut lieu cet événement si important pour l'histoire des lettres est encore debout : on la voit dans la rue qui mène au Marcadieu. Les habitants de Tarbes la montrent aux étrangers comme une des maisons historiques de la ville. Mais ils leur montrent aussi le pupitre que l'enfant occupait au collége, et en cela ils poussent peut-être un peu loin leur orgueil de clocher.

---

1. Voici l'acte de naissance de Théophile Gautier :

« L'an mil huit cent onze et le trente août, à six heures du soir, par-devant nous, premier adjoint à la mairie de Tarbes, faisant les fonctions d'officier public de l'état civil par délégation de M. le Maire, est comparu le sieur Jean-Pierre Gautier, employé à la direction des contributions directes, habitant de la ville de Tarbes, âgé de trente-trois ans, lequel nous a présenté un enfant du sexe masculin, né aujourd'hui vers les deux heures du matin, de lui déclarant et de dame Adélaïde-Antoinette Cocard, son épouse, et auquel il a déclaré donner les prénoms de Pierre-Jules-Théophile. Ladite déclaration et présentation faites en présence des sieurs Jean-Baptiste Lasserre, tapissier, âgé de vingt-huit ans, et Jean-Marie Sempastous, premier commis à la direction de l'enregistrement, âgé de trente-trois ans, habitants de Tarbes, lesquels, après que lecture leur a été faite du présent acte de naissance, l'ont signé avec nous et le comparant.

« *Signé :* P. Gautier, Sempastous, Lasserre, Daléas, officier public.

Théophile Gautier, en effet, a quitté Tarbes à l'âge de trois ans, et il n'y a remis les pieds qu'en 1860. Je tiens de lui cette anecdote du pupitre, qu'il contait avec une bonhomie si malicieuse. « Pendant que j'étais à Tarbes, disait-il, j'appris de mes compatriotes que mon pupitre d'écolier était religieusement conservé au collége de la ville et qu'il faisait l'admiration des touristes. Très-flatté d'être ainsi honoré de mon vivant, je résolus de connaître le curieux pupitre que l'on m'attribuait, et par la même occasion le collége qui se vantait de m'avoir possédé. Je me présentai donc incognito au principal, et, me donnant pour un admirateur enthousiaste de mes propres écrits, je le priai de me mener au cher pupitre, témoin de mes précocités enfantines.

« Le recteur tint à honneur de me conduire lui-même. Le pupitre qu'il me fit voir, et même toucher, était certes un pupitre quelconque, mais à son aspect j'éprouvai une émotion irrésistible. C'était assurément la première fois que lui et moi nous étions en face l'un de l'autre, mais enfin, s'il n'était pas mon pupitre, il aurait pu l'être. Il aurait réveillé en moi une foule de souvenirs ! Je m'assis sur le banc qui le complétait, et qui, si le sort l'avait voulu, eût été, lui aussi, mon banc, et m'étant placé dans la position d'un écolier studieux, je tâchai de m'imaginer que j'y retrouvais mon assiette. Le recteur, me voyant si empoigné, ne put retenir un sourire mouillé d'attendrissement; il me montra sur le pupitre des éraflures et des sillages de canif faits par Théophile Gautier en classe et qui lui avaient valu sans doute bien des punitions. Je lui demandai la permission d'en emporter une écharde. Il me l'accorda. Puis il me reconduisit en me racontant vingt anecdotes authentiques qui me parurent concluantes à moi-même et desquelles il résultait que j'avais été un élève prodigieux et la gloire de son collége. Un Philistin se serait donné le plaisir facile d'arracher bêtement à ce brave homme ses illusions. J'en eus d'autant moins l'envie que je les partageais. Je le quittai sans lui révéler qui j'étais, et je ne racontai à personne ma visite. Au fond, le recteur avait raison, ajoutait mon maître, en manière de moralité; le mensonge est bien plus amusant que la vérité, et il est quelquefois plus vraisemblable. J'ai eu là une vision pareille à celle de Musset, et j'ai connu le jeune homme vêtu de noir, qui me ressemblait comme un frère. »

Je dois ajouter ici, à la louange des Tarbois, qu'ils sont restés très-fiers de leur compatriote. A la mort du poëte, c'est-à-dire en 1872 (je tiens ce renseignement d'un parent à moi, qui habitait la ville à cette époque), il fut question d'ériger une statue à l'auteur d'*Émaux et Camées*, et cela sur une place fréquentée de Tarbes. La souscription fut, dès les premiers jours, couverte presque entièrement par les habitants. Mais le conseil municipal refusa l'emplacement nécessaire. Il ne jugea pas suffisante sans doute la gloire de l'un des plus grands écrivains de la langue française. Ah! s'il avait été question de M. Scribe!!! Enfin, ils ont le pupitre.

Théophile avait donc trois ans quand ses parents vinrent s'établir à Paris, c'est-à-dire en 1814. Ils habitèrent d'abord rue du Parc-Royal, dans le Marais. Enfant du soleil et du grand air, le petit Basque ne put d'abord s'acclimater à notre ciel gris; il a raconté que, saisi d'une nostalgie violente, il voulut se jeter par la fenêtre avec ses joujoux. Un jour, ayant entendu des soldats parler le patois gascon dans la rue, il s'accrocha à leurs habits en pleurant et les supplia de l'emmener dans son pays. Dès qu'il sut lire, vers cinq ans, on lui mit entre les mains les livres qu'il désirait, et entre autres Robinson Crusoé, qui fit sur son esprit une vive impression. Deux dessins de lui, longtemps conservés dans la famille, et exécutés à l'âge de sept ans, prouvent qu'à cette époque il connaissait *Estelle et Némorin,* car ils représentent ces deux héros de l'idylle florianesque. Puis vint le tour de *Paul et Virginie,* qui a été toute sa vie le livre le plus admiré par Théophile Gautier. Pour ma part, je ne l'ai jamais entendu parler qu'avec une émotion communicative de ce roman, qu'il considérait comme une des plus pures productions du génie. Théophile n'avait pas encore, paraît-il, l'horreur du théâtre qui le caractérisa par la suite, puisqu'il passait son temps à construire des guignols de carton, et à en peindre les décors. Son goût pour la peinture lui vint du plaisir qu'il prit à ces barbouillages. Du reste, il a toujours aimé à composer des toiles de fond et des portants de coulisses. Il excellait à confectionner pour ses enfants de petits théâtres à marionnettes, et il n'avait pas de plus grand bonheur que d'en brosser la décoration.

A huit ans, ses parents le mirent à Louis-le-Grand en qualité d'interne. Il fut sur le point d'en mourir. Voici d'ailleurs comment il parle de ce séjour dans ce lycée : « Je mourais de froid, d'ennui et d'isolement entre ces grands murs tristes, où, sous prétexte de me briser à la vie de collége, un immonde chien de cour s'était fait mon bourreau. Je conçus pour lui une haine qui ne s'est pas éteinte encore. S'il m'apparaissait reconnaissable après ce long espace de temps, je lui sauterais à la gorge et je l'étranglerais!... » Il fallut le retirer de là, et c'est alors qu'il suivit ses classes à Charlemagne, cette fois, comme externe libre. Mais il était écrit que le collége ne lui laisserait que des souvenirs désagréables; les succès qu'il obtenait sur ses camarades suscitèrent contre lui tant de jalousies que, sur la demande de son père, on fut forcé de lui donner une garde de deux « grands », qui le reconduisaient jusqu'à la maison paternelle. Sans cette précaution, il eût été assommé à la sortie des classes. Son père, homme fort instruit, comme je l'ai dit, lui servait de répétiteur. « C'est lui qui fut, en réalité, mon seul maître », déclarait plus tard le poëte. Le temps des récréations était invariablement consacré par l'écolier à dessiner et à peindre, et toute sa famille croyait à cette époque que Théophile serait peintre. J'ai raconté ailleurs (voir *Théophile Gautier, peintre*, chez J. Baur, 1877) comment, à quatorze ans, et pendant les vacances de 1825 qu'il passa à Maupertuis, chez l'abbé de Montesquiou, il se chargea de la réparation des tableaux de l'église et même de la décoration de la grande nef. Il parvint de la sorte jusqu'en rhétorique, manifestant une prédilection littéraire fort significative pour ce qu'on appelle les auteurs de la décadence. Il préférait ouvertement Claudien à Virgile, Martial à Horace, Pétrone, Apulée, et même Lactance et Tertullien à Cicéron et à Quintilien. Il parodiait volontiers leurs styles colorés, riches en mots et corrompus, dans ses compositions. Ainsi il pensait même en ce temps-là que la décadence n'est le plus souvent que le point culminant de la civilisation d'un peuple. Il portait déjà en lui ce charmant livre : *les Grotesques*, et il préludait à son romantisme et à son culte pour Victor Hugo.

Pendant qu'il faisait sa rhétorique, Théophile se prit d'une passion très-vive pour les exercices du corps, et notamment pour la natation. Dans l'entretemps des classes, il fréquentait assidûment l'école Petit, près du pont d'Austerlitz. Il y conquit bientôt l'insigne glorieuse de « caleçon rouge », but suprême de ses ambitions de nageur. Sa mère, qui le croyait faible et délicat, ne pouvait s'accoutumer à l'idée des dangers qu'il courait à ce jeu, et plusieurs fois, pendant qu'il s'abandonnait aux délices de la pleine eau, il aperçut une femme pâle et agitée, qui, penchée sur le parapet du pont, suivait ses moindres mouvements avec anxiété. Il fut obligé de la supplier de ne pas le surveiller ainsi, sous peine de le voir se noyer sous ses yeux dans le saisissement où ces apparitions le plongeaient. Jusqu'à la fin de sa vie, mon maître est resté très-fier de ses mérites de nageur consommé. Il se vantait d'avoir été capable de renouveler, après lord Byron, l'exploit de Léandre traversant l'Hellespont pour rejoindre sa maîtresse. D'ailleurs, il racontait qu'il était allé à la nage de Marseille au château d'If, et qu'il en était revenu de la même façon. C'est également pendant sa rhétorique qu'il entra dans l'atelier du peintre Rioult et qu'il commença à étudier d'après le modèle vivant. Confondant sans doute ses facultés descriptives avec le don pictural, il ne songeait qu'à manier les pinceaux, et le plaisir qu'il y prenait lui semblait, ainsi qu'aux siens, le signe d'une vocation. Mais je me suis expliqué ailleurs sur cette erreur si curieuse de sa vie romantique, et je ne pourrais que me répéter.

A Charlemagne, Théophile Gautier se lia de solide amitié avec un jeune homme dont le nom appartient, lui aussi, à l'histoire des lettres. Je veux parler de Gérard de Nerval. Gérard, qui ne s'appelait pas de Nerval, mais bien Labrunie, « était déjà un assez grand personnage. La célébrité l'était venue chercher sur les bancs du collége. A dix-sept ans, il avait eu un volume de vers imprimé, et en lisant la traduction de Faust par ce jeune homme presque enfant encore, l'olympien de Weimar avait daigné dire qu'il ne s'était jamais si bien compris ». (*Histoire du Romantisme,* pages 6 et 7.) Gérard savait que Théophile faisait lui-même des vers, et il avait été le confident de ses essais. C'était à lui que le rhétoricien avait lu ce poëme de l'*Enlèvement d'Hélène* avec lequel la cuisinière de la maison flamba un jour son poulet, dans la bonne conscience d'une âme pure. Gérard connaissait le zèle romantique de son camarade, et il le comptait déjà comme l'un des prosélytes les plus fanatiques de l'école nouvelle. Au reste la famille Gautier, qui était venue s'installer à la place Royale, dans une maison contiguë à celle qu'allait bientôt occuper Victor Hugo lui-même, était conquise tout entière à la révolution littéraire, et Pierre Gautier en tenait pour la préface de *Cromwell*. Gérard commença donc par mener Théophile chez Victor Hugo. La présentation eut lieu rue Jean-Goujon où le poëte des *Orientales* demeurait alors. L'histoire de cette présentation est fameuse; elle fut aussi décisive, car c'est à elle que nous devons Théophile Gautier. En présence de Victor Hugo, alors dans tout le rayonnement de sa gloire européenne, le jeune adepte (il n'avait encore que dix-neuf ans) fut saisi d'une émotion si flatteuse et d'un tremblement tellement explicite, que le maître en fut touché et qu'il en conçut pour son disciple une affection qui ne s'est pas démentie. Il l'engagea à publier le recueil des poésies qu'il avait en portefeuille et dont Gérard lui avait dit le plus grand bien, et il l'invita à venir le voir. C'est de ce jour que Théophile renonça à la peinture.

A quelque temps de là, Gérard lui apporta de la part de Victor Hugo son service de six places pour la première d'*Hernani*; les coupons étaient timbrés, comme on sait, de la devise : « hierro ! » qui veut dire fer en espagnol. La première d'*Hernani*

(25 février 1830) est une date fameuse de la vie de
Théophile Gautier; c'est ce jour-là qu'il revêtit, pour
la première fois et la dernière fois, le terrible gilet
rouge qui fit si grand scandale parmi les bons bourgeois, et dont il a dit mélancoliquement : « Je ne
l'ai mis qu'un jour, et je l'ai porté toute ma vie! »
Les personnes qui désirent connaître l'histoire du
gilet rouge la trouveront racontée par mon maître
lui-même dans son *Histoire du Romantisme*, et
elles sauront pourquoi il arbora ainsi sur la poitrine l'étendard de la poésie libre.

Au sujet d'*Hernani*, je grouperai ici quelques
faits caractéristiques qui feront comprendre quelle
influence singulière ce drame a exercée sur Théophile Gautier et même sur sa vie. N'est-il pas curieux, en effet, que les dernières lignes qu'il ait
écrites, d'une main déjà tremblante, aient eu pour
sujet : *Hernani!* La mort arrêta l'article sur un
portrait de Mme de Girardin entrant dans sa loge.....
Quelques jours avant que mon maître écrivît ce dernier hymne à la gloire de l'homme qui fut son dieu,
nous passions ensemble en voiture dans la rue Saint-
Antoine. Il lui prit la fantaisie de descendre place
Royale, et de marcher sous les arcades. Arrivé devant
la maison où il avait passé sa jeunesse, il s'arrêta
et la contempla longuement sans dire un mot. Puis
il se retourna vers la maison de Victor Hugo, qui
est aujourd'hui une pension. Ses yeux avaient une

fixité profonde et il regardait en dedans ; je compris qu'il rêvait aux êtres et aux choses disparus. Quand nous remontâmes en voiture, il s'assit lourdement et, comme oppressé par une vision, il soupira : « Ah! le soir d'*Hernani!* »

Ma troisième anecdote est d'une espèce différente. Le 21 juin 1867, la Comédie française reprit *Hernani*. Théophile Gautier était l'attrait principal de cette reprise. On se le montrait dans sa loge, souriant, rajeuni, sans son gilet rouge, mais toujours avec sa longue chevelure de lion, donnant le signal et comme la tradition des applaudissements. Mais on se demandait comment le critique du *Moniteur*, en position d'écrivain officiel, ferait pour parler de l'auteur des *Châtiments* dans le journal du gouvernement impérial. Le lendemain Théophile Gautier apporta lui-même son article au *Moniteur*. On le pria d'en modérer les éloges et d'en adoucir le ton enthousiaste. Sans rien objecter, il prit une feuille de papier blanc et il y écrivit sa démission. Puis s'étant fait conduire au ministère de l'intérieur, il posa devant M. de Lavalette son article d'un côté et cette démission de l'autre. « Choisissez », dit-il. Le ministre fit insérer l'article sans en changer un mot.

Cinq mois après la première d'*Hernani* et le jour même où éclatait la révolution de 1830, paraissait chez Charles Mary, éditeur, passage des

Panoramas, un petit livre à couverture rose intitulé *Poésies de Théophile Gautier*. C'était la famille qui en avait fait les frais. Dans de pareilles circonstances, le recueil risquait fort de passer inaperçu. Le poëte avoue lui-même que toute l'édition lui resta sur les bras. Mais déjà Victor Hugo s'était installé place Royale, et des relations fécondes s'établissaient entre le maître et le disciple. Désireux de conquérir son brevet de bon romantique, Théophile rimait alors le merveilleux poëme d'*Albertus*. Ce poëme fut publié en 1833, et il fit son bruit dans le monde. La même année Eugène Renduel mettait en vente les *Jeunes France*, du même auteur, et ravi du succès de l'ouvrage accueilli par les vociférations des « bourgeois glabres, » il lui commandait un roman à sensation. C'est alors que Théophile conçut *Mademoiselle de Maupin*.

Ce serait une erreur de croire que les effervescences romantiques de Théophile et les hardiesses de sa plume déplussent à sa famille. Pierre Gautier, je l'ai dit, était absolument rallié aux idées littéraires et artistiques de son fils. Quant à la mère, inutile de dire qu'elle vivait dans une extase muette devant ce beau grand garçon aux cheveux ondoyants, qui obtenait dans le monde tous les succès imaginables. Jamais enfant ne fut plus gâté, plus choyé, plus admiré des siens. L'autorité paternelle n'intervenait que pour rappeler au paresseux la page commencée et le but à atteindre. Théophile Gautier écrivit *Mademoiselle de Maupin* place Royale, dans la chambre qu'il habitait chez ses parents. Cet ouvrage d'une verve admirable, qui semble écrit d'une haleine, et qui pour beaucoup de gens est son chef-d'œuvre, l'ennuyait extrêmement à composer. Le poëte, qui vivait en lion et en fashionable, aimait beaucoup mieux rimer des sonnets galants aux belles amoureuses, et promener sur les boulevards ses gilets transcendants et ses pantalons mirifiques, que d'aller s'enfermer devant une lampe à noircir des feuilles de papier. D'ailleurs, en qualité de romantique bon teint, il détestait la prose et la tenait pour philistine au premier chef. Aussi quand il rentrait à la maison, son père le mettait-il sous clef et lui imposait-il sa tâche. « Tu ne sortiras d'ici, lui criait-il à travers la porte, que lorsque tu auras fait dix pages de *Maupin!* » Quelquefois Théophile se résignait, souvent il descendait par la fenêtre. D'autres fois c'était sa mère qui venait lui ouvrir en cachette, toujours craintive et ayant peur que son fils ne se fatiguât à tant travailler. Enfin *Mademoiselle de Maupin* fut livrée à Renduel ; elle fit son apparition en 1836. Le tapage fut énorme ; il acheva de perdre et de grandir la réputation, déjà si compromise par le gilet rouge, de son auteur. Tout ce qu'il y avait de prudhommes en France cria au scandale et à l'abomination, de telle sorte que le livre se vendit à plusieurs éditions et fit fortune. Ceux qui n'ont jamais entendu causer Théophile Gautier, peuvent avoir une idée de ce qu'était sa conversation par la préface de *Mademoiselle de Maupin.* Quand je relis ce morceau d'un éclat et d'une richesse de langue si extraordinaires, avec ses paradoxes taillés comme des pierres précieuses, et jetant mille gerbes d'étincelles par leurs facettes, il me semble encore que j'entends mon maître, et j'ai jusqu'à l'illusion de sa voix.

Quelque temps après la publication de la *Maupin,* Théophile quitta ses parents et alla s'installer impasse du Doyenné avec ses amis Gérard, Arsène Houssaye et Camille Rogier. Du reste Pierre Gautier venait d'être nommé receveur de l'octroi à Passy, et il fallait bien se séparer. Le logement de Théo (on ne le désignait plus que par ce diminutif familier qui avait remplacé le surnom d'Albertus)[1] était voisin de l'appartement occupé par ses trois amis et qui contenait un salon du plus joli style Pompadour. C'est dans ce salon que le cénacle donna cette fête splendide dont tout Paris s'entretint, et qui n'eut jamais d'autre prétexte que celui de protester contre le bourgeoisisme. Adolphe Leleux, Célestin Nanteuil, Corot, Chasseriau, Ca-

---

1. Voir à la fin du volume deux lettres de Victor Hugo, qui datent de cette époque.

mille Rogier, Lorentz, Marilhat et Théophile Gautier lui-même avaient accepté la mission de décorer les panneaux de peintures « immortelles ». Tous les gens d'esprit, tous les poëtes et aussi beaucoup des plus jolies actrices de Paris assistèrent à cette fête costumée qui remplit la place du Carrousel de ses lumières et de ses bruits joyeux. L'impasse du Doyenné n'existe plus, et les décorations du fameux salon ont disparu avec elle. On m'a assuré cependant que M. Champfleury en avait conservé des reproductions.

Honoré de Balzac professait une admiration particulière pour le talent d'écrivain de Théophile. Il lui envoya demander par Jules Sandeau de vouloir bien collaborer à la *Revue de Paris* que le grand romancier venait de fonder pour l'exaltation de sa gloire propre. Théophile fut extrêmement flatté de cette recherche, et c'est à partir de cette époque qu'il entra en relations suivies avec Balzac. Il donna à la *Revue* plusieurs nouvelles, *la Morte amoureuse* et *la Chaîne d'or* entre autres[1]. En même

---

1. Au sujet de ces rapports de Balzac et de Théophile Gautier, je connais un assez bon nombre d'anecdotes fort curieuses, et que j'ai recueillies de la bouche même de mon maître. En voici une qui me semble dépeindre à merveille le caractère de chacun d'eux et déterminer la cordialité de leur amitié réciproque. Lorsque Curmer eut l'idée de sa publication : *les Français peints par eux-mêmes,* il s'adressa à Balzac pour avoir de la copie. Le grand romancier mit à sa colloboration cette condition que l'ouvrage contiendrait une étude sur lui, Balzac, et que cette

temps il faisait paraître dans le *Figaro* un roman sous forme de feuilletons qui, détachés, pouvaient se plier et se relier en livre. Ce roman, d'abord intitulé *l'Eldorado* (1837), fut publié l'année suivante (1838) sous le nom de *Fortunio* qui lui est demeuré et qui devint le troisième surnom de son auteur. Cette même année (1838) Théophile, qui ne renonçait pas à la poésie, donnait encore au public la *Comédie de la Mort*.

La *Comédie de la Mort* clôt par un chef-d'œuvre

étude serait faite par Théophile. Cette clause n'était-elle pas dans l'esprit du titre, *les Français peints par eux-mêmes?* Curmer accepta. Aussitôt Balzac de courir rue de Navarin, où Gautier demeurait, et de lui annoncer la commande. Elle tombait à la maison comme une alouette rôtie du ciel. Cette étude sur moi, lui dit Balzac, sera payée cinq cents francs. Théophile l'eut vite achevée et portée à l'éditeur, mais avec sa timidité ordinaire il n'osa point demander son salaire. Huit jours, puis quinze se passent, pas de nouvelles de Balzac. Enfin un matin il le voit arriver. « Je ne sais comment te remercier, lui dit son ami, ton étude est un chef-d'œuvre. Comme j'ai pensé que tu pouvais avoir besoin d'argent, je t'apporte la somme convenue. » Et il lui aligna deux cent cinquante francs.

« Mais, risque Gautier, j'ai cru que tu m'avais dit cinq cents. J'aurai mal compris.

— Pas le moins du monde, je t'ai dit cinq cents. Mais réfléchis un peu. Si je n'avais pas existé, tu n'aurais pas pu dire de moi tout le bien que tu en as dit, c'est clair. Donc pas d'article de toi, donc pas d'argent. Je prends la moitié de la somme comme sujet traité et je te donne le reste comme auteur traitant. N'est-ce pas juste?

— Comme Salomon lui-même », fit Gautier, qui bien des années après, en me racontant cette histoire, trouvait que Balzac avait eu parfaitement raison.

la période romantique de Théophile Gautier, et on peut le dire aussi sa jeunesse. Quoiqu'il soit entré à la *Presse* en 1836 et qu'il ait commencé dès lors à ramer la galère du journalisme, *la Morte amoureuse*, *Fortunio* et la *Comédie* appartiennent encore à sa première manière littéraire. Ses vers et sa prose y atteignent à leurs expressions définitives de militantisme romantique et dérivent de la théorie de l'art pour l'art. « Là finit ma vie heureuse, indépendante et prime-sautière! » a-t-il écrit lui-même. La maturité allait sonner pour lui l'âge des corvées quotidiennes du journal et des travaux imposés. La vie le saisit rudement, il faut en convenir, et elle lui imposa des charges dont jusqu'à la fin il ne fut pas dégagé une heure. De 1836 à 1872, c'est-à-dire pendant trente-six ans, Théophile Gautier n'a pas cessé un jour d'écrire sur tout et à propos de tout, et dans tous les journaux anciens et nouveaux. Il s'est tué à la tâche, et Monselet a eu raison de l'appeler le martyr de la copie. La somme de ses articles équivaut à trois cents volumes, n'est-ce pas effrayant! Non-seulement Théophile Gautier fut un des plus grands écrivains de la langue française, mais il en fut aussi l'un des plus laborieux. Il a porté en Hercule le poids des responsabilités que ses affections lui avaient créées, sans faiblir, sans se plaindre, toujours prêt au devoir, toujours ponctuel et exemplaire. Lorsque tous les intéressés seront disparus et quand on pourra dévoiler sans indiscrétion les secrets intimes de cette vie belle et honorable s'il en fut, on saura vraiment ce que fut mon maître, et l'admiration que l'on aura pour l'homme égalera au moins, je le prédis, celle qu'il mérite comme poëte.

Mais j'arrive aux limites de ma tâche et il me faut résumer en peu de mots le reste de cette biographie, qui n'offre plus d'ailleurs d'autres événements que le travail quotidien, la vie de famille et quelques voyages. De 1836 à 1855, Théophile Gautier écrivit à la *Presse* d'Émile de Girardin les feuilletons de critique littéraire et ceux de critique d'art. Il alternait d'abord avec Gérard de Nerval. De là la signature de G. G. qui parodiait celle de Janin, J. J. Puis Gérard lui laissa toute la besogne. Dans l'entre-temps de ses feuilletons, mon maître publia les livres suivants : *Une larme du diable* (1839), *les Grotesques*, réunion d'études insérées dans la *France littéraire* de Charles Malo (1849). *Tra los montes* (1843). En 1844 l'Opéra donnait de lui le *Ballet de Giselle;* puis le théâtre des Variétés, le *Voyage en Espagne*, aussi en 1843. En 1845, je relève : un volume de nouvelles, *les Poésies complètes*, le *Voyage en Espagne*, *Zigzags*, le *Ballet la Péri*, et le *Tricorne enchanté*. *La Juive de Constantine* est de 1846. *Regardez mais n'y touchez pas*, de 1847. Également de 1847, je note : *Militona, les Roués innocents*; de 1848 : *Jean et Jeannette, les deux Étoiles*; de 1850, *le Selam*; de 1851, *Pâquerette*; de 1852, *Trio de romans*; *la Peau de tigre*, *Émaux et Camées*, *Caprices et Zigzags*, *Italia*; de 1853, *Constantinople*; de 1855, *le Théâtre de poche*; de 1857, *Avatar*, *la Jettatura*; de 1858, *le Roman de la momie*, *Émaux et Camées*, très-augmentés, *Sacountala*; de 1863, *Romans et Contes*, *le Capitaine Fracasse*, *Poésies nouvelles*; de 1865, *Quand on voyage*, *Loin de Paris*; de 1866, *Spirite*; de 1867, *Voyage en Russie*; de 1869, *Ménagerie intime*; de 1871, *Tableaux de Siége*; de 1872, *Théâtre complet*.

Les ouvrages de Théophile Gautier qui ont été publiés après sa mort sont jusqu'à nouvel ordre : *Histoire du Romantisme* (1874); *Portraits contemporains* (1874); *Portraits littéraires* (1875); *l'Orient* (1877); *Poésies complètes* (1873); en tout près de SOIXANTE volumes. Encore ne compté-je là dedans que ce que l'on appelle proprement les livres. Mais si le lecteur désire avoir une idée approximative de ce que Théophile Gautier a écrit, il peut consulter sa bibliographie dressée par M. Maurice Tourneux, qui, quoique fort incomplète encore, ne comprend pas moins de cent trente-six numéros. Le bibliographe n'a pas tenu compte, bien entendu, des trente-six ans de journalisme. Je voudrais bien savoir quel est l'homme de ce siècle, à quelque métier qu'il appartienne, qui puisse se vanter d'avoir autant travaillé. C'est pour cette raison, sans doute, que le poëte n'a sa statue nulle part, et que, dans une ville dont il a été l'attrait et la gloire, on n'a pas trouvé un bout de rue, un carrefour ou une impasse pour les baptiser de son nom.

ENTRETIENS

INTRODUCTION AUX ENTRETIENS

Gœthe et Eckermann. — L'omniscience de mon maître. — Sa mémoire. — Sa notoriété européenne. — L'anecdote de la carpe.

Dans les derniers temps de sa vie, lorsque les médecins lui eurent interdit tout travail et jusqu'à la lecture, Théophile Gautier résolut d'entreprendre avec moi une série d'entretiens à la façon d'Eckermann avec Gœthe. Cette idée lui souriait autant qu'elle m'enthousiasmait, et certainement elle aurait donné de grands résultats si quelques accidents, tels que la perte momentanée des mots, et des hallucinations causées par la puissance vénéneuse des remèdes, ne l'eussent effrayé au point qu'il ne voulait même plus causer. Ces défaillances cependant ne furent que rares et passagères. Mais quand la maladie reprit son cours régulier, simple et lent, le coup était porté, et c'est à peine si quelquefois, lorsque la journée était belle, j'obtenais que le poëte sortît de sa somnolence désespérée et vînt avec moi, sur le pas de sa porte, converser des choses qu'il aimait. Les premiers mots étaient alors les plus difficiles à lui arracher, mais si l'on était parvenu à les lui faire dire, on s'apercevait bien vite que jamais cet esprit n'avait été plus grand, plus ouvert à tous les spectacles, plus fertile en idées, plus en possession de son art, et l'on demeurait ébloui comme au sortir d'une mine de pierreries.

Lui-même alors ne voulait plus rentrer, et, malgré les conseils de la prudence, il s'obstinait à vouloir laisser tomber le soleil derrière les arbres déjà voilés de brume.

Il est doux et amer à la fois d'avoir vécu dans le commerce journalier d'un tel génie. La mort fait trop vite de ces joies des souvenirs. Si ces paroles vivifiantes laissent à l'âme une fraîcheur immortelle, il est malaisé de se persuader que la source en est à tout jamais tarie. L'oreille a tout gardé, mais elle attend encore, et l'essaim des mille questions indécises volette sur la lèvre inquiète à la recherche de celui qui, sachant tout, pouvait seul les délier. Hélas! celui-là n'a plus de voix pour répondre.

*
* *

C'est une erreur trop répandue que celle qui veut que les poëtes soient et restent des ignorants, et c'est aussi une de celles contre lesquelles il s'élevait avec le plus de force. — On naît poëte, soit, disait-il, mais on ne le devient et on ne le reste qu'à force d'apprendre, et d'alimenter son talent par l'étude ! — Quant à lui, Théophile Gautier, sa famille n'a jamais su avant sa maladie à quelle heure il dormait. Il lisait toute la nuit, et, pour se reposer, la journée entière, quand il ne sortait point, se passait encore pour lui en lectures.

Aussi quand je dirai que Théophile Gautier savait tout, je n'apprendrai rien du moins à ceux qui l'ont connu. Il pouvait à bon droit prétendre à refaire pour moi ce que Gœthe avait fait pour Eckermann, car ses connaissances encyclopédiques ne le cédaient en rien à celles du poëte de Weimar. Les sciences et les arts n'avaient pas été creusés seulement par lui, comme on se l'est imaginé, jusqu'à la technique, mais bien jusqu'aux profondeurs presque mystérieuses de leurs découvertes et de leurs relations. Il n'est pas d'exemple, non pas même dans l'œuvre, mais dans la conversation de Théophile Gautier, que le plus spécialiste des savants l'ait jamais pris en défaut ou embarrassé. Trois minutes de réflexion suffisaient pour qu'il rapportât et mît dans la main du questionneur la clef d'or de son théorème [1].

---

1. Il aimait à conter à ce propos une anecdote que voici.
C'était à la campagne, dans un château hospitalier, qui, chaque été, réunissait un groupe choisi d'artistes et de savants. Le parc est traversé d'un étang poissonneux où vivent, l'annulaire aux ouïes, des carpes séculaires, vénérables fiancées du temps. Il prit un jour fantaisie à l'un des hôtes d'en manger une à son déjeu-

Vers ou prose, tout ce qui était à portée de sa main servait de pâture à son énorme curiosité de connaître. Et une fois le livre lu, il le savait à tout jamais et s'en souvenait encore dix ans après. S'il était contraint de sortir, sa promenade ne lui laissait pas une minute de repos ou d'oisiveté : le moindre tableau, le paysage le plus ordinaire, l'aspect des choses banales s'incrustaient dans cette mémoire avec une fixité d'airain. Il ne savait peut-être pas les noms changeants des rues de Paris, mais il con-

---

ner. Désaccoutumée depuis cent ans de la crainte des piéges, presque aveugle d'ailleurs, l'aïeule se laissa prendre, et fut incontinent portée à la cuisine.

Mais voilà qu'au bout de quelques instants la cour du château s'emplit de marmitons criant, effarés, et donnant des signes de la terreur la plus grande. Le maître-queux lui-même apparaît comme un mort, le visage décomposé, les mains tremblantes, et, comme dans Riquet à la Houppe, une agitation extraordinaire se manifeste dans le sous-sol où brillent les grands fourneaux. Tout le monde accourt et se groupe autour du chef, qui raconte que la carpe, aussitôt mise dans le court-bouillon, a poussé des cris à fendre l'âme, et que jamais il n'a entendu plaintes plus déchirantes. Les gâte-sauces, groupés autour de leur maître, confirment le récit, et tous déclarent qu'ils aiment mieux rendre leurs tabliers que de continuer à faire cuire un poisson aussi extraordinaire.

« Extraordinaire, fait alors Théophile Gautier. Mais non, tous les poissons crient quand on les fait cuire ; la carpe avait une voix plus forte que les autres, voilà tout. »

A cette remarque du poëte, tous les savants de s'exclamer disant que c'est une mystification ou que quelque illusion d'acoustique a trompé les cuisiniers ; mais qu'il est bien connu et bien établi que les poissons sont affectés d'aphonie.

« Le fait, concluent-ils, est enseigné dans les parties les

naissait tellement la plus petite, la plus obscure et la plus délaissée par son aspect, qu'en y retournant vingt ans après, il aurait pu dire si on en avait changé un tuyau de cheminée.

Il y a sur cette prodigieuse mémoire et sur cette sûreté de vision des histoires presque fabuleuses et cependant scrupuleusement vraies. Théophile Gautier m'a conté lui-même que le *Voyage en Russie* n'a été écrit que quatre ans après le séjour qu'il y fit, sans aucune espèce de notes et sans

plus élémentaires des moindres traités d'histoire naturelle.

— *Savantissimi doctores*, dit Gautier, ce sont les naturalistes qui font les Histoires naturelles!

— Comment les poissons crieraient-ils, puisqu'ils n'ont pas d'organes vocaux?

— Ils en ont, reprend-il, et c'est là ce qui vous trompe. » Et là-dessus, le voilà donnant à l'assemblée une telle leçon d'ichthyologie, avec cette puissance de réalisation qui le caractérisait, qu'il semblait que tous les poissons des rivières et des océans protestassent avec lui contre l'ignorance et la malveillance des savants. Il détaillait, disséquait, anatomisait les moindres fibres de leur organe vocal. Il les faisait vibrer, chanter, crier, hurler, murmurer, selon les passions qui les animent, colère, joie, désespoir, douleur ou plaisir. Il dévoilait leur vie mystérieuse, leurs amours, leurs guerres, et, arrivant enfin à l'abominable supplice que l'homme leur inflige de les faire cuire vivants, il le dépeignait en des termes tels que les pauvres marmitons fondirent en larmes, et que, des savants eux-mêmes, pas un ne put toucher au poisson pendant huit jours, et qu'on n'en servit plus sur la table.

Le lendemain de l'aventure, l'un de ces savants, qui était retourné à Paris, lui écrivit :

« Mon cher ami, j'ai passé la nuit à vérifier vos assertions; elles sont toutes d'une exactitude admirable. C'est vous qui êtes le savant, c'est nous qui sommes les poëtes. »

l'ombre d'une rature. Et ce voyage, comme tous ceux qu'il a signés, passe pour une merveille d'exactitude. Le *Capitaine Fracasse*, qui, tout du long de ses deux volumes, semble écrit par un poëte du xvie siècle, sans que la langue défaille un seul instant et se modernise entre trois siècles d'intervalle, a été fait sur un comptoir de la librairie Charpentier, au cours des besoins de la *Revue nationale,* dans laquelle le roman paraissait tous les quinze jours, et d'une manière absolument conforme, nul lexique aidant, pas même un ouvrage du temps, au milieu de quatre ou cinq commis occupés à des emballages.

Qu'on juge après cela de la puissance critique que pouvait déployer un tel esprit sur lequel tout se gravait ineffaçablement, jusqu'à la forme de l'aile d'une mouche qui vole !

Mais si vous ajoutez que cet homme avait depuis quarante-cinq ans vu et connu non-seulement les livres et les tableaux, mais tous les hommes célèbres et toutes les femmes fameuses de l'univers, qu'il avait été leur ami, leur juge, leur commensal ou leur hôte, que sa célébrité était si grande que les princes étrangers tenaient à honneur de venir lui rendre hommage dans sa petite maison de Neuilly et que les ambassadeurs de la Chine sollicitaient la faveur d'être admis à sa table, vous comprendrez de quel prix ont été pour moi les quelques conversations, trop rares, que j'ai eues avec lui et combien j'ai le droit de regretter que ce Gœthe français ne se soit pas plus souvent penché vers son humble Eckermann.

La gloire de Théophile Gautier est peut-être, de toutes les contemporaines, celle qui est appelée à grandir le plus dans l'avenir. J'écrirai pour ses admirateurs et pour ses amis, mais, je l'avoue, un peu aussi pour moi, qui ne veux rien perdre des dernières paroles qu'il a semées dans mon esprit.

PREMIER ENTRETIEN

La rue de Longchamps. — La maison de Théophile Gautier. — Projets de belle vieillesse littéraire. — Électre. — Phèdre.

La célèbre petite maison occupée par Théophile Gautier et les siens était située, comme chacun sait, à Neuilly, rue de Longchamps, 32. Je reviendrai sur cette habitation et sur les motifs qui le déterminèrent à s'y installer définitivement. Je ne veux aujourd'hui parler que de cette rue même, lieu principal de nos entretiens avec le poëte, et à ce titre digne d'être décrite.

* *
*

De l'avenue de Neuilly, sur laquelle elle débouche, on descend dans la rue de Longchamps par une pente courte et roide, dure aux chevaux et le plus souvent boueuse. Cette entrée, bordée de cabarets, de garnis, de fruiteries et de menuiseries, est la seule partie un peu animée de la rue : on y sent le voisinage de la Seine et de la vie marinière. Quand je dis animée, c'est par comparaison avec le reste, car rien n'est plus calme à la vérité, et le passage d'une voiture y met les gens aux fenêtres. Mais au bout de quelques pas, la succession commence des maisons bourgeoises, des villas, des chalets et des propriétés diverses dont l'enfilade n'est bornée que par les grands arbres de Saint-James, avant-garde du bois de Boulogne. C'est la campagne de Paris, avec son caractère si particulier de petite poésie pratique et d'épicerie champêtre. Que de fortunes et de goûts multiples ont réalisé là leur *Hoc erat in votis!*

Depuis le chalet suisse jusqu'au castel féodal, du cottage anglais au pavillon du garde rêvé par l'artiste pauvre, toutes les fantaisies d'une architecture qui n'a pas de génie propre et que nos mœurs n'inspirent point, triomphent sur ces bords fleuris qu'arrose un bras de la Seine. Grilles, serres, pelouses, plates-bandes, berceaux, remises, hangars, kiosques de concierge, niches à chien, grottes en coquillages, gymnastiques et terrasses à l'italienne se suivent dans une diversité pour ainsi dire uniforme. Comment expliquer cela? La promenade y est charmante, mais sans surprise. C'est vu et connu. Il y a du square dans cette libre nature. C'est le paysage, à mon avis surfait, des environs de Paris. L'habit y est de rigueur, on y échenille les arbres avec des gants, et les repas y arrivent de chez Chevet.

Parmi toutes ces constructions bizarres et plus ou moins prétentieuses, la maison de Théophile Gautier n'était reconnaissable qu'à son extrême simplicité. Deux signes seulement la décelaient : d'abord un buste magnifique de la *Victoire du Parthénon,* incrusté dans la muraille et qui y est resté, et ensuite ceci que la porte en était toujours ouverte.

Comme le bourgeois le plus casanier d'une petite ville, Théophile Gautier aimait sa rue : il se plaisait à y descendre, et il la préférait à son jardin. Les moindres coins familiers, les encoignures, les aspects, les bruits, les odeurs spéciales venues des jardins d'alentour, haleines d'acacias ou de foins remués, chants des basses-cours, cris des marchands ambulants, silhouettes des arbres, et tant de souvenirs entassés là depuis quinze ans, tout ce qui constituait pour lui ce microcosme adopté, lui était cher et l'enchaînait des mille liens de l'habitude. Dès que le temps le permettait, il descendait en pantoufles sur le pas de sa porte, la calotte à gland sur les cheveux, et il se chauffait à ce soleil qu'il avait vu, lui, le voyageur infatigable, sous toutes les latitudes, en Espagne comme en Turquie, en Égypte comme à Saint-Pétersbourg, sur les monts, les mers et les neiges, et qu'il trouvait un peu pâle dans le carré de verdure scintillante dont était borné son horizon familial.

Heureux alors qui arrivait en visiteur et le trouvait dispos à conter, prêt à se souvenir, dans une de ces rêveries où toute une vie se déroulait en quelques secondes, avec ses trésors d'études, d'expérience, de goût et de génie. Le poëte le prenait sous le bras et se mettait à *kilométrer*, c'était son mot, le long du trottoir abrité d'une haie verte et dont tant de beaux esprits ont foulé le sable fin et bruissant. Il marchait lentement, à petits pas, boitillant, la tête droite, les yeux noyés dans l'horizon, s'arrêtant pour rallumer son cigare qui s'éteignait toujours, et parfois s'adossant au revers d'un mur bas pour traiter une question ardue d'esthétique, ou narrer une de ces anecdotes caractéristiques d'où un homme sortait défini et dépeint pour l'éternité.

* * *

Il arrivait souvent que famille et amis formaient cercle autour de lui pour l'écouter. Alors il s'asseyait sur un pliant, qu'on avait toujours soin d'apporter quand on l'accompagnait, et la journée entière se passait à l'entendre sans qu'on s'aperçût de la fuite du temps. Les rares passants qui traversaient la chaussée s'étaient accoutumés à voir au milieu des siens cet Oriental aux longs cheveux bouclés, vêtu de bleu, la jambe repliée au bout de laquelle se balançait une babouche, et loin encore ils se retournaient pour voir Théophile Gautier, qu'ils s'étaient nommé à l'oreille, tout bas et respectueusement [1].

1. A l'intérieur, la maison de Théophile Gautier était aussi petite et étroite que Socrate eût pu le désirer. Longtemps elle fut pleine d'amis et de clients!

Au rez-de-chaussée elle se composait d'un vestibule d'entrée assez large, ouvrant sur la rue de plain-pied, chauffé par un grand poêle de tôle et décoré de plats en cuivre repoussé et d'une série d'eaux-fortes sur Othello, par Théodore Chassériau. A gauche le salon s'étendait sur toute la profondeur de la maison : du côté du jardin il recevait le jour par une glace sans tain placée sur la cheminée. Cette cheminée était assez richement ornée : on y admirait une superbe pendule Louis XIV, deux grands vases de Sèvres, cadeau de Napoléon III, des bronzes de Barye, de Clésinger, de Frémiet, de Christophe et de Rosa Bonheur; sous verre une cire de Frémiet, représentant le cheval mort du capitaine Fracasse et dont Gautier disait « qu'il était l'image de son âme! » Ce salon servait de galerie, et c'était là que le maître avait accroché les meilleures pièces de sa collection, les *Trois Tragiques* d'Ingres, la *Lady Macbeth* et le *Combat du Giaour* de Delacroix, la *Diane* de Paul Baudry, les *Pifferari* d'Hébert, la *Clairière* de Théodore Rousseau, la *Panthère noire* de Gérôme, la *Pasqua-Maria* de Bonnat, le *Christ et Madeleine* de Puvis de Chavannes, la *Vue d'Orient* de Diaz, la *Tourmente* de Schreyer, la *Tête de femme* de Ricard, la *Léda* de Ziegler, le *Moine* de Robert-Fleury, le *Tir arabe* de Fromentin, la *Toison d'or* de Jalabert, le *Jardin Boboli* de Lapierre et Baron, les *Muletiers espagnols* d'Adolphe Leleux, etc., etc. Parmi ces divers tableaux de maîtres, Théophile Gautier, par un touchant sentiment de regret pour son « premier métier », comme il l'appelait, avait placé une étude dont il était l'auteur : c'était une allégorie de la Mélancolie que sa fille cadette lui avait posée.

On y voyait aussi le portrait du poëte par M. Bonnegrace, aujourd'hui en la possession de M. Théophile Gautier fils.

Cette collection était non-seulement toute sa fortune, mais elle était aussi toute sa joie; il aimait à en faire les honneurs aux

C'est un dimanche, sur ce trottoir ensoleillé, derrière ce jardin des fous du docteur Pinel, dans les treilles duquel piaillaient mille oiseaux réjouis, que

visiteurs. Personne n'osa jamais prendre sur soi, même aux heures les plus dures, de lui conseiller de s'en défaire : c'eût été lui porter un coup mortel. Quant au salon en lui-même, il avait fort belle tournure avec son mobilier Louis XIV en damas rouge. Une charmante console Louis XVI, surmontée d'un miroir encadré de vieux bois sculpté, occupait le centre du panneau, et, devant elle, posé à terre, le superbe bronze de Préault, la *Comédie humaine*, dessinait sa silhouette dramatique. L'artiste avait fait couler pour Théophile Gautier cet exemplaire unique d'un projet de tombeau pour Honoré de Balzac.

De l'autre côté du vestibule, c'est-à-dire sur la droite, s'ouvrait, propre et luisante, la cuisine, avec ses grappes de casseroles de cuivre, son vaste fourneau et ses tables. Théophile Gautier y descendait assez souvent, pour y apprêter des mets de sa façon. Il avait la prétention, d'ailleurs parfaitement justifiée, de réussir le *risotto*, par exemple, comme personne au monde. Il devait à ce talent d'avoir conquis la protection particulière du cuisinier de l'empereur de Russie, auquel il avait dévoilé sa triomphante recette. Ce maître-queux, d'ailleurs, professait pour le poëte une admiration particulière dont l'origine est plaisante. Ayant un jour servi sur la table impériale un mets très-apprécié du tsar et dans la composition duquel il entrait des amandes pilées, il en avait reçu des compliments unanimes. Seul Théophile Gautier s'était montré froid pour l'artiste. Il voulut connaître la raison de cette réserve.

« Mon ami, lui dit gravement le maître, je m'attendais à des amandes, et je n'ai trouvé que des macarons pilés. Vous trompez la confiance du tsar ! »

Le chef rougit et avoua sa supercherie innocente, mais, à partir de ce jour, il ne travailla plus que pour Théophile Gautier, qui lui apprit le risotto !

La seconde porte de droite, dans le vestibule, donnait l'accès de la salle à manger. Cette salle à manger, où il y a eu longtemps table ouverte pour tout ce que Paris compte de poëtes et d'artistes, était fort simple. Un revêtement de chêne à hauteur

le père de famille nous fit part de la résolution qu'il avait prise.

« J'ai beaucoup réfléchi, ces derniers temps, me dit-il, je me décide à vieillir. »

Ceux qui l'ont un peu connu comprendront tout

d'homme la préservait de l'humidité ordinaire aux rez-de-chaussée. Elle ouvrait de plain-pied sur une terrasse assez large d'où l'on dominait le jardin. Son principal ornement consistait encore en tableaux de prix. La cheminée, placée dans une encoignure, était surmontée d'une fontaine en vieux Rouen, qui avait appartenu à Gérard de Nerval. Des plaques de cuivre repoussé semaient leurs taches de lumière dans la pénombre des rideaux bruns et des tentures. Un haut buffet de chêne laissait apercevoir dans la transparence bleuâtre de sa vitrine diverses pièces d'orfévrerie, de céramique et de verrerie de Bohême. A droite de la porte ouvrant sur la terrasse et encadrée d'un beau rosier grimpant, un cadre de Mme Escalier représentant des pétunias ; à gauche, un oiseau mort de Laverdet. Sur le panneau opposé, de superbes lévriers russes de Jadin, de grandeur naturelle, étaient entourés d'autres études du même maître et de deux toiles de Saint-Jean, l'une représentant des prunes et l'autre des roses de la Malmaison. Un bouquet de pivoines par Appert complétait la décoration de la pièce.

A l'état ordinaire de bonne santé, Théophile Gautier était doué d'un appétit gargantuesque et hyperbolique ; il ne pouvait se rassasier, et, deux heures après son repas, on le voyait, repris de faim, demander timidement si on ne pouvait pas lui procurer quelque nourriture un peu substantielle. Qu'on juge, d'après cela, ce qu'il dut souffrir pendant le siège !

Sa discipline gastronomique était d'ailleurs singulière et peu occidentale, car il ne mangeait pas de pain avec les mets et jamais il ne buvait pendant ou entre les services. A la fin du repas, il approchait la bouteille et sablait coup sur coup deux ou trois verres. Puis il allumait son cigare, s'accoudait sur la table, et il commençait à causer. Il y a dans le Midi une expression charmante pour désigner cette heure transitoire des repas prolongés, c'est celle-ci : « Rester sur le bleu. » Théophile Gautier

ce qu'il y avait de courage dans cette simple phrase, au premier abord naïve, mais profondément résignée et philosophique dans la bouche d'un homme qui n'admettait au monde que l'amour, la force et la jeunesse, et qui eût volontiers

aimait à rester sur le bleu, et c'était à ce moment-là que, reposé et sentant le bien-être, il s'abandonnait le plus volontiers aux longues causeries. Souvent aussi les premières vapeurs engourdissantes du tabac l'assoupissaient sur son fauteuil, mais on respectait ce sommeil, heureux et bien gagné, d'un homme qui, ayant travaillé jusqu'à une heure du matin, était debout à cinq heures, et qui avait déjà écrit son article ou son chapitre de roman lorsque sa maisonnée s'éveillait.

Du rez-de-chaussée au premier étage, on montait par un escalier tournant, tapissé de dessins et d'aquarelles, et l'on arrivait à un palier sur lequel s'ouvraient deux portes à droite et une à gauche. La première des deux chambres de droite était celle de sa fille, Mlle Estelle Gautier, aujourd'hui Mme Émile Bergerat. Le père de famille l'avait fait décorer avec un soin particulier qui attestait sa tendresse. Contiguë à celle-ci, la chambre des sœurs du poëte avait vue sur la rue : elle était meublée de vieux meubles de famille, en bois sculpté, d'un riche travail. Le lit à baldaquin était celui de la mère de Théophile. Un très-beau bahut à cariatides de bois ciselé, et d'une conservation remarquable, faisait l'admiration des connaisseurs et des artistes. Il servait de gîte à des familles de chats demi-sauvages qui naissaient là, y faisaient leurs petits et y mouraient obscurément. Ces chats vivaient en paix avec deux griffons à longs poils, lavés, pomponnés, bichonnés chaque matin, et devenus obèses à force de soins, qui étaient l'unique passion de ces respectables demoiselles et le désespoir de Théophile Gautier. Le maître, en effet, ne pouvait souffrir le contact du chien, ayant une peur très-évidente de la rage, et des morsures qui l'inoculent. Il fallait prendre toutes les précautions du monde pour lui épargner l'approche de ces deux manchons à roulettes. Mais pour en finir avec cette chambre si bizarrement hantée, je signale, entre les diverses pièces d'art dont elle était décorée, le buste en marbre

professé pour la caducité, l'opinion des peuples barbares et guerriers.

« Oui, je veux, reprit-il, vieillir superbement. Comme Gœthe à Weimar, je veux donner à ce pays

du maître par Clésinger, un pastel de Carlotta Grisi et un portrait de Mme Gautier la mère, tous deux exécutés par Théophile Gautier lui-même.

La chambre de Théophile Gautier communiquait avec celle de ses sœurs par une sorte de couloir transformé en salle de bains. Il l'avait fait revêtir de plaques de marbre blanc encadrées de marbre rose : c'est le seul luxe qu'il se soit jamais permis pour lui-même. Un grand vitrail, à dessins ornementaux, et au milieu duquel son chiffre était tracé en caractères turcs, recevait le jour et le décomposait en tons harmonieux. Ce vitrail était pareil à celui que le sultan possédait dans son pavillon de repos : il avait servi d'essai et de modèle au fabricant qui l'avait offert au poëte en témoignage d'admiration pour ses écrits.

J'arrive à la chambre du maître. Construite entièrement en bois de chêne par un menuisier de Neuilly, elle occupait, à l'étage supérieur, le même emplacement que le salon ; elle avait jour, par conséquent, à l'est sur la rue de Longchamps, à l'ouest sur le jardin. Un grand rideau de reps brun, formant tenture, la divisait en deux parties, de telle sorte que lorsqu'il était tiré dans toute sa largeur, le visiteur pouvait croire qu'il entrait dans un cabinet de travail. Le rectangle, au milieu duquel s'ouvrait la cheminée surmontée d'une glace sans tain, développait sur ses trois côtés intérieurs un corps de bibliothèque divisé par des colonnes torses. C'est dans cette bibliothèque, exécutée sur ses indications et d'après ses dessins, que Théophile Gautier avait fait ménager une cachette. Dans ce tiroir secret, dont l'idée lui avait été suggérée par l'une de ses filles, il devait dissimuler ses économies! L'invention de cette tire-lire le ravissait : il a trouvait sublime de prudence et d'ingéniosité. Grâce à elle, il connaîtrait donc enfin le plaisir de la réserve. « Harpagon n'était pas si bête, après tout, et sa méthode avait du bon. » A force de glisser de temps à autre un louis ou deux dans le tiroir secret, on finirait bien par pouvoir acheter de la rente. Et comme le

l'exemple d'une de ces vieillesses de poëte, sereines et fécondes, qui reflètent déjà la vie supérieure et semblent anticiper l'immortalité. Les vieillards de ce temps sont tous des Gérontes ou des Hulots; ils

truc était simple cependant ! Cette petite ficelle, entre la cheminée et la bibliothèque, cette petite ficelle qui n'avait l'air de rien, il suffisait de la tirer, comme cela, et, crac, la caverne d'Ali-Baba dévoilait ses lingots !...

Au bout de huit jours, toute la famille avait tiré la petite ficelle mystérieuse; au bout de quinze, tous les amis de la maison savaient le secret de la tirelire, et le Chinois Tin-tun-ling lui-même était initié ! Quand j'entrai dans la famille à mon tour, le maître voulut paternellement me mettre au courant de la cachette : « Tu t'approches tout doucement de la cheminée, tu saisis cette ficelle... » Et il s'arrêta, ne la trouvant pas. La ficelle était cassée dans la serrure !

Entre la cheminée et la porte d'entrée, sur la gauche, s'allongeait, obstruant l'accès de la bibliothèque, un lit de repos sur lequel, trop souvent dans les derniers jours, on surprenait le maître assoupi, sa chatte Éponine sur l'épaule, et laissant tomber le volume de Shakespeare entamé. Les fauteuils étaient en chêne, très-élevés du dossier, et tendus de reps rougeâtre. A droite de la porte d'entrée, s'adossait au mur le pupitre-table de l'écrivain, meuble sans apparence et dont se fût à peine contenté un clerc de notaire dans son étude. C'est cependant sur la pente de ce pupitre ultra-modeste que se sont alignées, les unes au bout des autres, tant de pages impérissables. Où est-il maintenant cet établi d'un grand ouvrier? Où est-elle la planchette de chêne qu'ont frappée du talon, en s'envolant, tant d'idées aux ailes éployées?

Au-dessus de ce pupitre un cadre détachait son carré de blancheur. Baigné dans la pénombre, discrètement attirant, c'était le seul qui fût dans la pièce : le portrait de sa fille Estelle, par M. Hébert, un admirable crayon, qui est peut-être le chef-d'œuvre de l'artiste.

En face de l'entrée, il y avait encore une fenêtre, donnant sur une cour, et dont le jour était gênant : on parait à son obli-

cherchent à se rattacher au temps qui s'enfuit, comme de vieilles courtisanes; ils se griment, se fardent, s'épilent et se corsettent; mais la vieillesse a aussi sa poésie; les plus beaux vers d'Hugo sont sur les cheveux blancs. Les Grecs savaient vieillir; sur ce point encore, ils demeurent nos maîtres, et

quité en la tenant à demi masquée sous les rideaux. Devant elle une table en chêne animait et meublait de ses encombrements de journaux, de lettres et de papiers journaliers un coin un peu délaissé de l'habitacle.

L'autre moitié de la pièce, formant chambre à coucher, était occupée par le lit, un lit énorme à colonnes torses, dans le style de la bibliothèque, et par une armoire. On y remarquait encore une sorte de petit coffre bas, sans destination, que le maître s'était fait faire pour son usage et sur lequel il aimait à s'asseoir à l'orientale. A droite, entre la fenêtre et la porte de la salle de bain, se noyait dans l'ombre une lithographie anglaise n'ayant d'autre valeur que celle d'un aimable souvenir, et qui représentait Mme Carlotta Grisi dans le rôle de *Giselle,* un ballet du poëte.

Quand Théophile Gautier ne travailla plus, il vécut dans sa chambre à peu près comme un lion vit dans sa cage, marchant à petits pas traînants de la cheminée à la fenêtre de la rue, s'asseyant dans un fauteuil, puis sur son petit coffre, usant aux angles des meubles sa nostalgie sans mesure. Parfois il ouvrait la fenêtre, s'accoudait à la balustrade, et son esprit prenait l'essor par-dessus les arbres du jardin voisin, par-dessus ceux du bois de Boulogne et par-dessus Paris. Nous savions tous où il allait. Il restait là, immobile, l'œil fixe, et si on tentait de l'arracher à son rêve, il avait un regard si plein de tristesse et de reproches que l'on en restait déconcerté. A cette fenêtre il a refait un à un tous ses chers voyages, il a revu les êtres aimés, il a revécu sa vie entière.

Les objets qui ornaient la cheminée de la chambre étaient ceux-ci : une pendule en marbre noir et les candélabres de cuivre; une petite boîte d'or et de malachite; un narghilé; un

la beauté des ruines est plus auguste que celle des jeunes monuments.

« Je m'entourerai, continua-t-il, de jeunes gens et je les initierai aux secrets de la forme et aux mystères de l'art. Ces mystères existent, et vous vous imaginez trop, vous autres, que l'on naît avec

bloc d'améthyste brut; une plaque de verre traversée par un rayon électrique ; de petits bronzes et des écrans japonais. Les personnes qui désireraient savoir comment était composée sa bibliothèque n'ont qu'à consulter le catalogue qui en a été dressé à sa mort par Adolphe Labitte. Si les curieux ont été déçus qui espéraient la trouver riche en ouvrages romantiques, c'est que le livre est une valeur que l'on prête trop et que l'on ne rend pas assez, et aussi que les clefs restaient là, comme à toutes les portes, dans les serrures. Les ouvrages les plus curieux de sa collection étaient ceux qu'il tenait d'un legs de l'abbé de Montesquiou.

Le second étage, auquel on parvenait par l'escalier tournant qui prolongeait jusque-là sa haie de tableaux et d'esquisses, était composé primitivement des chambres de domestiques et d'un grenier ; Théophile Gautier fit convertir ce grenier en atelier. J'en donne une description dans le chapitre sur «Gautier peintre». L'une des chambres renfermait le réservoir qui alimentait d'eau toute la maison ; mais elle servait aussi de retraite à des chats d'humeur farouche qui s'y multipliaient en liberté.

Beaucoup de gens ont dit et cru que la maison où habitait Théophile Gautier était sa propriété. C'est une erreur, et il n'en fut jamais que le locataire. Il ne put même obtenir après la guerre et ses désastres aucune diminution sur ses loyers arriérés, quoiqu'il eût dépensé là une trentaine de mille francs en réparations, agrandissements et embellissements qui sont restés au propriétaire et quoique ce propriétaire fût cinq ou six fois millionnaire. Quant au jardin, il en partageait la jouissance avec les locataires de la maison voisine. Il n'y descendait d'ailleurs que fort rarement, et il lui préférait la rue, où du moins il était chez lui, — et chez tout le monde.

la science infuse. Tout s'apprend en ce monde, et l'art comme le reste. En résumé, qu'est-ce que l'art? Une science aussi, la science du charme et de la beauté. Je convertirai mon salon en atelier de littérature et je formerai des élèves.

« Quand Saint-Victor est venu à moi, je lui ai donné mes gaufriers. Maintenant, c'est Paul de Saint-Victor! Est-ce que vous croyez qu'il y aurait en France une école de style comparable à celle que je tiendrais ici, chez moi, au milieu de mes Ingres, de mes Delacroix et de mes Rousseau? En un an j'aurais fait le vide à la Sorbonne, et l'herbe pousserait au Collége de France. Les peintres mettent au bas de leur nom : élève de Gérome ou de Cabanel; pourquoi les poëtes ne seraient-ils pas, eux aussi, élèves de Victor Hugo ou de Théophile Gautier? Je ne demande qu'une table et un tapis vert, quelques encriers et des plâtres, pour doter mon pays d'une génération de bons écrivains, romanciers, critiques, dramaturges et polémistes de premier ordre. Il me semble qu'au point de vue du patriotisme cela vaut bien l'invention d'un corset nouveau ou l'application de l'aluminium aux boutons de culotte!

— Mais dans ce plan, objecta l'un de nous, vous réservez-vous une part de travail autre que la direction de ces jeunes esprits? Enseignerez-vous aussi par l'exemple; en un mot, produirez-vous?

— Certainement, répondit le maître. Il y a un projet que je caresse depuis de longues années et dont je gardais l'exécution pour mes vieux jours. Je veux refaire *Phèdre*.

— Une tragédie, vous !

— Non, un drame tragique, ce qui n'est pas la même chose. Remarquez que cette expression de drame tragique n'est pas un pléonasme, puisque drame veut dire action. J'avais aussi songé à un *Oreste*; mais il paraît que Leconte de Lisle vient d'en terminer un. Je suis même assez curieux de savoir si sa conception est la même que la mienne, et si nos deux esprits se sont rencontrés. Dans ma pensée, à moi, c'est Électre qui poussait son frère au meurtre de leur mère, et dirigeait son bras hésitant. Cette fatalité qui oppresse le parricide, je la personnifiais pour ainsi dire sous les traits charmants d'une femme, mais non pas une femme amoureuse, une sœur, ce qui est bien plus délicat et eût prêté à des effets tout neufs. Ainsi dans le coup qui la frappe, Clytemnestre reconnaissait à la fois le bras de son fils et celui de sa fille qu'elle croyait depuis longtemps domptée par la captivité et la terreur. C'était un beau type de femme à créer que cette Électre.

« Quant à *Phèdre*, voici mon idée. A la vérité ce n'est pas Phèdre que je voudrais refaire, c'est Hippolyte. Racine n'a pas compris Hippolyte. Cet amour qu'il lui prête pour Aricie et qui sert d'excuse à sa froideur pour la fille de Pasiphaé, est une conception dramatique de l'ordre le plus banal : je ne t'aime pas parce que j'en aime une autre. De plus : je ne t'aime pas parce que cela est criminel, sentiment tout chrétien et dont aucun Grec ne se fût avisé. Cet Hippolyte-là est du XVIIe siècle, il porte perruque, et se confesse au père La Chaise. Le véritable Hippolyte, l'Hippolyte grec, n'aime pas Phèdre parce qu'il est chaste et cher à Diane, voilà tout. Il serait aussi insensible à toutes les Aricies de l'univers qu'il l'est aux fureurs amoureuses de Phèdre ; il est à Diane. C'est le type à la fois charmant et sacré du jeune homme beau et vierge, un rêve grec de perfection immaculée, couronné de roses blanches et blanc lui-même comme un lis. C'est aux nobles exercices dont Diane est la déesse et la protectrice qu'il emploie sa virilité sans souillure; aussi Diane le couvre-t-elle de son amour divin et le réserve-t-elle pour l'immortalité. Phèdre ne sert là qu'à la vengeance de Vénus, irritée de cette chasteté qui l'offense, et tout le drame réside dans cette lutte entre Vénus et Diane dont Hippolyte et Phèdre sont les soldats mortels et les victimes fatales. Qui l'emportera des deux déesses? Tel est l'intérêt et telle doit être la mise en œuvre de cette donnée si belle et si antique.

« Aussi est-ce au moment où Vénus semble, par la mort du beau chasseur, l'emporter sur son ennemie, que le triomphe de celle-ci se détermine selon les croyances religieuses du monde païen ; Hippolyte est enlevé au ciel par sa déesse, et le rideau baisse sur ses deux lévriers hurlant à la lune, au sommet du mont, d'où leur maître vient de s'envoler dans l'immortalité. »

DEUXIÈME ENTRETIEN

Sa voix. — Ses idées sur la voix humaine. — Théophile Gautier comédien. — Son talent dramatique. — Les charades. — La charade de Cléopâtre. — Vers inédits.

Ce qui faisait d'une conversation avec Théophile Gautier un rare plaisir de raffiné littéraire, un régal de dilettante, ce n'était pas seulement l'intérêt que le poëte y apportait de ses connaissances encyclopédiques, ou l'originalité, irreposée et féconde, de son génie propre, ouvert à mille visions, prompt aux perceptions instantanées, imprévues, enclin aux paradoxes magnifiques, audacieux et trouveur ; ce n'était pas même l'abondance de son éloquence infaillible, reine des images et dompteuse du verbe, — c'était sa voix.

A l'heure ou j'écris ces lignes, il me semble l'entendre encore, cette voix enchanteresse, dont le timbre familier m'a ouvert tant de paradis ; c'est par elle que me sont venus les plus doux oracles de ma destinée ; par elle, les plus saintes initiations à ce grand culte, qui n'a point d'athées, l'Art. Tout ce que j'aime m'a été donné par un oui de cette voix-là. C'est sur le ton de cette voix que j'avais accordé mon âme. Mais, hélas ! parmi tant de secrets heureux qu'elle m'a transmis, pourquoi faut-il que je n'aie pas reçu celui de la décrire elle-même !

*
* *

Il me souvient qu'un jour où je lui parlais de cette impuissance de la plume à éterniser le son d'une voix chère ou célèbre, le maître me dit :

« Il y a trois voix dans l'homme : la voix parlante, ou, si tu veux, de la parole ; la voix passionnelle ou dramatique ; et la voix modulée ou musicale. Rappelle-toi cela, si tu deviens jamais critique, pour ton malheur ! Deux seulement sont sujettes à description, et des termes existent, en petit nombre, il est vrai : — la voix dramatique et la voix musicale, toutes deux factices et d'étude. Mais cette étude, qui les fait, donne justement les mots pour les dépeindre. Ainsi, tu peux décrire la voix de Faure ou celle de Mlle Favart, de façon à en donner au lecteur une impression à peu près exacte ; il y a pour cela une technique que je t'apprendrai. Par exemple, on appelle voix *blanche* une voix d'un timbre neutre, sans accent propre, mais claire cependant et correcte. Tu sais aussi bien que moi ce que l'on entend par l'*âme* d'une voix. Eh bien, pars de ces données, et tu verras qu'une plume exercée et rompue à l'usage des métaphores peut encore rendre l'effet des voix d'étude et leur entité au besoin.

« Quant à la voix parlée, celle des commerces journaliers, la voix naturelle en un mot, la définition par le style m'en apparaît plus malaisée. On ne peut guère procéder là que par analogie ; il n'y a point d'illusion possible en tout cas, car tout terme précis manque ; c'est un monde physiologique inexploré par les philologues. Ma foi, si j'avais à reproduire au moyen des mots la voix de ma mère, que j'entends pourtant en ce moment, quoiqu'elle soit morte depuis plus de vingt ans, je ne sais pas moi-même comment je m'y prendrais. C'est un curieux problème littéraire, » ajouta le maître.

* *
*

Et il tomba dans une profonde rêverie. Puis il reprit : « De l'homme, dont tout meurt, ce qui meurt le plus c'est la voix. On sait ce que le reste devient, ou du moins on l'imagine ; mais la voix, que devient-elle ? qu'en reste-t-il ? Rien ne saurait restituer le souvenir d'une voix humaine à ceux qui l'ont oubliée ; rien ne peut en donner l'idée à ceux qui ne l'ont pas entendue. C'est un anéantissement implacable. Cela rentre dans le néant sans laisser de trace ; une voix éteinte, l'est pour la consommation des siècles, et la nature entière avec ses cent mille orchestres, et les échos multipliés jusqu'à l'infini de ces orchestres, n'en retrouve plus la donnée, même par hasard. Pas une sonorité, pas une notion ! Rien n'en fixe la modulation, n'en atteste le charme ou la portée, rien ! Un cri d'oiseau perdu dans les bois, cela se retrouve ; un Stradivarius brisé, cela se refait : mais le son particulier à un certain larynx, non. Et non-seulement ce son est perdu pour toujours, mais la mémoire humaine, ce miroir du temps et des choses, n'en réfléchit rien. Est-ce bizarre ! » Il continua :

***

« La voix vient de l'âme, a-t-on dit ; je crois, moi, tout simplement qu'elle en est. C'est peut-être ce qui rend si complète sa disparition d'un monde où tout corps laisse une poussière. La voix est l'incarnation de l'âme, sa manifestation sensuelle évidente. A entendre une voix, je connais une âme, et les mots qu'elle émet ne me trompent pas sur elle. J'ai l'air de gasconner en ce moment et de vouloir t'éblouir par ma philosophie ; mais c'est du pur La Palisse ! veux-tu me dire pourquoi la voix ne serait pas une indication aussi sûre de l'être parleur que les bosses de son crâne et les lignes de sa main?

Elle dénote le type aussi clairement que l'espèce; elle livre les instincts et les pensées; elle donne le ton de l'âme. Il y a là toute une science qui dort pour Desbarolle, et je m'étonne qu'il ne s'en avise point. Outre qu'en s'y poussant, il y ferait des découvertes dont on ne se doute pas, il nous donnerait justement ces mots ininventés, ce lexique que tu réclames, au moyen duquel on pourrait arracher à la nuit des temps le souvenir des belles voix humaines et lui en disputer l'immortalité, comme on l'a fait pour les corps, les visages, les attitudes et les gestes des femmes célèbres et des héros. »

Ainsi parla le maître, et le souvenir de ses paroles m'est revenu au moment même où j'entreprenais de décrire précisément ce qu'il jugeait indescriptible. J'espère que tous les lecteurs n'interpréteront pas à mal le sentiment qui me décide à leur mettre mon essai sous les yeux, et que plusieurs me sauront gré de l'audace filiale de cette tentative.

La voix de Théophile Gautier était une voix de gorge, chaude à la fois et veloutée. Sans acuité ni fêlure, sans voiles comme sans éclats, elle sortait limpide, colorée des aurores de la pensée, doucement sonore; comme elle charriait l'or, elle le sonnait. Mais propre surtout à exprimer

les tendresses, sa qualité suprême était le charme;
à ces moments-là, comme formée de la fleur de
toutes les sonorités caressantes, elle s'infiltrait,
voluptueuse, dans l'oreille, et l'âme, envahie par
une atmosphère pénétrante, était déjà vaincue que
l'esprit ignorait encore sa défaite. Voix de poëte
s'il en fut, et de conquérant d'âmes, jamais femme
n'en eut de plus suave, et jamais prophète de
plus irrésistible; c'était la voix que l'on se plaît à
rêver à Jésus catéchisant les femmes de la Judée.
Aussi se prêtait-elle mal aux expressions du rire ou
de la colère; la foudre ne suivait pas les éclairs
que les yeux avaient lancés; le timbre résonnait
plus fort, mais cela ne servait qu'à redoubler sa
puissance d'attraction; l'aimant n'en était que
fomenté. Cette voix, irritée, loin d'inspirer la peur,
communiquait la colère. Quant au rire, il n'influait
sur elle que pour la parer des fraîcheurs argentines de l'enfance; cet olympien riait en baby.

* * *

D'un registre unicorde, les inflexions lui étaient
rares, et l'attrait principal de cette voix semble avoir
été l'insistance de sa sérénité. Elle coulait sans
onduler; on sentait que la forte personnalité du
poëte s'assimilait tout, et ne subissait rien. La voix
dirigeait la parole, mais ne lui obéissait point; four-

nissant la course de la phrase conçue, amplement
et sans hâte, avec la sécurité d'un élan bien mesuré,
elle s'arrêtait, sans tomber et sans traîner, à la
place juste où le rhythme était conclu avec la pensée. Tout devenait grand en passant par ces lèvres
toujours entr'ouvertes ; tout se revêtait de style,
de goût, de couleur et d'expression, et tout s'animait de cette belle chaleur, intime et profonde,
dont la voix elle-même s'alimentait aux sources
vitales d'un corps robuste et d'une âme magnifique. C'est pour la dépeindre en un mot qu'a été
inventée l'épithète de Chrysostôme, c'est pour l'exercer qu'on a créé le mot Amour.

*
* *

De tous les articles, et ils sont innombrables,
qui ont été écrits à la mort de Théophile Gautier,
je n'en sais qu'un seul où il soit fait mention de la
beauté singulière de sa voix; cet article est d'une
femme ! Le détail n'est-il pas caractéristisque ?

Mais puisque je suis sur ce sujet, qu'on me permette d'épuiser mes souvenirs. Théophile Gautier
n'avait point la voix musicale, on l'a souvent dit
et cela est vrai ; il chantait plus faux qu'il n'est
permis ; il s'étonnait lui-même quelquefois de ce
phénomène et cherchait à nous l'expliquer par
des paradoxes tels que celui-ci :

« Ce qu'on appelle chanter juste est une pure anomalie; la voix musicale est une maladie du larynx développée par le Conservatoire. Au point de vue des professeurs de roulades, l'oiseau chante faux, il détonne à chaque instant; c'est pourtant dans la nature le chanteur par excellence, puisqu'il n'est créé que pour cela, chanter! D'autre part, toi, qui chantes juste, tu fais aboyer les chiens, quand tu chantes; moi, je ne les réveille même pas; donc je suis dans le vrai avec mes hurlements, et vous avez tous l'oreille mal conformée, et pervertie par les solféges. »

*
* *

Peut-être le maître avait-il en cela raison comme en toute chose; toujours est-il que, s'il n'était point affecté de la voix musicale, il m'a toujours paru doué, à un degré exceptionnel, de la voix passionnelle ou dramatique. Je l'ai entendu plusieurs fois jouer, en petit comité ou même en famille, des scènes d'*Hernani* ou de *Ruy-Blas*, et c'était bonnement admirable. Mais là où il défiait toute comparaison avec n'importe quel comédien, et je connais les plus adroits, c'était dans la comédie. Il n'est pas probable que ceux qui y ont assisté aient oublié la représentation qu'il donna un jour, à Neuilly, du *Tricorne enchanté*, sur un théâtre improvisé et décoré par M. Puvis de Chavannes.

C'était lui, Gautier, qui jouait le Géronte. On put croire un moment que Préville était ressuscité, et Théodore de Banville atteste pour la postérité, dans une de ses odes funambulesques, le talent d'acteur prodigieux que déploya le poëte pour cette assemblée d'intimes et de connaisseurs, dans la réalisation de sa propre conception. La vision de Molière, auteur et comédien, passa pendant un heure devant les yeux des spectateurs transportés. Le maître trouvait d'ailleurs dans l'emploi de ce talent une de ses récréations favorites, et l'on parlera longtemps à Genève des charades qu'il y improvisait à la villa Saint-Jean, aux heures de loisirs et de repos que lui sonnait une hospitalité bien chère, et dont le souvenir l'a bercé d'espérance jusqu'à sa mort.

*
* *

Théophile Gautier raffolait des charades : il en inventait de charmantes, à l'interprétation desquelles prenaient part, sous sa direction, tous les membres de sa famille et ceux de ses amis qui tombaient chez lui au moment où on les organisait. Celle qu'il fit un jour sur le nom de Cléopâtre donna lieu à une véritable fête : elle était jouée par deux personnes seulement, Théophile

Gautier d'abord, puis la marquise de Guadalcazar, une spirituelle et aimable dame espagnole, gracieuse comme on l'était au siècle dernier dont on la croyait contemporaine.

Le premier tableau, dont le mot était *clé*, était emprunté au conte de Barbe-Bleue. Le poëte avait fait de son Barbe-Bleue une création farouche et formidable, et il y avait concentré tout son romantisme.

Le second tableau, dont le mot était *o*, mettait en scène une école de jeunes filles en train d'épeler les lettres de l'alphabet. Théophile Gautier représentait le pédagogue à férule.

Le troisième tableau, dont le mot était *pâtre*, déroulait l'histoire de l'enfant prodigue et de ses trente-quatre cochons. La marquise remplissait le rôle de la fiancée du jeune héros biblique.

Quand ce dernier fut achevé, Mme Carlotta Grisi, costumée en reine égyptiaque de fantaisie, récita les vers suivants, écrits spécialement pour la circonstance par le maître et qui sont restés inédits :

> Je suis le mot de la charade
> Qu'on vient de jouer devant vous,
> Et si je parais sur l'estrade
> C'est pour que vous deviniez tous.
>
> Mon nom longtemps troubla le monde :
> Il n'en est pas de plus connu ;

Chacun le répète à la ronde,
L'enfant même l'a retenu.

Cherchez bien. — Je suis cette reine
Qui buvait des perles dans l'or,
Et dont la beauté souveraine
Fait rêver le poëte encor.

Lasse de tant de nuits dormies
Sous l'ombrage des grands palmiers,
Quittant le pays des momies
Je vins au pays des mômiers.

Sans regret j'ai fui le Nil jaune
Pour le Léman aux flots d'azur,
Et cependant j'avais un trône !
Un fauteuil en Suisse est plus sûr !

Je fais la rime d'idolâtre,
Et je mourus par un aspic ;
Mais ce n'était pas au théâtre :
Nul ne sifflait dans mon public !

TROISIÈME ENTRETIEN

Dernière entrevue avec Victor Hugo. — Projet de poëme pour *la Vie parisienne*. — Le vêtement moderne. Les bouts-rimés. Trois sonnets inédits. — Vers à chanter. — Envois de présents. Lettre de M. Paul de Saint-Victor. — Musée secret. — Deux sonnets. — Liste de devises.

C'est au banquet de la centième de *Ruy-Blas*, à l'Odéon, que Théophile Gautier a vu Victor Hugo pour la dernière fois. Banquet fameux dans les annales de la superstition par la mort du pauvre de Chilly. Gautier en revint très-frappé : le fataliste, qui jamais ne s'endormait en lui, avait eu, ce soir-là, la vision flamboyante de son *Mane Thecel Pharès*. Ceux qui le connaissaient virent, à l'immense tristesse de ses yeux, qu'il s'abandonnait.

Amère raillerie du sort, ce banquet fatal, d'où lui vint le découragement précurseur, faillit au contraire déterminer en lui un renouveau poétique dont nous attendions les effets les plus salutaires, et que depuis longtemps nous avions essayé de faire naître en cet esprit lassé par tant de déceptions et de chagrins. On sait quelle adoration lui inspirait le nom de Victor Hugo et la fascination tremblante qu'il éprouvait en la présence du maître ; il partit donc pour ce banquet, très-ému par l'idée de la rencontre.

* * *

A vrai dire, la plupart d'entre nous n'en espérait pas pour lui la grande joie littéraire qu'il s'en promettait. Théophile Gautier ne devait guère trouver autour de son ami que des têtes hostiles à tout ce qu'il avait aimé depuis vingt ans. Certes, il n'était pas à craindre qu'aucun se départît envers lui du respect qu'il a toujours imposé même à ses adversaires ; défendu par sa gloire, il pouvait entrer sans peur dans le camp ennemi, et serrer la main noblement à celui qui avait été le chef et le vainqueur d'autres batailles immortelles, batailles où Gautier avait porté l'étendard. Mais quel serait l'accueil *public* que lui ferait Hugo et de quelle sorte le discours-toast, de quelle nature les libations? On n'était pas sans quelque inquiétude, à Neuilly.

Le lendemain matin, je descendis assez anxieux dans sa chambre pour lui demander ce qui s'était passé ; mais l'ayant trouvé dans l'état d'esprit que j'ai dit, abattu par les noirs pressentiments, je n'osai plus l'interroger. Ce ne fut que quelques jours après qu'il satisfit de lui-même à ma pieuse curiosité.

« Hugo, nous dit-il, est toujours le premier gentilhomme de France; il a les manières du grand siècle. C'était curieux de le voir parmi ces sans-culottes. »

Et avec une naïveté bien malicieuse, Théophile Gautier ajouta :

« Il m'a parfaitement reconnu !

— Avez-vous causé avec lui? hasarda l'un de nous.

— Oui, assez longtemps. Comme X et Z étaient là, bien entendu, avec toute la rédaction du *Rappel*, la conversation devenait politique. Hugo m'a pris à part, dans une embrasure de fenêtre, et nous avons parlé poésie. Cela m'a fait du bien. Causer de poésie avec Hugo, c'est causer de divinité avec le bon Dieu. Et puis, il y avait si longtemps que pareille joie ne m'était échue ! Comme nous étions les deux Sachems, on a fini par nous entourer et nous avons dit de très-belles choses, moi surtout, conclut-il avec un de ces bons rires d'enfant que nous aimions tant à lui voir aux lèvres.

— Victor Hugo, dîmes-nous, aurait bien dû vous gronder un peu et choisir cette occasion, car vous ne faites plus de vers, et on se demande pourquoi.

— Savez-vous ce qu'il m'a proposé, Hugo? Je vous le donne en mille. Il m'a offert de m'emmener à Guernesey et d'y rester avec lui le reste de nos jours : « Nous nous promènerons au soleil, sur le bord de la mer, et nous ferons des vers sur des rimes riches!

— Eh bien, que lui avez-vous répondu?

— J'avais bien envie d'accepter, rien que pour taquiner les autres. Mais Guernesey, c'est trop loin de Neuilly. »

* * *

Quoi qu'il en soit advenu, d'ailleurs, cette conversation avec Victor Hugo porta ses fruits : le goût des vers était revenu à Théophile Gautier. Pendant les semaines qui suivirent, il m'entretint de plusieurs projets de poëmes qu'il avait depuis longtemps conçus. Un jour que nous revenions ensemble de l'exposition posthume des œuvres d'Henri Regnault, aux Beaux-Arts : « As-tu lu Beppo? » me dit-il. Et sur ma réponse affirmative :

« Je voudrais écrire un poëme parisien sur ce mode, quelque chose comme un Namouna soigné, avec de vraies rimes, en strophes de six, régulières, que je publierais dans la *Vie parisienne* de Marcelin. Crois-tu que cela soit pratique? »

* * *

Il faut dire ici que Théophile Gautier a toujours été un admirateur passionné des écrivains de ce journal, dont le dandysme lui allait au cœur. Sous le voile de l'anonymat qui les dérobe, il se les représentait comme autant de d'Orsay et de Brummel, derniers chevaliers de l'élégance, du bon ton et des nobles amours, maniant la plume comme l'épée, du bout des gants. Il doutait très-sérieusement de voir sa prose acueillie par Marcelin et se jugeait indigne de collaborer à ce Moniteur de la fashion. Il n'était pas jusqu'aux réclames de la dernière page qu'il ne trouvât admirables, écrites à miracle et faites pour être lues par les plus beaux yeux de duchesse. A tout le monde il demandait quel pouvait être l'auteur de ces poëmes de la mode, plus charmants cent fois que tous ceux des Parnassiens, et quand, le samedi soir, la *Vie parisienne* arrivait à Neuilly, il fallait laisser tout pour lui lire cette étonnante *Petite Gazette*.

« Sait-il assez son tatafouillon, l'animal! s'écriait-il. Comme c'est dit! Comme c'est fait! Jamais je n'oserai proposer de copie à ce journal-là ; on me flanquerait à la porte! »

Et comme nous nous exclamions tous à cet accès de bizarre timidité : « Je ne pourrais les battre qu'en vers! » terminait-il.

* *

C'est peut-être de cette préoccupation, naïve si l'on veut, mais bien significative, que lui vint l'idée de ce poëme à la façon de Beppo, dont il se plaisait à causer avec moi, lorsque nous nous promenions ensemble.

« On accuse ce temps-ci, nous dit-il un jour, de n'avoir pas de caractère propre et de s'inspirer de toutes les modes du passé; mais on oublie toujours que son originalité est d'être précisément le carnaval des autres temps. C'est l'âge de la parodie. Va dans un bal du grand monde et regarde les femmes : tu n'en verras pas deux habillées de même sorte et sur un même patron.

« Les unes s'inspirent du xviiie siècle, les autres du xvie, celles-ci du Directoire et celles-là de l'Empire : la multiplicité des goûts qui préside à leurs ajustements fait du bal le plus sérieux le plus officiel même, un véritable bal costumé; je ne parle pas des hommes, bien entendu, qui ont tous l'air de hannetons trempés dans l'encre; il semble que, depuis la Révolution, le deuil soit de rigueur pour les Européens. Nos efforts sur ce point, en 1830, ont été vains, et l'habit noir a triomphé du Romantisme.

*
* *

« Mais s'il y a uniforme pour nous, il n'y en a plus pour les femmes ; elles ont secoué jusqu'au joug de la mode, et s'habillent selon leur beauté propre, en vue du milieu où elles doivent briller, et après une étude approfondie devant le miroir, des avantages qui, en elles, doivent être mis en relief. Une femme ne s'habille jamais pour elle-même, rarement pour son amant, mais toujours pour une rivale. Il en résulte que rien n'est plus charmant que cette variété de formes et de couleurs, et qu'à aucune époque le thème féminin n'a fourni aux artistes des variations aussi étincelantes et des développements aussi originaux.

« C'est cela, continua-t-il, que je me propose de mettre en œuvre dans le poëme dont je te parle. Nous verrons bien si, à l'heure qu'il est, il y a un peintre capable, avec son pinceau, d'exécuter une robe de Worth comme je le ferai en vers. Hein! que dis-tu de cela, une robe en vers, une robe avec ses plis, ses finesses de tons, ses moelleux, ses éclairages et ses reflets sur la peau? Je crois que cela sera nouveau. Vois-tu cela dans la *Vie parisienne?*

— A moins, fis-je pour le taquiner, que Marcelin ne refuse le poëme.

— Je le porterai à la *Revue des Deux-Mondes*, s'écria-t-il, et Buloz en mourra! »

Quelques instants après, il reprit :

« Le plus difficile, c'est de trouver un vers propre à l'idée, ou, si tu veux, de faire ma palette. Je rêve quelque chose comme le vers de Musset rimé par Banville, à la fois souple et ferme, et bien dans la main. Cela demande un long exercice par exemple, et je crains d'avoir perdu le maniement.

— Le vers, dis-je, est une forme sensuelle de la pensée, et il n'y a pas à redouter que votre esprit s'en soit déshabitué. Il vous suffira d'en relire une dizaine pour en réveiller en vous la formule familière.

— En relire, ce n'est pas assez, il faut en faire.

* * *

Théophile Gautier resta longtemps encore épris de ce poëme, et il commença même à s'exercer avec moi à cette facture de l'alexandrin qu'il se figurait trop avoir désapprise. A la vérité, il y était resté d'une force merveilleuse. Aucune difficulté ne l'arrêtait, et les piéges prosodiques que je lui tendais ne servaient qu'à prouver sa maëstria triomphante. Ce fut le temps des bouts-rimés, qu'il a toujours aimés singulièrement. Nous allâmes une fois jusqu'à lui proposer le problème effroyable d'un sonnet-bout-rimé-acrostiche, avec sujet imposé : en un quart d'heure, il fit une merveille. Malheureusement il en demeura à ces exercices préliminaires, et jamais depuis il ne parla du pauvre poëme pour la *Vie parisienne.*

Voici ce sonnet-acrostiche-bout-rimé, que les amis les plus intimes du poëte liront ici pour la première fois.

E-n ces yeux fiers et noirs que la grâce — tempère
S-ous un rideau de cils dérobant leur — secret,
T-out un monde est caché, mystérieux, — concret,
E-t que voudrait en vain deviner un — Ampère.

L'-amour présomptueux n'y pourrait lire : — espère.
L-eur sérieux profond, inconnu de — Lancret,
E-xprime clairement que nul ne les — vaincrait.
G-raves, dans l'idéal est leur point de — repère.

A-ux rivages du Gange où sont les — éléphants,
U-n rajah la voudrait attirer plein d' — astuce ;
T-agahor de Delhi qu'éventent des — enfants,

I-l dit : Pour reine, ô belle, il faudrait que je — t'eusse,
E-t c'est pour t'enrichir que partout nous — pillons
R-ubis, perles, saphirs, roses et — papillons.

Pareil à ces peintres, praticiens consommés, qui, le soir en famille, à la clarté de la lampe, s'exercent encore et s'entretiennent la main par des dessins à la plume qu'ils déchirent et que l'on recueille, Théophile Gautier se plaisait à ces jeux de poésie, dans lesquels triomphait sa patte de grand versificateur. Il eut longtemps la passion des bouts-rimés. J'en ai sauvé quelques-uns de la flamme de l'âtre, et je puis en offrir aux amateurs la curiosité littéraire. En voici une pièce dont les rimes lui avaient été proposées par son fils ; c'est encore un sonnet ; le ton familier et plaisant qui y règne est le seul mérite sans doute du tour de force, et je serais désolé que l'éditeur des poésies de mon maître crût de son devoir de la reproduire sérieusement dans ses œuvres.

L'ÉTUDIANT.

Je suis plus affamé qu'un marin — à la côte,
Car le ciel m'a doué d'un ancêtre — brutal
Plus enrhumé cent fois que — monsieur Du Cantal.
Je dois à mon portier et je dois à mon — hôte!

Mon papa se refuse à payer une — note
Qui s'étend chaque jour sur le papier — fatal.
Je vois qu'il me faudra rentrer au lieu — natal,
A moins que mon budget plus ample ne se — vote.

Adieu donc à jamais les cancans, les — polkas!
Je ne puis seulement offrir une — volaille
A Margot, à Mimi, qui m'appellent — canaille!

Pour la moindre dépense il fait un tel — fracas,
Qu'il ne me reste plus qu'à déployer ma — trousse
Et conduire à l'autel une héritière — rousse!

Octobre 1861.

Les rimes du sonnet-bout-rimé suivant avaient été fournies par une amie : il est intitulé, sur sujet imposé :

L'ANACHORÈTE.

L'anachorète cherche au désert une — grotte;
A s'y mortifier consiste son — plaisir.
Il s'abreuve d'eau claire et ronge une — carotte,
Et Satan tâche en vain d'allumer son — désir.

Mais sur nous la folie agite sa — marotte,
Nous montrant un mirage impossible à — saisir;
Au bruit de ses grelots chacun s'empresse et — trotte,
Croyant qu'il va trouver les trésors d'un — vizir.

Quand nous perdons la nôtre il a soin de son — âme,
Et le ciel lui sourit si le monde le — blâme.
Barbare envers lui-même et saintement — cruel

Il sort victorieux de son âpre — duel.
Nous autres, nous tombons au bout de notre — course,
Sans un espoir au cœur, sans un sou dans la — bourse.

Parfois aussi il se divertissait à rimer des paroles sur un air qui lui avait plu et dont le rhythme lui semblait défier la poésie. C'est ainsi qu'il improvisa un soir les deux quatrains ci-dessous, pour être adaptés à une chanson espagnole que le musicien Laffitte, son ami, venait de jouer sur le piano. Cette chanson s'appelle : *No tocaran campanas!* Elle est fort populaire en Espagne où Gautier l'avait entendue. Nous conseillons aux amateurs de la chanter sur les paroles suivantes : elle est d'un effet saisissant :

Ne sonnez pas la cloche,
Ma mort est proche!
Pour payer le noir coche
Rien dans ma poche!

A mon convoi nul proche!
J'ai creusé de ma pioche
Ma fosse sous la roche.
Ne sonnez pas la cloche!!

Il traduisit un soir, sur la demande de ses enfants, un merveilleux lied de Schumann dont nous étions tous férus. La traduction est mot pour mot, et elle adhère si bien à la musique, que l'on croirait celle-ci faite sur les vers français et non sur le texte de Henri Heine.

> De mes larmes brillante
> Jaillit une moisson de fleurs,
> Et dans mes soupirs chante
> Le rossignol en pleurs.
>
> Si tu veux m'aimer, ma petite,
> Je te donnerai ces fleurs,
> Et le rossignol ira vite
> Te conter mes douleurs.

Il avait encore l'habitude galante et xviii® siècle, d'accompagner de quelque envoi rimé les présents modestes qu'il adressait à ses amis. Cette attention en doublait le prix ; souvent même elle en était tout le prix, comme on peut voir dans ce madrigal charmant :

> Vous recevrez pour votre fête,
> Si le chemin est diligent,
> Un globe de rondeur parfaite,
> Tout étamé de vif argent.
>
> Dans sa sphère pure et brillante
> Le ciel reproduit ses couleurs.

Votre villa blanche et riante
S'y mirera parmi les fleurs.

Par malheur la courbe polie
Des gens déforme les reflets,
Mais vous saurez rester jolie
Où les autres deviennent laids.

L'envoi d'une lorgnette de théâtre, qu'on l'avait chargé d'acheter à Paris, était poétisé par seize vers ainsi improvisés entre deux feuilletons de critique théâtrale :

Je vous envoie une lorgnette
Pour étrennes, ce jour de l'an.
Elle vous montrera plus nette
La perspective de Saint-Jean.

Vous distinguerez mieux Salève,
L'Arve froid, le Rhône orageux,
Les tours et les toits de Genève
Et là-bas le mont Blanc neigeux.

Lorsque vous reviendrez en France
Bientôt elle vous servira
Près de nous, j'en ai l'espérance,
Pour voir *Roland* à l'Opéra,

Ou bien cette jeune merveille
Qu'on nomme Adelina Patti,
Chantant d'une âme qui s'éveille
La *Linda* de Donizetti.

30 décembre 1864.

NOTE

Pour épuiser la question des vers inédits de Théophile Gautier, je dirai ici que la publication posthume des œuvres complètes du maître, faite par M. Maurice Dreyfous, chez Charpentier, en 1876, renferme tout ce que l'on pouvait espérer d'en réunir. L'éditeur a poussé ses recherches aussi loin que ses scrupules : tout ce qu'il a pu retrouver d'authentique a été inséré sans contrôle, même les pièces officielles, que le poëte n'avait jamais de son vivant comprises dans son œuvre. On peut se demander toutefois pourquoi, puisqu'il ne se reconnaissait point le droit de faire un choix entre ces essais de valeur diverse et d'éliminer ces malencontreuses pièces de commande, pourquoi, dis-je, il n'a pas donné place, dans l'édition définitive, aux pièces libres de l'auteur et à ses célèbres facéties rabelaisiennes et même pironniennes. La logique en faisait un devoir à son respect, ce me semble. Dans la plaquette imprimée à Bruxelles et qui est intitulée : *Poésies de Théophile Gautier qui ne figureront pas dans ses œuvres complètes,* il y a deux sortes de compositions : les vers politiques et... les autres. Il fallait tout y prendre ou tout y laisser; mais dans le choix arbitraire de l'éditeur, sa responsabilité seule reste engagée et non pas celle de la famille, dont une partie du moins se récuse. Une seule pièce était à recueillir dans cette plaquette et valait qu'on hasardât de la publier, car elle est le chef-d'œuvre du maître et l'un des plus beaux morceaux de la langue française.

. Avant de mettre ce chef-d'œuvre sous les yeux du lecteur, j'en prends occasion de constater qu'il a été le point de départ des relations littéraires du maître avec M. Paul de Saint-Victor et l'origine de leur amitié réciproque. J'ai retrouvé dans les papiers de Neuilly une lettre fort belle et fort curieuse, qui fixe la date de cette liaison littéraire, et je ne résiste pas au plaisir de lui donner place dans ce livre écrit à la gloire d'un maître commun.

« Monsieur,

« Je vous suis infiniment reconnaissant de votre bon souvenir... J'ai devancé votre conseil, et j'ai été avant-hier chez M. Gautier chercher ses vers qu'il a eu la bonté de me copier lui-même. L'*Étude de mains* m'a ravi, mais le *Musée secret* m'a ébloui. C'est pour moi le Régent de son écrin. Comme science de contour et illusion de couleur, ces vers sont peut-être sans précédents dans la langue. Il a raison de les appeler une transposition d'art. La strophe n'est pas écrite, elle est pétrie dans la pâte et dans l'huile du Titien et du Corrége. A sa place je les publierais hardiment. Un tel pinceau transfigure tout ce qu'il touche. Il diviniserait la croupe de la Vénus Callypige. Quelle draperie vaudrait cette pureté enflammée de lumière et de couleur dont il revêt ses nudités de marbre? Le *Musée secret* est le dernier mot de la beauté plastique. M. Gautier est entré maintenant dans la manière souverainement pleine et calme des dernières années de Gœthe. Il ne lui manque que le divan de loisir et de contemplation du grand pacha de Weimar. Sur des vers pareils à ceux-ci, un duc italien du xvie siècle lui aurait donné cent mille ducats et un sérail pour atelier, et le roi d'Espagne lui aurait envoyé la Toison d'or.

« C'est à vous, Monsieur, que je dois d'avoir pu connaître un homme que je respecte et que j'aime comme mon maître et mon initiateur. Croyez à toute ma reconnaissance et à celle que m'inspire la bienveillante sympathie dont vous m'avez donné de si cordiales preuves.

« Recevez l'assurance de ma considération la plus distinguée.

« Paul de Saint-Victor. »

Paris, 31 janvier.

MUSÉE SECRET

Des déesses et des mortelles,
Quand ils font voir les charmes nus,
Les sculpteurs grecs plument les ailes
De la colombe de Vénus.

Sous leur ciseau s'envole et tombe
Ce doux manteau qui la revêt,

Et sur son nid froid la colombe
Tremble sans plume et sans duvet.

O grands païens, je vous pardonne ;
Les Grecs enlevant au contour
Le fin coton que Dieu lui donne,
Otaient son mystère à l'amour.

Mais nos peintres tondant leurs toiles
Comme des marbres de Paros,
Fauchent sur les beaux corps sans voiles
Le gazon où s'assied Éros.

Pourtant jamais beauté chrétienne
N'a fait à son trésor caché
Une visite athénienne,
La lampe en main, comme Psyché.

Au soleil tirant sans vergogne
Le drap de la blonde qui dort,
Comme Philippe de Bourgogne
Vous trouveriez la toison d'or ;

Et la brune est toujours certaine
D'amener autour de son doigt,
Pour le diable de La Fontaine,
Ce fil tors que rien ne rend droit.

Aussi j'aime tes courtisanes,
Amant du vrai, grand Titien,
Roi des tons chauds et diaphanes,
Soleil du ciel vénitien.

Sous une courtine pourprée
Elles étalent bravement,

Dans sa pâleur mate et dorée,
Un corps vivace où rien ne ment.

Une touffe d'ombre soyeuse
Veloute, sur leur flanc poli,
Cette envergure harmonieuse
Que trace l'aine avec son pli.

Toi seul fais sous leurs mains d'ivoire,
Naïf détail que nous aimons,
Germer la mousse blonde ou noire
Dont Cypris tapisse ses monts;

Et la tribune de Florence
Au cant choqué montre Vénus,
Baignant avec indifférence
Dans un manchon ses doigts menus,

Tandis qu'ouvrant ses cuisses rondes
Sur un autel d'or, Danaé
Laisse du ciel, en larmes blondes,
Pleuvoir Jupiter monnayé.

Maître, ma gondole à Venise
Berçait un corps digne de toi,
Avec un flanc superbe où frise
De quoi faire un ordre de roi!

Pour rendre sa beauté complète,
Laisse-moi faire, grand vieillard,
Changeant mon luth pour ta palette,
Une transposition d'art;

Et poëte trempant ma phrase
Dans l'or de tes glacis ambrés,

Comme un peintre montrer sans gaze
Des trésors par l'amour ombrés.

Que mon vers dans la rouge alcôve,
Sur la blancheur de ce beau corps,
Ose plaquer la tache fauve
Qui luit du ton bruni des ors,

Et qui rappelle, ainsi posée,
L'Amour sur sa mère endormi,
Tachant de sa tête frisée
Le sein blanc qu'il voile à demi.

Sans que la Muse s'en courrouce,
Avec sa fleur offrons aux yeux,
Comme une pêche sur la mousse,
Plaisir, ton fruit mystérieux ;

Pomme authentique d'Hespéride,
Or crespelé, riche toison,
Qu'aurait voulu cueillir Alcide
Et qui ferait voguer Jason.

O douce barbe féminine,
Que l'Art toujours voulut raser
Sur ta soie annelée et fine,
Reçois mes vers comme un baiser !

Car il faut des oublis antiques
Et des pudeurs d'un temps châtré,
Venger par des stances plastiques,
Grande Vénus, ton mont sacré.

Elle procède de la même inspiration et elle découle de la même veine naturaliste, la petite pièce suivante digne de l'anthologie grecque et qu'eût signée Anacréon. Elle est fort connue des dilettantes littéraires qui se la répétaient à mi-voix, comme on tire, entre amateurs, certaines statuettes florentines de leur étui.

> Nombril, je t'aime, astro du ventre,
> Œil blanc dans le marbre sculpté,
> Et que l'Amour a mis au centre
> Du sanctuaire où seul il entre
> Comme un cachet de volupté.

Voici un sonnet inédit, écrit un soir d'été, à Genève, sur la terrasse d'une villa, à la suite d'une conversation astronomique et cosmographique dans laquelle le poëte s'était élevé à une grande hauteur et avait fasciné son auditoire par ses perceptions de l'infini. Je ne sais rien de plus admirable que ce sonnet.

> Sur un coin d'infini traînant son voile d'ombre,
> La terre obscure allume à l'éternel cadran
> Sirius, Orion, Persée, Aldébaran,
> Et fait le ciel splendide en le rendant plus sombre.
>
> On voit briller parmi les étoiles sans nombre
> L'énorme Jupiter dont un mois vaut notre an,
> Et Vénus toute d'or, et Mars teint de safran,
> Et Saturne alourdi par l'anneau qui l'encombre.

A ces astres divers se rattache un destin.
Jupiter est heureux, Mars hargneux et mutin,
Vénus voluptueuse et Saturne morose.

Moi, mon étoile est bleue et luit même en plein jour,
Près d'une oreille sourde à mes soupirs d'amour,
Sur le ciel d'une joue adorablement rose !.

Et deux autres sonnets dont le premier est adressé à une amie voyageuse et le second nous a été communiqué par M. de Nully, frère aîné d'Eugène de Nully, ami de collége de Gautier et de Gérard de Nerval.

Sur son toit de lave où pendent des grappes,
Naples vous gardait près de son volcan ;
Stamboul m'hébergeait alors dans son khan,
Oiseau voyageur aux folles étapes.

Maintenant à Rome, au pays des papes,
Vous voyez Saint-Pierre et le Vatican,
Et des mantelets de madame Hilcampt
Prenez la dentelle au brocart des chapes.

Je suis à Paris, loin de vous encor !
Du couple amoureux qu'un nœud frêle lie,
Un souffle jaloux disperse l'essor.

J'ai peur que là-bas, dans cette Italie,
Quelque monsignor rouge ou violet
Vous ait enchaînée à son chapelet.

* * *

L'ombre de Dieu planait sur la foule en extase,
L'orage musical rugissait dans les airs,
Et les notes montaient sous les ardents éclairs
Avec leurs pieds d'argent l'escalier de topaze.

De moment en moment, au retour de la phrase
Où jette le clairon ses cris grêles et clairs,
Plongeaient, la tête en bas du bord des cieux ouverts,
De grands anges suivis d'un tourbillon de gaze.

L'harmonieuse pluie aux gouttes de cristal,
Sans relâche tombant des sonores coupoles,
Frissonnait sur les cœurs comme sur du métal.

Et moi l'œil ébloui du feu des auréoles,
J'ai sur l'encensoir d'or pour l'envoyer aux cieux
Ainsi qu'un grain d'encens, mis ce sonnet pieux.

Enfin, un jeu d'esprit dans lequel Théophile Gautier excellait, c'était l'invention des devises. Plus apte que personne, à cause de sa profonde connaissance des mots, à formuler ces sortes de sentences lapidaires qui définissent une individualité, il se plaisait à multiplier les variations du thème proposé, et pour un seul chaton de bague

il soumettait cent devises. Je dois à l'obligeance
de M. Maxime Du Camp la communication de la liste
ci-dessous : toutes les devises qui la composent
visent une seule et même personne, et j'ajoute
qu'elles suffisent à la faire connaître au moral
comme au physique. Comme preuve des ressources
d'esprit du maître le spécimen est concluant.

>
Olvido, recuerdo.
Parva sed formosa.
Sine amore nihil.
Latet amor in herba.
Loin des yeux, près du cœur.
Incedo per ignes.
Sub cinere flamma.
Tout bien ou rien.
Se taire et faire.
Corazon mi razon.
Quiero quien me quiere.
Soy de uno... pero...
Corde et forma.
Hodie tibi, cras mihi.
Per angusta ad augusta.
Semper parata.
Non timeo dona ferentes.
A ma chimère.
Cave canem.
Aude et tace.
Comprends et prends.
Se abajo arriba.
En la mitad el mejor.

Sit pro munere vulnus.
Pungo del ungo.
Corpore parva, pectore magna.
Bona bonis, mala malis.
Fugax sequax, sequax fugax.
Chi sara sara.
Chi lo sa
Forse.
Ahora y no siempre
L'amour est fort comme la mort.
Je serai.
Deo ignoto.
Quo, quomodo, quando.
Quia nominor Bébé.
Quien no ama no vive.
Sine amore vita mors.
Nec pluribus impar.
Amor lucet omnibus.
Chacun pour moi et moi pour tous.
Quia dilexit multum.
Chica pero guapa.
Sal y pimienta.
Homo duplex, mulier triplex.
Suaviter.
Sic volo, sic jubeo.
Raræ nates cum gurgite vasto.
Sic vos non vobis.
Diu, sæpe, fortiter.
You can play upon me (Hamlet).

QUATRIÈME ENTRETIEN

Linguistique. — Ses idées sur les néologismes. — La fameuse maxime. — Le Dictionnaire de rimes. — La rime impossible.

« Je ne sais pas, me dit un jour le maître, ce que la postérité pensera de moi, mais il me semble que j'aurai été au moins utile à la langue de mon pays. Il y aurait ingratitude à me refuser, après ma mort, ce modeste mérite de philologue. Ah! mon cher enfant, ajouta-t-il en souriant, si nous avions seulement autant de piastres ou de roubles que j'ai reconquis de mots sur leur Malherbe! Vous autres, jeunes gens, vous m'en saurez gré un jour, quand vous verrez quel instrument je vous ai laissé entre les mains, et vous défendrez ma mémoire contre ces diplomates de lettres qui, parce qu'ils n'ont ni idées à exprimer, ni esprit à faire valoir, veulent nous réduire aux cent mots de la langue racinienne. Retiens bien ceci pour t'en souvenir plus tard : le jour où je serai reconnu classique, la pensée sera bien près d'être libre en France!

— Vous croyez donc qu'elle ne l'est pas?

— Libre, non assurément. Elle n'est pas plus libre qu'un corps gêné dans des habits trop étroits, ou même qu'un corps sans habits aucun, et par conséquent ne pouvant sortir dans la rue. Tantôt elle étouffe et tantôt elle grelotte. Mais dès qu'elle trouve dans les mots un vêtement à sa mesure, la voilà qui déjà marche ; et si ces mots sont d'une coupe élégante et d'une riche coloration, elle s'enhardit et triomphe, car belle et bien attifée, elle se sent mieux accueillie et par une meilleure société. Et si un poëte lui attache aux pieds les deux ailes sonores de la rime, elle s'envole et plane. »

* * *

« Les idées naissent duchesses, même dans une mansarde. Avec leur prétendu goût classique, s'écriait-il encore, qui, sous prétexte que l'idée est belle toute nue, consiste à la vêtir d'une feuille de vigne et à la produire au bout d'une corde, on marchait tout droit au style télégraphique et au bulletin. Victor Hugo n'a fait 1830 que pour enrayer cette dégringolade de la langue ; sa forte main a retrouvé dans l'ombre des temps la main puissante du vieux Ronsard, et il a renoué, par-dessus deux siècles de boileautisme aigu, les fécondes traditions de la Renaissance. »

« Mon rôle à moi dans cette révolution littéraire était tout tracé. J'étais le peintre de la bande. Je me suis lancé à la conquête des adjectifs; j'en ai déterré de charmants et même d'admirables, dont on ne pourra plus se passer. J'ai fourragé à pleines mains dans le xvie siècle, au grand scandale des abonnés du Théâtre-Français, des académiciens, des tabatières-Touquet et des bourgeois glabres, comme dit Pétrus. Je suis revenu la hotte pleine, avec des gerbes et des fusées. J'ai mis sur la palette du style tous les tons de l'aurore et toutes les nuances du couchant; je vous ai rendu le rouge, déshonoré par les politiqueurs, j'ai fait des poëmes en blanc majeur, et quand j'ai vu que le résultat était bon, que les écrivains de race se jetaient à ma suite et que les professeurs aboyaient dans leurs chaires, j'ai formulé mon fameux axiome : Celui qu'une pensée, fût-ce la plus complexe, une vision, fût-ce la plus apocalyptique, surprend sans mots pour les réaliser, n'est pas un écrivain. Et les boucs ont été séparés des brebis, les séides de Scribe des disciples d'Hugo, en qui réside tout génie. Telle est ma part dans la conquête. »

*
* *

« — Dans votre idée, fis-je, cette conquête doit-elle être bornée là? La langue du xviᵉ siècle vous paraît-elle suffisante à tout exprimer? En un mot, admettez-vous les néologismes?

— Veux-tu parler de la nécessité de dénommer les soi-disant inventions et les prétendues découvertes modernes? Oui, on dit cela : à choses nouvelles, mots nouveaux. Tu connais mon avis là-dessus. Il n'y a pas de choses nouvelles. Ce qu'on appelle un progrès n'est que la remise en lumière de quelque lieu commun délaissé. J'imagine qu'Aristote en savait aussi long que Voltaire, et Platon que M. Cousin. Archimède avait très-certainement trouvé l'application de la vapeur à la locomotion bien avant Fulton et Salomon de Caus. Si les Grecs ont dédaigné de s'en servir, c'est qu'ils avaient leurs raisons pour cela. Ils trouvaient qu'on allait déjà bien assez vite et que l'homme n'avait le temps de rien voir sur ce globe terraqué, ce qui est, hélas! trop vrai, même en patache. Non, je ne sens pas impérieusement la nécessité des mots nouveaux, dût-on pour cela me traiter de birbe et de ganache. D'ailleurs, ils sont jolis, vos néologismes! Des mixtures de grec et d'argot, des infusions d'anglais et de latin! Le jargon de Babel! Ce sont les herboristes et les apothicaires qui les font, les néologismes. Les seuls mots nouveaux un peu propres nous viennent des peintres.

— Vous convenez donc, repris-je sans me laisser désarçonner par cette boutade, que l'on peut en créer selon les besoins et au cours des découvertes, si découvertes il y a?

— Ah! si encore ils étaient conformes au génie de la langue et imprégnés de la saveur du terroir gaulois! Je voudrais que l'admission d'un mot dans le dictionnaire fût controversée et débattue autant que celle d'un postulant au Jockey-Club; je voudrais qu'il fût *présenté* et qu'il eût ses références. Je voudrais que l'Institut servît à quelque chose, tandis qu'il ne sert à rien, et qu'un Français ne fût pas forcé d'aller en Russie pour jouir du plaisir d'entendre parler sa langue. A ces conditions, conclut le maître, oui, je serais partisan des néologismes... »

Et las sans doute d'avoir parlé si longtemps, car il était déjà bien malade, il me prit sous le bras, et lentement nous rentrâmes.

« Et puis, vois-tu, fit-il tristement et avec un sans-à-propos comique, rien ne sert à rien, et d'abord il n'y a rien, cependant tout arrive, mais cela est bien indifférent! »

*
* *

Il faut dire ici que cette maxime misanthropique, très-familière au poëte, avait une légende parmi nous, et que, toutes les fois qu'il l'émettait, nous ne pouvions nous tenir de rire, à sa grande colère. Elle le ravissait, cette maxime, il la disait à tout propos et se montrait plus fier de l'avoir inventée que d'avoir écrit le *Capitaine Fracasse* et tous ses autres ouvrages. Il fallait voir avec quelle gravité et de quel air philosophique il la détaillait. Il interrompait les discussions les plus animées pour la placer : que dis-je? il s'interrompait lui-même, et la conclusion de tous ses récits, de tous ses enseignements, de toutes ses rêveries parlées, était toujours cet éternel : — *Rien ne sert à rien! et d'abord il n'y a rien, cependant tout arrive! Mais cela est bien indifférent!*

* * *

A la vérité la trouvaille en revenait à M. Claudius Popelin, le peintre sur émail, l'un des familiers fidèles de la petite maison de Neuilly ; il l'avait inventée pour parodier gaiement et entre amis l'impassibilité superficielle de cet être, le plus sensible qui fut jamais. Mais la charge était si réussie et si juste qu'au bout de quelque temps tous finirent par s'y méprendre, et jusqu'à Théophile Gautier lui-même. A force de se répéter en souriant la maxime imitative, il en avait oublié la provenance et s'en croyait le véritable auteur ; par un phénomène psychologique bizarre il en avait affublé la paternité et ne voulait plus en démordre. Aussi n'y avait-il rien de plus divertissant que de la lui entendre prononcer, souvent en présence de M. Popelin, sur un ton rhythmique et byronien. Une fois il advint que l'une des personnes de sa famille se hasarda à contester l'origine de la chère sentence. Gautier entra dans une fureur de lion :

« Je te dis qu'elle est de moi ! » criait-il les yeux étincelants.

Et comme on lui donnait des preuves :

« Qu'on aille là-haut me chercher mon grand couteau à manche d'ivoire ; je te fendrai cruellement le ventre et, après avoir enroulé tes entrailles, je les tirerai avec lenteur jusqu'au fond du jardin !... »

Nous éclatâmes de rire, et lui-même, ravi d'avoir satisfait sa colère par la description d'un si beau supplice, ne put s'empêcher de faire chorus avec nous.

« Je suis le plus malheureux des hommes, ajouta-t-il, on me coupe tous mes effets. »

* * *

Une autre fois, le maître étant entré dans mon cabinet, tandis que j'étais occupé à *sonner* un sonnet, il me souvient que je me plaignis à lui de la rareté des rimes en *ingle* sur lesquelles ce sonnet était établi, et en général de celle de toutes les rimes un peu originales.

« Il faudra, me dit-il, pendant que l'on me défend de travailler, que je fasse avec toi un Dictionnaire de rimes. Ce sera très-amusant, tu verras, et il y a longtemps que j'y songe. Je ferai acheter un grand cahier et tu les écriras à mesure qu'elles nous viendront, soit par la conversation, soit par les lectures. C'est un travail auquel chaque poëte devrait s'astreindre avant de commencer à versifier, et je dis toujours aux jeunes gens qui viennent me consulter : Faites-vous un Dictionnaire de rimes. Un Dictionnaire de rimes doit être personnel au rimeur; je voudrais qu'au besoin on pût le mettre à la fin de son œuvre en manière d'index. Si tu veux, je ferai le mien avec toi, et il te servira pour toi-même. »

Et comme je l'assurais que j'étais tout préparé à ce travail par des études précédentes et que j'étais même en mesure d'écrire un sonnet sur la fameuse rime *erde*, désespoir des poëtes et quadrature du cercle des Richelets :

« Il n'y a que *Monteverde*, fit-il surpris, et cela n'est guère bon à cause de la prononciation italienne. D'ailleurs cela ne te donne que trois rimes, et il t'en faut quatre pour ton sonnet.

—Pardon, repris-je, mais vous oubliez *isquierde!*

— *Isquierde?* Et il réfléchit un instant. N'est-ce pas un arbre?

— Oui; mais ce n'est pas tout, j'en ai d'autres.

— Ah! par exemple! lesquelles?

— Mais, *saperde*, par exemple.

— C'est ma foi vrai. Rivarol le donne. La *saperde*, un coléoptère.

— Et que diriez-vous, cher maître, de *Werde?*

— *Werde?* Attends un peu que j'y songe. N'est-ce pas une petite ville aux environs de Bruxelles?

— Parfaitement. *Werde* est à Bruxelles ce que *Gif* est à Paris, le fameux *Gif* de Victor Hugo.

— Je vois que tu as travaillé la matière », s'écria-t-il avec une admiration sans bornes. Et il voulait réunir toute la famille pour lui faire part de mes découvertes; j'eus beaucoup de peine à l'en dissuader; mais c'est certainement de ce jour qu'il conçut quelque confiance, hélas! assez peu justifiée, en la réussite de mes travaux littéraires.

CINQUIÈME ENTRETIEN

Les voyages. — Les Français à l'étranger. — Ses opinions sur le théâtre contemporain.

Tout le monde connaît le mot si fin de Delphine de Girardin à Théophile Gautier lors de la publication de *Tra los montes :*

« Théo, lui dit-elle, en Espagne, il n'y a donc pas d'Espagnols? »

Malicieuse et douce critique de ce *Voyage en Espagne* et en général de tous les *Voyages* écrits par le maître, où l'étude des mœurs et des caractères nationaux est volontairement tenue dans la pénombre des derniers plans. — Un jour qu'à propos du *Voyage en Russie* je lui renouvelais la remarque, sous une forme, bien entendu, moins familière, voici comment il s'en expliqua avec moi :

« Quand je pars en voyage, je commence par laisser à Paris mes verges de critique et mon masque de « Français arbitre du goût ». Je ne me dis pas comme vous autres Perrichons et admirateurs de l'obélisque : Allons nous comparer sur place au reste du genre humain et savourer à l'étranger le plaisir chauvin d'arriver de Paris, d'en être et d'en parler à table d'hôte!... C'est Karr qui a dit : « Les bourgeois ne voyagent que pour avoir voyagé. » Quant aux professeurs et autres chercheurs de camps de César, c'est pour avoir un prétexte de dégorger leurs citations chez Buloz! Ma méthode, à moi, est tout autre, et je te la recommande, si jamais tu es atteint de ce déplorable prurit du voyage, ce dont le ciel te préserve, mon cher enfant! Il n'y a rien au monde de plus fatal au bonheur, et le besoin du déplacement s'accroît de toutes les satisfactions qu'on lui donne; rien ne l'assouvit, et c'est une passion dont on meurt! Moi, par exemple, c'est ce qui me tue, ajouta-t-il en me montrant ses pauvres jambes gonflées d'eau et presque immobilisées.

— Vous me disiez tout à l'heure, à déjeuner, repris-je pour faire diversion, que vous n'étiez malade que de faim; comment concilier ces deux choses?

— Je meurs de tout, et j'ai tout! Mais j'ai surtout le voyage. Tout en moi est attaqué, et jusqu'au *plexus solaire!!!* »

Il fallait voir comme il prononçait ce *plexus solaire*, dont le nom lui paraissait admirable et fait à souhait pour désigner un organe de poëte malade! Le *plexus solaire!* Cela était concluant et décisif, et quand le *plexus solaire* était compromis, tout était perdu!

« Ah! fit-il en se levant, si je pouvais partir! Je t'emmènerais aux Indes! As-tu envie de voir les Indes? Mais non; tu ne dois pas avoir envie de voir ça, toi! Oh! je te connais maintenant! Au fond, tu es tabatière-Touquet, comme tous les auteurs dramatiques! C'est dégoûtant!

— Mais, père, fis-je, prenez-y garde! Si la passion du voyage est si funeste, il ne faut pas me la communiquer. D'ailleurs, vous ne m'avez pas encore exposé votre méthode : au moins faut-il que je la connaisse pour ne pas vous être un compagnon de route trop incommode, aux Indes.

— Qu'est-ce que je ferais de toi, aux Indes! Tu y passerais ta vie à chercher des sujets de pièce! Quant à ma méthode, c'est celle de lord Byron. Je voyage pour voyager, c'est-à-dire pour voir et jouir des aspects nouveaux, pour me déplacer, sortir de moi-même et des autres. Je voyage pour réaliser un rêve tout bêtement, pour changer de peau, si tu veux. Je suis allé à Constantinople pour être musulman à mon aise; en Grèce, pour le Parthénon et Phidias; en Russie, pour la neige, le caviar et l'art byzantin; en Égypte, pour le Nil et Cléopâtre; à Naples, pour le golfe de Pompéi; à Venise, pour Saint-Marc et le palais des Doges. La voilà, ma méthode. Si je suis à Rome, je deviens apostolique et romain, et, si pour voir les Raphaël il fallait être cardinal, je me ferais faire cardinal. Pourquoi pas? S'assimiler les mœurs et les usages des pays que l'on visite, voilà le principe ; et il n'y a pas d'autre moyen pour bien voir et jouir du voyage. Si tu vas à Londres pour t'exaspérer contre la boxe, ce n'est pas la peine de te déranger ; il faut non-seulement voir des boxeurs, mais te passionner pour l'exercice, et boxer toi-même si tu peux.

« Quand j'étais en Espagne, j'étais forcené pour les courses de taureaux, et l'on m'aurait désopilé si l'on m'avait dit qu'il existait un pays où le jeu en était proscrit comme immoral et attentatoire à la loi Grammont! Les courses de taureaux en Espagne me semblent aussi naturelles qu'une première de Dumas au Gymnase, à Paris, ou qu'une vendetta en Corse, et cela, parce que, dès que j'ai mis le pied dans un pays, j'en deviens indigène, j'en endosse le costume, si je peux, comme je l'ai fait en Espagne, et parce que j'ai le don de m'en approprier immédiatement la manière de vivre. Je me sens aussi bon Espagnol à Madrid que le Cid Campéador ou don Ruy Gomez de Silva ; je pense, j'agis, je vois comme eux, et je me ferais hacher au besoin pour soutenir la préexcellence de l'une des dix ou douze opinions qui divisent l'Espagne, n'importe laquelle, pourvu que mon épée fût trempée à Tolède et que le cartel me fût adressé au nom de don Théophilo !

« Comprends-tu maintenant, conclut le maître,

combien est vaine cette critique faite à mes *Voyages?* Ils me disent : Dans votre Russie, il n'y a pas « de Russes ! » Parbleu, pourquoi faire? Est-ce que je les ai vus, les Russes? J'étais Russe moi-même à Saint-Pétersbourg comme je suis Parisien sur les boulevards ! Ces usages russes, qui vous intéressent tant, je les pratiquais journellement et ils me semblaient tout naturels. Penses-tu à décrire la manière de mettre la cravate dans un pays où tout le monde la met comme toi? D'ailleurs, l'homme est partout l'homme, et, sous toutes les latitudes, il mange avec la bouche et prend avec les doigts; dans tous les pays le fort tue le faible avec le fer, et l'art d'aimer ne varie point d'un pôle à l'autre. Cela ne vaut pas la peine de tailler sa plume, et pour moi je m'en soucie comme d'une guigne !

« J'ai usé ma vie à poursuivre, pour le dépeindre, le Beau sous toutes ses formes de Protée et je ne l'ai trouvé que dans la nature et dans les arts. L'homme est laid, partout et toujours, et il me gâte la création. Il ne vaut que par son intelligence. Mais comme cette intelligence ne se manifeste que par ses productions, je m'en tiens à ses productions et je ne cherche point ailleurs le secret de ses destinées. Un tigre royal est plus beau qu'un homme; mais si de la peau du tigre l'homme se taille un costume magnifique, il devient plus beau que le tigre et je commence à l'admirer. De même une ville ne m'intéresse que par ses monuments ; pourquoi ? parce qu'ils sont le résultat collectif du génie de sa population. Que cette population soit immonde et cette ville un habitacle de crimes, qu'est-ce que cela me fait si on ne m'y assassine pas pendant que j'admire les édifices ?

« J'aurais décrit Sodome très-volontiers et la tour de Babel avec enthousiasme. Je ne travaille pas pour le prix Monthyon, et mon cerveau fait du mieux qu'il peut son métier de chambre noire. Si tu es curieux de ce qu'on appelle improprement l'humanité, prends la *Gazette des Tribunaux :* tout Balzac y est, et, en sus de Balzac, l'histoire générale et universelle de cette sorte de singe malfaisant que j'ai rencontré dans tous mes voyages et qui peuple les cinq parties du monde. C'est ça et ce sera toujours ça. Il n'y a que les climats qui varient, l'argot des voleurs et l'uniforme des gendarmes ! »

Dans cette boutade — quelle que soit d'ailleurs l'opinion que chacun puisse en avoir — se trouvaient résumées les idées du maître sur le rôle moralisateur, ou, si l'on veut, philosophico-dramatique de l'écrivain ; idées fort invétérées en lui, comme je m'en convainquis souvent au cours de nos entretiens, et selon lesquelles, par exemple, il n'admettait pas qu'une comédie fût conçue en dehors des préoccupations de costumes et de décors qui lui sont propres. L'intérêt et la particularité d'une œuvre d'imagination lui semblait résider tout d'abord dans la réalisation des milieux, la reconstitution des époques, l'exactitude artistique du langage et des accoutrements. Quant à la vérité des sentiments mis en jeu, la trouvaille des incidents par lesquels les âmes se heurtent et jettent l'étincelle, et la conclusion même de ces incidents, ce n'était là pour lui qu'un mérite de second plan, un art un peu vulgaire où on peut exceller sans sortir de la médiocrité intellectuelle, en un mot une œuvre d'artisan plutôt que d'artiste.

D'accord en ceci avec les maîtres du métier, il admettait que les situations dites dramatiques, fournies par les passions humaines, se bornent au plus à sept ou huit, mais il différait d'eux en cela qu'il ne voyait pas la nécessité d'en renouveler l'étude après Shakespeare et Molière, et que la moindre fable d'amour entravé lui semblait un prétexte suffisant à faire un chef-d'œuvre. Il m'avoua même tout paternellement un jour qu'il ne me voyait pas sans chagrin m'engager, à la suite des auteurs à la mode, dans les voies morbides du théâtre contemporain.

« Ils appellent ça de la physiologie, c'est de la pathologie qu'il faut dire. On est en train de tuer la poésie au théâtre, c'est-à-dire le théâtre même, avec ces façons de disséquer l'âme comme une charogne. Pourquoi ne met-on pas sur les affiches :

Ce soir, première de M. un tel à la clinique du Gymnase? Vous vous réfugiez derrière Molière, mais Molière est avant tout un poëte, et un poëte fantaisiste; avec quatre pierrots plus ou moins pris à la Comédie italienne, il vous donne l'impression de la vie; mais la vie, jamais; c'est trop laid, il le sait bien et il s'en garde. Prends-moi tout bonnement un Géronte, une Isabelle et un Crispin ; place-les autour d'un sac d'écus, et marche; il n'en faut pas davantage et tu peux dire tout ce que tu voudras et faire du moderne si le cœur t'en dit. Mais tes médecins et tes notaires en cravate blanche qui viennent pleurer dans le trou du souffleur parce que leurs femmes les ont encornifistibulés, c'est bête et assommant! J'ai toujours envie de leur crier : C'est bien fait; pourquoi êtes-vous notaires? »

SIXIÈME ENTRETIEN

Histoire de la Belle Jenny. — Défi d'Émile de Girardin. —
Rêve de roman-feuilleton. — Le Vieux de la Montagne.

Nous causions un soir avec le maître de ce fameux roman, *la Belle Jenny*, dans lequel il s'est plu à accumuler les péripéties les plus extraordinaires et, notamment, si l'on s'en souvient, cette bizarre expédition à Sainte-Hélène, entreprise par quatre jeunes gens pour arracher Napoléon des griffes de Hudson Lowe ; — et comme je lui signalais l'effet d'étrangeté produit par ce livre, au milieu de tous ceux qui composent son œuvre, et l'étonnement où j'étais d'y voir sa signature, voici comme il s'en expliqua avec moi :

« On ne sait pas assez, me dit-il le plus sérieusement du monde, à quel point j'ai toujours été jaloux de Paul Féval et même de Ponson du Terrail ! Je suis né pour écrire des romans-feuilletons, et l'on s'est obstiné à faire de moi un critique, je ne sais pourquoi. C'est la fatalité de ma vie d'avoir été perpétuellement dévoyé par les circonstances. Toutes mes vocations ont été contrariées, oui, toutes ! A l'heure qu'il est, j'aurais écrit quelque chose comme trois cents romans, et j'aurais cinquante mille livres de rente et six chevaux dans mes écuries! Mais on n'est jamais compris de son temps, mets-toi bien cela en tête, pour ta gouverne. Si tu es né pour faire des bottes, la vie te forcera à confectionner des chapeaux. C'est ainsi! Vois M. Ingres : il est évident que la nature le destinait à jouer du violon : c'était son goût, à cet homme, sa passion et sa spécialité. Les événements en ont fait un peintre. Il s'en est tiré parce que c'était un homme de génie, voilà tout. Mais moi qui l'ai entendu, l'archet à la main, je puis t'assurer qu'il avait raison quand il disait : « Je suis avant tout un violoniste! » Car, quoi qu'on en ait écrit, il était de première force sur le stradivarius.

« La seule fois que j'aie été admis en présence de M. de Lamartine (je t'ai peut-être déjà raconté cela?), il était occupé, quand j'entrai, à régler des comptes avec un de ses fermiers. « Monsieur Gau-
« tier, fit-il en souriant, vous m'avez toujours cru
« un poëte ; mais, vous voyez, je suis surtout agro-
« nome et viticulteur. » Moi, je lui répondis avec respect : « Évidemment!... »

A ce trait si malicieux, mis en pointe au paradoxe, je ne pus retenir mon envie de rire.

« Tu ris, ah! tu ris! cria le maître, tout souriant lui-même, et tu veux que je m'occupe de ton instruction? Tu ne seras toute ta vie qu'un boulevardier! Donne-moi une allumette pour rallumer mon cigare.

— Ainsi, repris-je, c'est afin d'obéir à une vocation contrariée pour le roman-feuilleton que vous avez, sous le titre de *la Partie carrée,* publié *la Belle Jenny* dans *la Presse?*

— Voici comment cela s'est passé. *La Presse* donnait alors chaque matin, par tranches, je ne sais plus quel macaroni littéraire dont tous les abonnés, prétendait Girardin, se pourléchaient les babines. Il nous embêtait, Girardin, avec ce feuilleton!
« Pensez-en ce que vous voudrez, nous disait-il, il
« n'en est pas moins vrai que voilà un succès
« énorme. Vous êtes tous de grands écrivains, c'est
« entendu, mais il n'y en a pas un parmi vous qui
« soit fichu de m'amener dix abonnés avec sa prose.
« Ce n'est pas ma faute si le public préfère les
« histoires d'assassinats dans les égouts à *Lélia*
« ou à *la Nouvelle Héloïse!* Le garçon qui me
« ficelle ce roman sait son métier, et quand il aura
« fini, je serai diablement embarrassé. »

« Moi, superlativement agacé, je dis à Girardin : « Vous voyez bien qu'il ne le sait pas, son
« métier! car s'il le savait, il ne *finirait* pas! Le
« génie en ce genre est d'être interminable. Si
« jamais on me demande un roman-feuilleton, à
« moi, j'exigerai qu'on me garantisse dix ans de

« trois cent soixante-cinq jours, sans interruption
« et à douze colonnes par numéro, afin de ne pas
« être gêné dans les dialogues. »

« C'est alors, continua gaiement le maître, que l'imprudent me défia de lui fournir seulement douze feuilletons en douze jours, sans intervalles ni relâche. Je relevai le gant, comme bien tu penses, au nom de la littérature outragée en ma personne, et voilà comment la *Jenny* est venue au monde. Un matin j'allai à la rédaction, je pris une plume et j'écrivis à tout hasard le premier mot qui me passa par la tête, soit *Partie carrée*. Il est probable que j'en avais une en vue pour le soir. Et ce fut tout. Quand le prote descendait me dire : « Mon-
« sieur Gautier, il y en a assez pour aujourd'hui », je partais déjeuner. Au douzième feuilleton, Girardin me fit appeler :

« Eh bien, vous devez être éreinté? Mais vous avez gagné votre pari ; le roman est fini? »

« Fini? C'est comme il vous plaira, du reste.
« Pour moi, il n'est pas encore entamé ; je puis aller
« ainsi jusqu'à la consommation des siècles et la pro-
« chaine conjonction des astres. Cela m'amuse et
« j'étais né pour ce métier. Est-ce que l'abonné ne
« trouve pas qu'il en ait pour son argent?

« — Mon cher, me dit Girardin, c'est ça et ce n'est
« pas ça ; l'abonné ne s'amuse pas franchement,
« il est gêné par le style. »

Dans le cours de nos entretiens, le maître revint plusieurs fois sur ce projet favori de s'installer au rez-de-chaussée d'un journal populaire et d'y tendre cette grande toile d'araignée qu'on appelle un roman-feuilleton.

« Il me tarde, me dit-il un jour à sa fenêtre, que *Nono* revienne de Jérusalem. Dès qu'il sera ici, nous commencerons avec lui *le Vieux de la Montagne*. »

Nous appelions, à Neuilly, de ce diminutif familier de *Nono* le jeune savant M. Clermont-Ganneau, le même qui, récemment encore, vient d'occuper toute l'Europe savante de sa découverte d'une stèle du temple de Jérusalem. Pendant ses divers séjours en Orient, M. Clermont-Ganneau (dont, à la grande honte de notre France routinière, l'Académie a laissé longtemps les Anglais utiliser à leur profit l'érudition et l'activité) devait recueillir, sur les lieux mêmes, les traditions et légendes relatives à ce fameux prince des Haschischins, terreur du moyen âge, sur le fond duquel se détache sa personnalité ténébreuse. Aidé de ces renseignements, Théophile Gautier s'était emparé, avec sa puissante imagination, de ce sujet romantique et rêvait d'en tirer une fable de cent volumes, inépuisable, à défrayer tous les cabinets de lecture, toutes les loges de concierges, tous les boudoirs, salons et wagons de chemins de fer. Cela devait être quelque chose de colossal, le monument en quelque sorte de l'amusement au xixe siècle.

« J'aurai autant de secrétaires que le vieux Scheik comptait lui-même de *feidawi* ou initiés, et nous vous taillerons, *Nono* et moi, de la besogne à crier grâce. Mais nous vous ferons millionnaires ! Partout ici on écrira, au grenier et à la cuisine, sur les escaliers, à la cave et près du calorifère, selon les tempéraments. L'été, je ferai dresser d'immenses tables dans le jardin, et des hamacs se balanceront aux arbres pour les quarts d'heure de repos. Des rafraîchissements, alternant avec des nourritures légères, circuleront autour de ces tables vertes, et, le soir venu, de tous les coins, les orchestres les plus enivrants murmureront avec des bruits de cascatelles. Il y aura des yachts, des périssoires et des gondoles amarrées à la grille, au clair de lune, pour ceux qui voudront fumer et prendre le frais au fil de l'eau ; et j'achèterai à Rothschild l'île qui est en face pour les voluptueux. *Nono* et moi, graves, nous nous tiendrons au centre à portée de la voix, comme on a son dictionnaire sous la main, lui pour les renseignements scientifiques, moi pour les inventions; les effets et les mots techniques, de telle sorte que les plus ignorants ne seront jamais embarrassés.

« Les jeudis et les dimanches on tirera des feux d'artifice, et la poudre de chanvre sera offerte dans des cassolettes à ceux qui seront chargés de la description des visions, extases et hallucinations, et qui veulent travailler d'après nature. Toute la journée, l'avenue sera remplie d'estafettes de diverses couleurs portant la copie et rapportant les épreuves, s'entre-croisant et brandissant au vent des banderoles où sera annoncée l'aventure contée dans le feuilleton du jour. »

Quelque temps après, M. Clermont-Ganneau revint de Jérusalem, mais le maître était déjà bien malade, car il ne lui parla même pas de ce *Vieux de la Montagne* qui devait nous faire tous millionnaires et rester comme expression suprême du roman-feuilleton.

SEPTIÈME ENTRETIEN

Venise au xviiie siècle. — Le roman de restitution historique. — Gustave Flaubert. — Croquis de Venise. — Le régime du lait. — Le livre sur le goût. — Ceux qui seront célèbres! — Livre sur Victor Hugo. — Le recueil posthume de pensées.

« Que penses-tu, me dit une fois le maître, de ce titre : *Venise au dix-huitième siècle?* Il me semble que sur une couverture beurre-frais, dans le format Charpentier, cela ne manquerait pas d'attraction et produirait un certain effet!

— Certes! repris-je, et un effet certain. Si, en France, on ne dévorait plus un ouvrage intitulé de la sorte, c'est qu'on ne saurait plus lire. Venise est un nom magique, qui n'a rien perdu de son prestige, depuis le romantisme. Quant au xviiie siècle, vous savez mieux que moi que tout ce qui en traite a le privilége de nous passionner. Ce titre seul réunit donc deux séductions irrésistibles et suffirait à faire enlever le volume en un jour, servît-il d'ailleurs de pavillon à la pire marchandise littéraire.

— Mais, fit-il, que dirais-tu de : *Venise au dix-huitième siècle!* par THÉOPHILE GAUTIER?

— Oh! alors, répliquai-je, je ne dirais plus rien du tout; mais, silencieux et recueilli, je me préparerais à jouir du million, avec vous et en famille, à l'ombre de vos cent éditions. Quand commencez-vous, sans être indiscret? »

*
* *

« C'est une vieille idée à moi, dit le maître, et je me promets toujours de la réaliser. Nous partirons tous les trois et nous irons passer un automne à Venise. Je louerai un palais sur le grand canal; ils sont pour rien là-bas, et j'ai failli, à mon dernier voyage avec ce pauvre Cormenin, en acheter un pour dix ou quinze mille francs. Comme je ne les avais pas sur moi, j'ai hésité et je le regrette. Nous aurons à la journée une gondole amarrée aux marches de notre porte, avec un gondolier à nous, comme ce brave Antonio, qui avait les manières d'un grand seigneur et qui chantait toujours son : *biondinett' in gondoletta!*... et nous passerons la saison à ramasser des matériaux. Toi, comme il sied à ton âge, tu fouilleras les bibliothèques, déchiffreras les manuscrits et furèteras dans les savantes poussières, et cela aidera à ton instruction considérablement.

« Ma fille et moi, nous nous promènerons, ce qui est le plus dur de la besogne, croquant les aspects caractéristiques, et prenant des points de vue, et nous nous ferons présenter aux familles patriciennes, dépositaires des traditions. Le livre que nous rapporterons de là, mon cher enfant, ne sera pas piqué des vers, même dans cent ans! Ce sera un rude morceau, à faire tressaillir dans leurs tombes Casanova de Seingalt et son cardinal de Bernis. Et, je te le prédis, ta gloire la plus nette en ce monde te viendra d'avoir collaboré à cette reconstitution de *Venise au dix-huitième siècle.* »

*
* *

« Quelle forme affectera-t-elle? dis-je, légèrement ému par l'idée d'une telle collaboration, celle du roman, ou simplement celle de l'étude historique?

— Celle du roman, sans nul doute. Ne pas la traiter ainsi serait perdre, trop volontiers pour des poëtes, une magnifique occasion d'user de notre imagination. D'ailleurs la science, étant par elle-même ennuyeuse et pédantesque, ne peut que gagner à être revêtue des riches atours de la fantaisie et à se présenter dans ses équipages; c'est ainsi qu'elle se fait accueillir. Dans *la Momie,* j'ai rendu l'Égypte amusante sans rien sacrifier de l'exactitude la plus rigoureuse des détails historiques, topographiques et archéologiques.

« De même Flaubert, dans *Salammbô!* Tu ne

sais peut-être pas que ce grand... « vaisseau du désert », avec ses yeux bleus, bordés de longs cils blonds, comme ceux d'un enfant, est l'un des hommes les plus prodigieusement érudits de ce siècle, et qu'il en remontrerait à tous les professeurs de l'Allemagne crasseuse! Mais si Flaubert est un grand savant, il est aussi un grand génie; de là vient que tous ses livres sont des chefs-d'œuvre. La forme roman qu'il a toujours prise, et que nous adopterons aussi pour la *Venise*, est la plus propre à la fois à développer les facultés littéraires que l'auteur a en lui, et à vivifier cette autre vieille momie qu'on appelle l'Histoire. »

*
* *

« Et puis, je te le répète, ce serait un crime de lèse-imagination que de ne pas trouver un roman divertissant et original dans l'étude de cette population de carnaval, grouillante et bariolée, courtisanes, joueurs et croupiers, spadassins, abbés mignons, entremetteurs, parfumeurs et comédiens, qui vont, viennent, intriguent, escaladent, pirouettent, volent, trichent, et assassinent sous les mille yeux inquisitoriaux du Conseil des Dix, dans ces palais féeriques ou sur la place Saint-Marc, menacés par les Plombs et les Puits, le long de ce canal Orfano étincelant de reflets, sillonné de gondoles pavoisées, enchanté par les sérénades, et dans les eaux noires duquel on entendait, la nuit, tomber avec un seul cri sourd, de vagues sacs aux formes confuses, noués et ficelés pour l'éternité.

« C'est le temps des coups de bâton et des coups d'épée; la ville des enlèvements, des murs franchis, des grilles forcées, des geôliers corrompus et des orgies fabuleuses dans les petites maisons galantes, voisines des couvents et y communiquant par des voies secrètes.

* * *

« C'est Watteau et Boucher à Venise; en un mot, c'est le xviiie siècle avec ses mille corruptions, ses élégances, son esprit et son insouciance des lendemains, dans le cadre le plus luxueux, sur le fond le plus féerique qui se soit jamais présenté à l'imagination d'un poëte, qui ait défié la palette d'un coloriste. Voilà le sujet; mais encore une fois, il importe de le dramatiser, quand cela ne serait que pour rattacher entre eux, par une action, les tableaux multiples que ce sujet fournit. La moindre affabulation, prise dans les mœurs du temps, caractérisée par les usages, et donnant prétexte à la mise en scène des personnages typiques, suffirait amplement à intéresser les femmes, qui passent les descriptions; l'art des contrastes ferait le reste. Mais nous trouverons cela sur place; l'important... »

*
* *

« L'important, interrompit l'une de ses sœurs, c'est de te guérir d'abord. On trouvera bien les dix mille francs pour acheter le palais Dario que tu as laissé échapper. En attendant, mon pauvre Théo, avale cette tasse de lait, et laisse ce maudit cigare qui te fait tant de mal. »

Et le maître, prenant la tasse et laissant le cigare :

« Cela fera deux litres depuis ce matin! dit-il avec un sourire résigné. Moi aussi je bois du lait, mais je voudrais bien voir Villemessant à ce régime! Son royalisme n'y tiendrait pas. »

Expliquons ici que sur une lettre de M. Hetzel, confirmée par les avis du docteur Worms, envoyé au poëte par la famille de Rothschild, Théophile Gautier suivait depuis quelque temps une cure de lait et qu'il s'en trouvait à merveille. C'est au point (nous le croyons tous fermement) que si, par une imprudence fatale, il n'en avait pas discontinué la pratique, il serait peut-être encore de ce monde. Cet effet salutaire du lait sur les maladies du cœur, pour être inexplicable, n'en est pas moins évident; les médecins déclarent en avoir obtenu dans les hôpitaux des résultats surprenants; mais il y faut la ténacité, et la moindre interruption dans le régime annihile toute la médication. Le maître s'était astreint à en boire quatre litres par jour, quoiqu'il eût horreur du laitage; à la fin le goût lui en était venu avec l'usage.

« C'est singulier, nous disait-il, mais j'ai fini par trouver cela potable; autrefois, je serais mort de soif à côté d'une jarre pleine. Quelle drôle de chose que le goût! A propos, continua-t-il en se tournant vers moi, t'ai-je parlé du livre que je veux faire sur ce sujet, le goût? A la vérité, ce n'est pas le goût qu'il faudrait dire, mais la dégustation; car l'acception métaphysique du mot appliqué aux choses de l'esprit en a dénaturé le sens tout physique, et quand on dit le goût aujourd'hui, les classiques dressent l'oreille et répondent : Plaît-il? se figurant qu'on parle d'eux.

« Oui, j'ai rêvé d'expliquer cela, le goût, et de décrire les sensations diverses que produit le passage d'un mets sur les papilles de la langue. Je crois qu'il n'y a que moi au monde capable d'exécuter un pareil tour de force. T'es-tu jamais demandé pourquoi ce qui te semble savoureux à toi est détestable pour ton voisin de table, et à quoi tient une telle différence puisque vos deux palais sont faits de même? T'expliques-tu l'habitude de manger du pain avec chaque mets et de mélanger une bouchée de cette colle fade et insipide à chaque portion nouvelle d'aliment que nous ingurgitons? Si le pain est un mets, pourquoi ne pas le manger seul? »

* * *

« Les enfants sont dans le vrai quand ils lèchent les confitures et laissent la tartine, car ils sont dans la nature. Le pain est une invention occidentale, bête et dangereuse. Il a été imaginé par les bourgeois avares et leur a valu des révolutions. Les philanthropes et les humanitaires se croient très-forts quand ils ont crié au gouvernement : « Il faut du pain au pauvre peuple! » Si on les prenait au mot, ils seraient bien attrappés. Le peuple n'aime pas le pain; il aime la viande saignante, en vrai carnassier que Dieu l'a fait. Le jour où on supprimerait le pain, la révolution n'aurait plus de prétexte, et les chansonniers populaires seraient forcés de se taire. D'ailleurs le pain a un autre inconvénient que celui de cette poésie qu'il donne à l'émeute : sa fadeur gâte les saveurs des fruits et des fines gourmandises dont la terre nous entretient; il a perverti le goût et nous a apporté l'usage impie des piments et de la moutarde, lamentables corruptions.

« Supprimez le pain, la moutarde s'évanouit, et
l'homme reste seul devant la nature; sa langue,
nette et épurée, s'épanouit et se dilate comme une
fleur vermeille, au contact saporifique des nourritures vivifiantes : il jouit de leur diversité, de la
tendreté de leurs chairs et de leurs parfums; le
moelleux, le fondant, le croquant, le glacé se révèlent à lui dans leurs mystères gastronomiques, et
il rentre enfin, après quatre mille ans d'épices corrosives, dans la pleine possession de celui-là même
de ses sens pour lequel Dieu s'est le plus torturé sa
cervelle de créateur. Ceci posé et dûment établi, à
savoir, que le pain est le corrupteur suprême du
goût, je réhabilite la gourmandise et je lui rends sa
place parmi les vertus reconnaissantes ; je prends
l'un après l'autre chacun de nos mets usuels et j'en
explique clairement la saveur particulière; j'en
décris l'entrée triomphale dans le palais, son séjour
aux enchantements prolongés et son règne éphémère; je pose les règles de ce poëme de gueule
qu'on nomme un menu, et je déduis toute une
physiologie de la divergence des goûts qui séparent
les hommes convives; je classe l'humanité en frugivores, carnivores, ichthyophages et anthropophages,
et par ce seul classement je donne la clef de toutes
les guerres, de l'histoire entière, de la haine et de
l'amour. Ainsi tous les poëtes sont ichthyophages et,
en général, tous les artistes. Je te dirai pourquoi;

mais mettons-nous d'abord à table, car le potage est servi. Encore une erreur, le potage! »

* * *

Outre ce livre sur le goût, Théophile Gautier projetait quelques ouvrages dont il se borna à m'indiquer les sujets sans m'en préciser les développements primordiaux. Je sais qu'il voulait écrire dans *l'Illustration* une série d'articles sur quelques jeunes peintres d'avenir dont les tableaux l'avaient frappé aux expositions. La série aurait eu ce titre : *Ceux qui seront célèbres!* La plupart de ceux qu'il avait choisis sont en effet devenus célèbres depuis sa mort, car son sens critique a toujours été infaillible et il avait la prescience de la divination.

Un autre livre, dont il m'entretint trop brièvement, devait traiter de la dernière manière littéraire de Victor Hugo, celle des *Travailleurs de la mer*, des *Contemplations* et de *l'Homme qui rit*. Théophile Gautier voulait expliquer au public la transformation quasi apocalyptique de son maître. Il assurait qu'il en possédait la clef et que jamais Victor Hugo n'avait été plus grand et plus clair que dans ces livres incompris du *vulgum pecus*. Jersey pour lui n'était rien moins que Pathmos, et il se sentait de taille à analyser ce sublime.

Je lui ai entendu encore parler à plusieurs reprises, mais assez mystérieusement, d'un recueil de pensées qu'on n'aurait publié qu'après sa mort. Il aurait révélé là ce qu'il pensait réellement des hommes, des choses, de la vie et du monde. Son grand esprit rêvait de léguer un testament de vérité à l'humanité tout entière. « Ce sera terrible, disait-il, et les cheveux vous dresseront sur la tête! car je dirai ce qui est! »

HUITIÈME ENTRETIEN

La musique. — Son passé et son avenir.

« Il n'y a qu'un petit nombre de musiciens capables de refaire les vers de leur *libretto* quand ils ne leur conviennent pas ; il n'y a pas de poëte que je sache, qui soit en état de chanter même l'ariette la plus facile. Victor Hugo hait principalement l'opéra et même les orgues de Barbarie ; Lamartine s'enfuit à toutes jambes quand il voit ouvrir un piano ; Alexandre Dumas chante à peu près aussi bien que Mlle Mars, ou feu Louis XV, d'harmonieuse mémoire ; et moi-même, s'il est permis de parler de l'hysope après avoir parlé du cèdre, je dois avouer que le grincement d'une scie ou celui de la quatrième corde du plus habile violoniste me font exactement le même effet. »

Cette page des *Grotesques* me remet en mémoire une de ces conservations que j'eus avec Théophile Gautier, à propos de cette sempiternelle musique pour laquelle il ne professait point du tout la haine qu'on lui a attribuée. Mais avec son grand bon sens divinateur, il prévoyait bien que tôt ou tard, cet art, essentiellement démocratique, triompherait sur la terre au préjudice des autres arts qu'il préférait, et sa prétendue répulsion n'était qu'une protestation anticipée. Combien de fois s'est-il expliqué là-dessus avec moi, fort passionné pour l'harmonie, et quelle surprise comique ne manifestait-il point que quelqu'un de sa famille se permît de chanter juste! Mais cela n'avait guère qu'un but de divertissement. Au fond, ce grand esprit se rendait parfaitement compte de l'avenir de la musique, et quand il en voulait raisonner, il en parlait en critique admirable.

« Il peut te paraître singulier, me dit-il un jour, de m'entendre avancer que, même après Beethoven et Wagner, la musique est encore un art tout neuf, presque inexploré, et que ce qui en est découvert ne pèse rien auprès de ce qui reste à en découvrir.

— De quel temps, objectai-je, pensez-vous donc qu'elle date pour nous? n'est-elle pas aussi vieille que la poésie?

« — Oui et non. Mais on ne peut la compter que du XVIᵉ siècle. Les Grecs, il est vrai, peuple choisi, en qui l'homme a réalisé sa perfection, nous ont laissé sur leur musique plusieurs légendes merveilleuses desquelles il résulte que, dans cet art comme dans tous les autres, leur génie avait atteint l'extrême limite de la puissance humaine:

Ainsi cet Orphée, dont la lyre descellait les rochers; cet Amphion qui, aux sons de la sienne, édifiait des remparts à Thèbes; cet Arion dont le talent mélodique soumettait les monstres marins; ce Tyrtée qui, d'un air de flûte, rendait les Spartiates invincibles, n'étaient point, restriction faite de la poésie qui les divinise, des artistes ordinaires. Même dépouillés de leur transfiguration mythologique, je les trouve encore des phénomènes inquiétants, des explorateurs prodigieux du monde sonore. D'ailleurs, par quelques lambeaux conservés, paraît-il, dans les chants grégoriens, tu peux juger du pouvoir de la musique grecque comme tu reconstruis sa statuaire d'après les fragments, vainqueurs du temps, qui nous en restent.

— Quel est le caractère de ces fragments? demandai-je.

« — L'harmonie qui se dégage de ces ruines musicales, enchâssées dans le grand édifice des hymnes catholiques, est assurément fascinatrice. Elle étreint l'âme, l'exalte ou la terrifie, la pousse à l'action et l'enlève sans qu'il lui soit possible de se reconnaître. La voix du vieux Destin parle véritablement dans ces mélopées magistrales, et Jéhovah n'a rien perdu à emprunter cette langue à Jupiter. Aucune trace de nos rêveries modernes dans ces terribles phrases rhythmées qui sonnent l'enthousiasme et le combat ; c'est nettement farouche et cela appelle la trompette et les cymbales. Mais aussi dans les déroulements de cette harmonie on sent passer encore les frissons des hautains sentiments qu'elle faisait chanter, et les vers inséparables qu'elle mettait en œuvre ont laissé leurs empreintes immortelles dans sa magnifique et naïve sertissure.

— Mais comment a-t-il pu arriver que cette musique admirable soit le seul art qui n'ait point laissé au moins un monument complet, et que les Romains, si jaloux de leur origine grecque, n'aient point eu à cœur de perpétuer l'une des traditions par où cette origine se fût le mieux attestée ?

« — C'est qu'avec la Grèce disparut non-seulement la race des génies musicaux, mais aussi le goût et le sentiment de la musique. Les fils d'Énée ne chantaient point : pour eux, un gladiateur était un artiste autrement intéressant qu'un méchant cadet d'Apollon. La société romaine n'avait point d'oreilles à l'âme.

« Le musicien, à Rome, était facilement tenu pour un *græculus*, épithète souverainement méprisante à laquelle équivaut à peu près celle de juif dans la chrétienté, ce qui prouve, entre parenthèses, que, malgré Virgile et l'*Énéide*, les Romains n'étaient pas aussi jaloux, qu'on en a inféré de leurs poëmes, des légendes qui les rattachaient à la Grèce. Même après leur fusion avec les Étrusques, peuple bien plus intelligent que la tribu de brigands conduite par les enfants de la Louve, les Romains ne se montrèrent jamais artistes, et quoique la musique soit surtout l'art des sens, on peut dire qu'ils ne la sentaient pas. Tu ne liras guère dans Tite-Live que le cœur des belles patriciennes se soit laissé prendre aux sérénades des joueurs de flûte, et s'il en est question plus tard dans Juvénal, c'est que ces joueurs de flûte étaient avant tout des bellâtres beaucoup moins versés dans la science musicale que dans celle de la volupté dont les Romaines ont toujours été très-friandes.

« Mais les harmoniques enchevêtrements des instruments et des voix humaines ne trouvaient guère place dans les réjouissances publiques par exemple, et je ne crois pas qu'aucune des victoires de la République ait été entonnée par d'autres unissons que ceux des armes frappant sur les boucliers. Les chansons bachiques même étaient inconnues, ou à peu près, à leurs banquets, dont les vers, au contraire, faisaient la moitié des frais, et tu remarqueras que c'est de Rome que date l'habitude nouvelle de déclamer les vers, tandis que les Grecs chantaient tout naturellement et comme il convient. Depuis ce temps la terre d'Italie semble avoir pris sa revanche, car c'est d'elle que la musique nous est revenue.

« Il est même assez singulier, continua-t-il, que la musique, art de don suprême et d'inspiration, ait reparu par sa technique et que nous en devions la résurrection aux mathématiques. Avais-tu jamais réfléchi à cela? Les signes dont les Grecs se servaient pour l'écriture musicale n'étaient autres que les lettres mêmes de leur alphabet, et si le moine d'Arezzo fut amené à inventer les notes aujourd'hui encore en usage, c'est sans doute par l'ignorance générale où l'on était de la langue grecque et parce que l'indifférence musicale des Latins avait négligé de douer les caractères romains d'une expression harmonique. Ainsi tout était perdu de la musique depuis les Grecs, et ce phénomène se présenta d'une langue universelle que tout le monde portait en soi, voulait et pouvait parler, écrire et répandre, et qui n'avait plus de signes ni pour l'écriture ni pour la parole, toutes les traditions en étant oubliées et tous les monuments anéantis.

« C'est en cela, n'en déplaise à Jean-Jacques, que Gui d'Arezzo rendit un service inappréciable. La gamme qu'il créa en la prenant des premières syllabes de chaque vers de l'hymne à saint Jean-Baptiste : *Ut queant laxis,* ne témoigne pas sans doute d'une imagination bien fertile, mais elle a rendu à l'univers muet sinon le chant, du moins la communion du chant, la composition et en résumé la musique même : c'est pourquoi je te disais tout à l'heure que, quoique vieille comme la création, la musique ne date guère pour nous que du xvie siècle.

— Vous pensez donc, repris-je, que ces sept notes de la gamme de Gui d'Arezzo n'ont pas, après trois siècles écoulés, rendu tout ce qu'elles peuvent donner de combinaisons sonores, et qu'il reste encore quelque chose de nouveau à dire en cet art après Mozart et Beethoven? J'imagine plutôt que, pareils à Raphaël et à Michel-Ange, ces deux génies ne laissent à leurs successeurs que la gloire de les imiter et de s'inspirer d'eux ; beaucoup de musiciens sont aussi de cet avis, que le dernier mot de la science des sons est prononcé depuis longtemps et que la voie est fermée aux créateurs.

« — Mon cher enfant, fit-il en souriant, ne te laisse jamais dire qu'un art quelconque est épuisé par le génie d'un homme, quel qu'il soit. Après Shakespeare, on a encore écrit des drames et des pièces de théâtre ; après Hugo, on a fait des vers français, et après Beethoven on a inventé de la musique. Dans quarante ans d'ici, Richard Wagner, que tu admires et que j'ai le premier signalé en France, sera accusé d'être dépassé en hardiesse, et tes enfants l'appelleront poncif! L'esprit humain est lent et rebelle : nous sommes encore de la race des Sicambres, qui tôt ou tard adorent ce qu'ils avaient brisé, et la vie se passe à faire des palinodies. Le jour viendra où l'on enseignera couramment dans les colléges des choses qui passent aujourd'hui pour des types de mauvais goût; les plus grands ennemis de la science et les plus grands retardataires de l'Art, ce sont les professeurs. Regarde avec respect une peinture réputée insensée; écoute jusqu'au bout la musique sifflée; lis jusqu'à la dernière ligne le livre ridicule dont on fait des gorges chaudes, et souviens-toi! Tu seras tout étonné, au bout de quelques années, de voir ce livre, cette musique ou ce tableau être admis au rang de modèles et servir à écraser les productions nouvelles. Tout le secret de ce qu'on a appelé mon génie de critique est là, et je te donne ce conseil pour l'avenir : lis tout, écoute tout et retiens tout.

« L'homme seul est stationnaire, mais l'humanité marche. Le public ne se compose que de vanités blessées; trouver quelque chose de neuf et le produire, c'est déclarer la guerre à l'ignorance et c'est lui jeter un défi à la face, mais c'est aussi s'assurer la victoire. Artiste, parle toujours selon ta conscience et garde ton âme ouverte à toutes les manifestations imprévues de l'art; quelle que soit l'absurdité que tu sembleras avoir émise, si tes yeux ou tes oreilles te l'ont dictée, ne crains rien et laisse passer les huées : c'est à toi que l'on reviendra. Beethoven a été conspué, Schumann passait pour un barbare ivre, Wagner n'est venu à Paris qu'au risque de sa vie; mais la musique est immortelle, et ils ne sont encore que les précurseurs. »

NEUVIÈME ENTRETIEN

Le reportage et les reporters. — Le mal que peut faire un renseignement. — La fourmi prétentieuse. — Histoire du marchand de boutons de guêtre.

Malgré l'universelle sympathie que la bienveillance sereine de sa critique lui avait acquise et qu'il inspirait même à des ennemis politiques, Théophile Gautier n'a jamais pu voir son nom imprimé dans un journal sans être pris d'un tremblement. « De quelle abomination va-t-on m'accuser ? » telle était sa première pensée, et telle son irrésistible sensation, et il lui fallait s'y reprendre à plusieurs fois pour se décider à lire ce qu'on avait écrit de lui, l'article fût-il signé du nom le plus rassurant ! Je n'ai jamais connu à personne une pareille épouvante de la presse ; c'était vraiment à en dégoûter, non pas que le maître s'inquiétât en rien pour ses ouvrages de ce qu'on appelle l'opinion de la critique ; peu lui importait le jugement, favorable ou non, de ce groupe élu d'impuissants dont la compétence n'est établie que sur leur impuissance même dûment constatée et armée pour la vengeance. Depuis la préface de *Mademoiselle de Maupin*, son goût pour ce métier d'eunuques ne s'était pas sensiblement modifié, et le poëte qui avait écrit ces lignes : « Le critique qui n'a rien produit est un lâche; c'est comme un abbé qui courtise la femme d'un laïque; celui-ci ne peut lui rendre la pareille ni se battre avec lui »; ce poëte, dis-je, n'était pas fait pour s'émouvoir des prétendues exécutions de nos gardiens du sérail littéraire. Ce qui le terrifiait, c'était le reportage.

Cette police secrète de la littérature qui ne respecte aucune intimité, aucun abandon, aucune douleur même, qui viole les portes et les serrures, et par laquelle la célébrité devient un supplice de toute heure, lui était odieuse autant qu'elle semble chère à la plupart de nos auteurs à la mode. La crainte qu'il en avait lui a arrêté plus d'une fois aux lèvres les plus doux épanchements du cœur ou de l'esprit. Une soirée parisienne était devenue pour lui, si mondain pourtant, une réunion inquisitoriale où la presse figurait un conseil des Dix, sous l'œil duquel il fallait s'observer, se tenir et mesurer les mots. Certes! on peut dire que ce grand écrivain qui était en Théophile Gautier s'est manifesté tout entier à nous dans ses œuvres; mais de cet admirable causeur, dont toute une génération plus heureuse avait gardé le souvenir, qui sait ce que nous a pris cette terreur des reporters et de combien de perles nous a frustrés ce grouillant troupeau devant lequel sa bouche ne voulait plus les semer?

Les jeunes gens, dénués de toute vocation, qui se livrent à ce métier indéfinissable du reportage, ne connaissent assurément pas eux-mêmes la puissance de l'arme à deux tranchants que la badauderie leur a mise entre les mains. Il est du moins consolant de le supposer.

Quoi qu'on puisse penser de notre presse actuelle et de ses mœurs, il est impossible d'admettre qu'il existe en ce moment un journaliste capable de rester froid si on lui disait : « Vous avez avancé d'une heure la mort de Théophile Gautier !... »

Eh bien, les reporters l'ont avancée d'un mois ! Et quand je dis d'un mois, c'est probablement de davantage encore ; car dans ces terribles maladies, où la vie et la mort se livrent un combat sans repos, il suffit quelquefois d'atteindre un jour de soleil pour que la vie l'emporte et prolonge ensuite sa victoire. Toujours est-il que voici le fait ; je l'avais depuis trop longtemps sur le cœur, et je le signale aux méditations des nouvellistes.

Théophile Gautier était un être extraordinairement impressionnable. Tous ceux qui l'ont connu savent quelle horreur il avait de la maladie et même des malades. Avec cela superstitieux comme un Oriental, il voyait partout des causes de mort, et la Divinité ne lui apparaissait qu'acharnée à la perte de l'homme, éternellement malveillante et travaillant à notre suppression. La moindre indisposition prenait pour lui les proportions d'une catastrophe domestique et l'affectait jusqu'à la prostration. Le jour où il tomba malade, il se crut perdu, et l'on eut toutes les peines du monde à le faire revenir sur cette impression mortelle. La première des précautions avait été de ne plus laisser entrer un journal à la maison sans le parcourir d'abord d'un bout à l'autre, et de supprimer ceux qui annonçaient la maladie. Hélas! c'était surtout le nom de cette maladie qu'il importait de lui cacher, car elle ressemblait trop à un pseudonyme de la mort.

Tous les reporters qui venaient à Neuilly prendre des nouvelles du maître étaient par nous suppliés de ne les point donner au public, et tant que nous pûmes mentir et annoncer le mieux, toutes nos ruses réussirent. Ne sachant pas ce qu'il avait, et toujours trompé par nos gaietés feintes, notre grand méfiant conservait l'espérance. Nous sentions bien parfois son puissant regard noir nous entrer jusqu'à l'âme et y poursuivre notre secret; mais nul encore ne s'était trahi. De vastes projets d'études et de voyages, toujours entretenus, nous aidaient à notre œuvre d'illusion; nous le détournions du présent en agitant les voiles roses de l'avenir. Mais qui pouvait lutter avec la sagacité d'un tel homme doublée de la terreur incessante qui le tenait toujours en éveil? Un jour il ne demanda plus ses journaux; même il les déclara vides et sans intérêt. On se laissa prendre au piége; la surveillance se ralentit. Puis un matin, au déjeuner, il nous dit : « J'ai donc une maladie de cœur? — Quelle idée! fîmes-nous tous en pâlissant. — D'ailleurs je m'en doutais! » ajouta-t-il, et il nous quitta avec un affreux sourire.

Nous nous précipitâmes sur les journaux; dans le salon, au pied d'un fauteuil, nous en ramassâmes un, qui contenait cette *information*. Il l'avait lue! C'est de ce jour que le maître s'est laissé mourir!... Je n'aime pas les reporters.

Je n'ai pas cité ce lamentable exemple des effets du reportage pour en conclure à la suppression de l'institution, quoique, à la vérité, je n'estime pas les services qu'elle peut rendre à l'égal du mal qu'elle cause, même le plus involontairement du monde. D'ailleurs le courant de la mode est un de ceux que l'on ne remonte point. Les entrepreneurs de journaux me semblent en cela assurément bien moins coupables que le public lui-même dont les curiosités oisives ont besoin de ce commérage quotidien. Le reportage est un produit de la vanité parisienne, la fleur morbide et empoisonnée de cette plante de serre chaude; et tant qu'il y aura des gens pour désirer connaître les jolis scandales du grand et du petit monde, il y en aura aussi qui feront métier de les leur dépister pour de l'argent. Le jour où une aimable maîtresse de maison a dit à un journaliste, dans l'embrasure d'une fenêtre: «Si vous trouvez mon bal à votre goût, ne vous gênez pas pour l'écrire », le reportage a été acclimaté à Paris, et Paris est devenu inhabitable aux hommes d'étude ou de famille. La rue est entrée dans la maison, et les plus belles gloires se sont vues violer par la foule, qui ne distingue pas entre la célébrité d'un assassin, celle d'une courtisane ou celle d'un grand poëte, et les confond dans ses indécentes et avides curiosités.

Je ne fais ici, comme il est aisé de le sentir, que reproduire sur ce sujet les idées mêmes de mon maître, justement terrifié, je l'ai dit, par l'envahissement du reportage. Il disait encore : « Lorsque le Mirecourt m'a appelé *fourmi prétentieuse*, tu penses si je me suis amusé! Prétentieux, c'était possible! mais fourmi, moi, avec ma corpulence! Cet homme évidemment ne m'avait jamais vu. Malheureusement pour moi, je n'ai jamais rien eu de la fourmi, et cigale eût été plus juste, au moins dans un sens. Fourmi prétentieuse est décidément improbable; je crois qu'il n'aura eu aucun retentissement, et qu'il a manqué son effet sur le public. Mais maintenant c'est autre chose, et je suis mieux connu; tu avoueras qu'il est assommant de ne pouvoir entrer au water-closet, par exemple, sans que toute la presse publie le lendemain: « Théophile Gautier a la colique! » Outre que cela peut nuire à ma considération dans les salons, cela peut aussi avoir de funestes conséquences; car enfin si on poste des reporters à la porte de pareils endroits, personne n'osera plus y entrer ouvertement, comme je l'ai fait jusqu'à présent, et voilà toute une branche de l'industrie dévastée, sans compter les culottes, ajouta-t-il en riant.

« Ce qu'on peut ruiner de gens avec un mot est inconcevable. Voilà pourquoi je te conseille la plus grande réserve dans ce que tu écris. Nous en sommes arrivés à ce point de liberté qu'il ne faut plus rien dire et que tout est de trop dans un article. On m'a souvent demandé la cause de mon indulgence dans la critique, et beaucoup l'ont attribuée à une indifférence implacable pour les productions du temps actuel. C'est une erreur. On oubliait toujours que j'écrivais dans le journal officiel du gouvernement et que les arrêts que j'y portais prenaient de cette officialité une portée toute particulière. Si j'avais condamné trop péremptoirement une œuvre d'art, tableau, statue ou comédie, j'aurais entravé la carrière de l'artiste et lui aurais souvent volé son pain. D'ailleurs, je savais ce que c'est que produire et n'en jugeais pas à la légère comme ton ami Sarcey et ceux de son école qui s'imaginent que le rôle de la critique consiste à trouver les défauts d'une œuvre et à les mettre en lumière, et qui avant quinze ans auront tari toutes les sources vives de la production à force de dire aux gens qu'ils n'y entendent rien et de décourager toutes les tentatives. Et puis, si l'envie d'être méchant m'était venue, j'en aurais été suffisamment empêché par le souvenir de mon marchand de boutons de guêtre.

— Quel marchand de boutons de guêtre?

« — Comment! tu ne connais pas mon histoire du marchand de boutons de guêtre? J'avais écrit un jour, je ne sais plus dans quel feuilleton du *Moniteur*, une phrase à peu près de ce genre : bête comme un marchand de boutons de guêtre! C'était bien inoffensif, n'est-ce pas? Tu le crois, et je le croyais aussi. Mais pas du tout. Il se trouva que l'article fut lu par un marchand de boutons de guêtre susceptible qui, pour l'honneur de la corporation, se fâcha. Il résolut de se venger et y parvint, comme tu vas voir. Il acheta en sous-œuvre tous les billets que j'avais faits à des créanciers et qui se prélassaient dans le commerce paisiblement en bons billets qu'ils étaient, et quand il les eut tous dans la main, il me fit avertir qu'il allait me faire vendre. Je lui offris de payer par à-compte échelonnés; il s'y refusa. Je mis à sa disposition la somme tout entière ; il me répondit qu'il ne voulait pas de mon argent, qu'il m'en donnerait au besoin, mais qu'il s'était mis en tête de me faire vendre et qu'il me ferait vendre. J'ai été obligé de recourir *à un huissier* pour le contraindre à accepter son dû; *à un huissier*, entends-tu! Ah! mon cher enfant, pèse bien tes mots, quand tu écris! »

DIXIÈME ENTRETIEN

Les superstitions. — La chouette. — Spirite. — Collaboration avec Henri Rochefort. — La politique. — Du rôle des cafés et estaminets dans la vie publique. — Histoire d'un célèbre *pilier* de café.

J'ai dit que Théophile Gautier était très-superstitieux; il n'était pas superstitieux, il était la superstition même. L'idée qu'il avait de la Divinité, idée tout orientale et presque indienne, selon laquelle Dieu est malfaisant et ne se manifeste que par des événements fatals à l'homme, son ennemi, avait établi en lui une croyance inébranlable aux influences occultes. La vie lui paraissait semée des embûches les plus noires par le monde supérieur.

Il croyait aux sortiléges, aux enchantements, aux envoûtements, à la magie, aux sens des songes, à la divination des moindres accidents, couteaux en croix, salière renversée, trois bougies allumées, que sais-je encore? Ce qu'il a écrit de la jettatura n'était que la faible expression de ce qu'il en pensait; et il ne faudrait pas s'imaginer qu'il jouât en cela la plus petite comédie par amour de l'originalité ou haine du philistinisme : c'était chez lui conviction sincère, intime et profonde. Malgré toute l'estime qu'il avait pour le talent du maëstro Offenbach et même, je crois, malgré des relations antérieures, il était impossible de prononcer le nom de cet artiste devant lui, depuis que celui-ci passait pour doué de la puissance involontairement fatale du mauvais œil, sans que Théophile Gautier fît paratonnerre dans le rite voulu et jetât par la fenêtre le fluide fascinateur. Il n'y a pas d'exemple qu'il ait écrit en quelque endroit le nom du musicien ; il évitait même de le désigner par une périphrase, et quand les nécessités de la critique l'exposaient à rendre compte dans le *Moniteur* d'une production nouvelle de l'auteur d'*Orphée aux Enfers,* c'était un autre qui écrivait le feuilleton.

Toute action entreprise le vendredi devait aboutir à une catastrophe, et cette croyance s'était d'autant plus enracinée dans son esprit que, pour avoir voulu en transgresser la loi une seule fois, disait-il, il en avait été puni douloureusement. Rien n'a jamais pu lui arracher de l'idée que s'il s'était cassé le bras à son voyage en Égypte, ce n'était que pour être parti un vendredi et avoir voulu faire de l'esprit fort, à la moderne.

Il fallait l'entendre encore parler de l'escarbot rencontré par Gérard de Nerval sur la route d'Alep, en Syrie, et de ce corbeau sinistre et fatidique qui, de ses yeux fixes, du haut d'une vergue, avait jeté le fascino à son ami. Ce corbeau-là, il assurait en avoir ouï le croassement rue de la Vieille-Lanterne et l'avoir reconnu! Terrible crédulité, contre laquelle il n'y avait pas à lutter, et qui contribua trop, pendant les derniers jours, à assombrir cette âme frappée, et visitée des fantômes de la mort. Quand, pour le rasséréner, on se risquait à parler librement de ces choses et à opposer des contre-preuves à ses exemples, le maître se contentait de vous regarder avec dédain, sans répondre, ou il vous traitait d'imbécile ou de fils de Voltaire, ce qui pour lui était absolument synonyme. Je dois ajouter, malgré mon scepticisme absolu à l'égard de ces préjugés, que pendant la dernière année de la vie du poëte, le jardin de sa petite maison fut hanté par une chouette, ce qui jusque-là était resté sans exemple, et que, la nuit, nous fûmes souvent réveillés par les croassements de cet oiseau de malheur, lequel, hélas! n'avait plus rien à nous présager. Je ne crois pas qu'il l'ait entendue, à cause de sa dureté d'oreille toujours croissante, mais je l'aurais volontiers étranglée, elle et ses petits, pour l'angoisse qu'elle me causait, la malheureuse.

Plusieurs personnes m'ont demandé si Théophile Gautier, qui a écrit *Spirite*, croyait au spiritisme. Le maître s'amusait beaucoup de cette question, souvent adressée par moi aussi; il aimait à raconter qu'à l'apparition de ce livre, où se trouvent, de son aveu, les dix plus belles pages qu'il ait écrites, il avait reçu une innombrable quantité de lettres d'adeptes, lui parlant comme à un initié et à un prêtre de cette bizarre religion. Un correspondant lui avoua même qu'il avait, lui aussi, sa spirite, dont il était visité et avec laquelle il entretenait un commerce quotidien. Le maître lui répondit qu'il était bien heureux!

« Mais enfin, lui dis-je, vous qui croyez à tout et qui avez trente-sept religions, avez-vous aussi celle-là?

« — Non, je n'y crois plus, fit-il; mais j'y ai cru en écrivant le livre. »

Si, lassé quelque jour de la politique et de ses déboires, M. Henri Rochefort manifestait la résolution d'en revenir à ses études dramatiques d'autrefois, je tiens à sa disposition un scénario de drame oublié par lui dans la paisible habitation de Théophile Gautier, au temps où il visitait le poëte.

Ce scénario, intitulé *le Jettatore*, est pris d'une très-célèbre nouvelle du maître, dans laquelle celui-ci a dramatisé sa plus vive superstition de fataliste. Sur la première page du manuscrit, le temps ironique a laissé cet autographe d'une écriture aristocratique et courante : « M. Rochefort, au *Charivari*, 16, rue du Croissant. » Je ne m'appesantirai pas à raconter ici le sujet de ce drame, que

tout le monde connaît d'après le roman même.
L'écrivain du *Charivari* ne me semble pas, à dire
le vrai, en avoir tiré tout le parti désirable pour la
scène, et peut-être ne faut-il chercher que dans
cette insuffisance la cause qui fit avorter la collaboration. Si le pauvre Chilly, alors directeur de
l'Ambigu, qui avait présenté M. Rochefort à Théophile Gautier comme un charpentier de première
force, n'appuyait son jugement que sur ce scénario,
il faut avouer que son autorité était imméritée ou
qu'il tendait là au poëte un mauvais piége.

Je l'ai lu attentivement, ce plan en huit tableaux,
et je déclare n'y avoir rien rencontré qui rappelât
en quelque façon non-seulement le génie du maître,
mais encore l'esprit, très-réputé déjà, de M. Henri
Rochefort. La seule trouvaille où l'on reconnaisse
la main parisienne de l'auteur de *l'Homme du Sud*
est formulée en ces termes : « Manigot est avec sa
femme, il est furieux contre elle... Il croit à une
intrigue entre elle et M. d'Aspremont (le jettatore).
Il est sorti le matin avec lui (dans Naples) et il a vu
nombre de personnes qui lui faisaient des gestes
significatifs (les cornes), il n'osera plus se promener
dans Naples. » — L'idée de cette méprise est assurément comique et il n'est point douteux que l'honneur en revienne à M. Rochefort.

Quoi qu'il en soit, cette collaboration, que je
consigne en historien fidèle, en demeura à ce

seul scénario. M. Rochefort ne revint plus à Neuilly.
A propos de M. Rochefort, je dirai que Théophile
Gautier n'avait pour la politique et les politiqueurs
que des mépris et encore des mépris ; il les tenait
pour les derniers des derniers des êtres pensants ;
je n'oserais point écrire ce qu'il en disait publiquement, dans la crainte de paraître exagérer.
Toutes violences lui semblaient justifiées par cet
abominable métier, même celles du couperet, sa
conséquence logique et naturelle. C'était sa seule
haine.

Sans excepter M. Rochefort de ses exécrations,
il ne pouvait revenir cependant de l'étonnement
que lui avait causé l'avénement de ce garçon d'esprit à la popularité. Très-sensible à la gentilhom-
merie et aux belles manières, le maître, à ce nom
de Rochefort, se représentait toujours ce jeune
homme maigre, élancé, au teint verdâtre, au front
surplombant des yeux caves, rappelant Mérimée
jeune, qui lui avait été présenté comme marquis et
comme poëte, et qui pendant quelques jours l'avait
enchanté par ses façons nobles, son excellente
éducation et la recherche de sa tenue.

« Cet animal-là, s'écriait le maître, assez flatté
des timidités respectueuses qu'il inspirait, cet animal-là était ellement troublé quand il venait ici
qu'il se cachait dans les coins sans prononcer une
parole ; à ce point que, malgré sa réputation d'es-

prit, tout le monde le croyait bête. Si on m'avait dit, par exemple, que celui-là serait le chef des sans-culottes!... Il faut qu'on lui ait jeté le mauvais œil. »

*
* *

Fait curieux! dans la pensée du maître, l'opinion qu'il avait sur la politique n'était point séparée de celle qu'il professait à l'égard des cafés, auxquels il attribuait toute la responsabilité de nos désastres et un rôle considérable dans les mœurs du second empire. Un jour que je l'avais lancé sur ce terrain, voici comme il s'en expliqua avec moi :

*
* *

« Ceux qui plus tard écriront l'histoire de cette époque si prodigieusement tourmentée, n'auront point à chercher loin la cause de nos révolutions diverses, s'il existe encore des cafés à Paris. Le grand désorganisateur de la société moderne, c'est le café, ou, si tu veux, l'estaminet, quelle que soit d'ailleurs la forme qu'il affecte au gré d'une mode toujours capricieuse. Nous ne succombons qu'à la violence des vices que le café groupe, favorise et développe.

« L'attrait du café est triple : il satisfait d'abord à

ce besoin de vie publique dont les nations sont dévorées depuis notre Révolution de 89, il se substitue ensuite à la vie de famille dont nous sommes manifestement fatigués ; il flatte enfin un certain goût de l'avilissement, qui est le propre du mâle, et cette sorte de vertige de la débauche que la nature a mis en nous et que le meilleur législateur ne pourra jamais que refréner. Car, à bien observer, le café est par lui-même ennuyeux, comme tout ce qui n'est point naturel, et le plaisir qu'il donne ne peut pas être formulé.

« Dire que le café a pris en politique une énorme importance, n'est-ce point résumer d'un mot notre histoire pendant les dix dernières années de l'empire? L'empire, ce sont les estaminets qui l'ont renversé! As-tu vu, par exemple, l'aspect du boulevard Montmartre le jour du meurtre de Victor Noir? Si tu l'as vu, tu as dû comprendre la puissance nouvelle du café politique. Dans cette vaste rumeur qui sortait de là, grandissante, entre l'écume de la bière et la fumée de tabac, insaisissable à la police, mais entendue déjà de tout Paris, il était trop facile de reconnaître les premiers grondements de l'orage dans lequel l'empire a sombré. La colère publique trouva dans les cafés une immense armée de conspirateurs tout prêts, amassés là et groupés en communion politique par les lois répressives contre le droit de réunion.

Lois absurdes, si jamais il en fut, car on ne retire pas impunément à un peuple, même moins susceptible que le nôtre, son droit à la vie de forum. De toutes les libertés, celle de brailler fut de tout temps la plus chère au peuple français, et, dans le métier de prince, il est élémentaire d'accorder celle-là tout de suite et comme don de joyeux avénement; car mieux vaut pour la sécurité publique cent meetings, entends-tu bien, à assourdir une tempête, qu'un de ces petits caboulots, sombres et silencieux, où sur des tables grasses, entre deux journaux déchirés et souillés, le bock sous la main et la pipe aux dents, deux ouvriers disputent des intérêts publics et ne semblent au premier abord causer que de la pluie et du beau temps. »

*
* *

« Parbleu, fis-je, je vous y prends en flagrant délit de libéralisme !

« — Le jour, reprit le maître sans répondre, où les Parisiens, les Lyonnais, les Marseillais, les Lillois, les Bordelais, tous les Français des grandes villes, pourront librement s'assembler sur leurs places et traiter à pleine voix de la chose publique, la politique évacuera les cafés où elle est acculée bêtement, et l estaminet redeviendra ce qu'il était d'abord, un lieu de rendez-vous pour la paresse, la littérature et l'envie. Et celui-là serait peut-être le gouvernement stable chez nous qui, connaissant mieux l'esprit théâtral de ce peuple, le laisserait manifester, hurler, divaguer, et se jeter des pommes cuites en plein air, sans y mettre sergents de ville ni mouchards, et satisferait ainsi à notre manie nationale de tout savoir sans avoir rien appris et d'exercer sur le premier sujet venu notre inéloquence naturelle.

*
* *

« Mais si le café est d'abord un essai de vie publique, une sorte de transformation moderne du forum, il est aussi un démenti à la vie de famille, comme le cercle auquel il a donné naissance. Autour du grand homme politique, et tout estaminet a le sien, pivote une clientèle d'habitués qui, chaque jour, à la même heure, à la même place, reviennent comme des chiens à l'attache. D'abord te représentes-tu bien la chose?

« Régulièrement à l'heure dite ils arrivent. Ils vont s'asseoir à leur table, elle est retenue, à côté des mêmes habitués, devant le même jeu de cartes grasses, ou de dominos noirs, gluants et cariés comme de vieilles dents, en face de la même sempiternelle glace piquée des mouches; ils accrochent leurs chapeaux à la même patère, et le même garçon, nommé Joseph, leur sert invariablement le même moka au jus de réglisse dans d'horribles tasses-blocs pareilles à des cornets de trictrac. Pour horizon une forêt de queues de billard, et derrière, au comptoir, à demi masquée par une haie de carafons, une poupée de cire aux grâces hottentotes, au sourire éternel comme ses quarante printemps, fraîchement émoulue des mains de l'artiste capillaire et pouvant lui servir de réclame, si elle tournait! Pour atmosphère, de la vapeur d'alcool sous un nuage de fumée opaque à couper, comme on dit, au fil à beurre, mais fondue dans un goût de cuir, culottée et cuite, et où se retrouve la pipe éteinte, l'eau grasse des cuisines et la sueur des abonnés. Pour musique, le froissement des dominos sur le marbre, les disputes aigres des joueurs et des politiqueurs, les cris exaspérés des josephs qu'on surmène, les courants d'air, et parfois les trios passagers des petits Italiens de Barbarie. Pour société, des fainéants, braillards, vantards, envieux, tueurs de temps, forts au carambolage, réformateurs de société, connaisseurs en bières et artistes en calembours. Tu les reconnais, hein! eh bien, tous ces gens-là sont des pères de famille.

— Oh! m'écriai-je, sentant venir le paradoxe.

« — Je te dis, reprit-il, que les trois quarts au

moins sont des gens mariés et très-parfaitement pères de famille. Note qu'ils adorent leurs femmes et leurs enfants, et qu'ils sont les plus enragés d'estaminet, et que pas un ne manque, à l'heure accoutumée, de venir y perdre son temps et dépenser son argent! Tu ne te doutes pas de ce que c'est que l'attrait du café. Il y a des gens qui meurent d'en être sevrés, et j'ai vu dans les maisons de fous des êtres qui en rêvent comme on rêve du paradis.

— Comment expliquez-vous cette habitude? »

*
* *

« D'abord, continua le maître, par le tabac, dieu jaloux qui veut son temple! Le vrai fumeur qui, les pieds dans ses pantoufles, culotte tranquillement sa pipe au coin du feu, chez lui, tandis que sa femme tricote et que ses marmots piaillent, n'a qu'un rêve, c'est celui d'aller fumer au café, car c'est là qu'on fume et non ailleurs. C'est au café que le dieu se manifeste, parmi les nuages d'encens. Les raffinés, les dévots ont même pour la circonstance une pipe spéciale dont ils n'usent que là et qu'ils laissent dans l'établissement, pendue à une planchette numérotée, aux soins du garçon. Celle-là est la bonne, la vraie, celle à laquelle ils pensent, dont ils parlent, et dont le culottage leur est plus cher que la prunelle même des yeux. Pourquoi cette première manie, vas-tu me dire? C'est que le plaisir du tabac est égoïste, sale et grossier; il est l'onanisme de l'esprit, et le fumeur n'ayant plus l'énergie dernière de cacher son impudeur, il l'étale cyniquement devant la complaisance de ses complices et se pare de leur complicité. Remarque qu'un fumeur ne fume tranquillement que si d'autres fument avec lui.

— Il est des femmes qui autorisent chez elles le cigare et jusqu'à un certain point la pipe, si elle est jolie.

« — Oui, mais elles ne fument pas, elles.

— Quelques-unes cependant, sans doute pour retenir les hommes dans leur société, ont pris l'habitude d'allumer un cigare après le repas et d'en tirer quelques bouffées.

« — Tu dis vrai, mais vois-tu, il y a un axiome terrible en *fumerie*, et contre lequel rien ne prévaudra, c'est celui-ci : fumer avec des femmes ce n'est pas fumer.

**
* **

« Une autre cause, en effet, reprit le maître, de l'attrait du café sur les plus honnêtes gens, c'est le besoin des conversations mâles. Ceci est affaire de physiologie. Il est très-certain que tous les hommes, et les artistes surtout, ont besoin de se soustraire quelquefois à l'influence dissolvante de la femme. Le commerce de la femme, par sa douceur même, excite à l'improduction, ou tout au moins il débilite les facultés mères de l'esprit. Hercule aux pieds d'Omphale finit par filer la quenouille. Le café répond à cette nécessité véritable que le mâle éprouve de hanter le mâle et de sortir parfois du gynécée.

« Encore cette nécessité n'eût-elle point engendré une habitude universelle si la femme moderne avait un sens plus juste de son rôle et si les romanciers ne lui avaient point faussé l'idée de l'amour. Mais il faut bien le dire, soit résultat d'une éducation étroite, soit effet d'une vraie infériorité intellectuelle, la femme ne connaît plus la mesure de sa fonction; ou elle n'aime pas, ou elle aime trop. C'est entre ces deux exagérations que se classe le sentiment calme d'ou naît la famille. Or, à Paris du moins, la famille se meurt. Le mariage moderne a fait de la femme tout excepté la compagne de l'homme. Ce qu'on appelle le foyer n'est qu'un tas de cendres où nul ne se réchauffe, ni le père, ni la mère, ni les enfants, et lorsque dans une union l'heure de la désillusion sensuelle a sonné, lorsque la femme a découvert qu'elle n'était pas tout, absolument tout, dans la vie de l'homme, lorsque l'homme aussi s'est aperçu que la femme l'absorbait trop, une scission trop fatale se produit et le mâle se sent dégoûté de la femelle. C'est alors que le café, le café où il n'y a pas de femmes, ouvre au malheureux son antre de consolations fumeuses, et qu'il se sent soulagé du cotillon.

* * *

« Quant à la troisième séduction de l'estaminet, elle n'est autre, si tu veux le savoir, que le goût de l'abrutissement par la boisson. Ceci t'étonnera peut-être, mais sache bien que le besoin de s'abêtir, de s'énerver et de se dégrader, sans être précisément le signe de cet âge, en est pourtant l'un des caractères particuliers, et que ce sont les plus intelligents qui l'éprouvent. La vie de café, l'odeur de café, le bruit de café, deviennent pour des êtres parfaitement équilibrés d'ailleurs, une nécessité que rien ne dompte, et ils n'ont point tout à fait tort, ces bonnes ganaches de parents de province, qui recommandent par-dessus toute chose à leurs enfants d'éviter ces lieux de perdition. Je plains, sans être prud'homme, celui qui s'est assis à une table dans la rue pour y prendre un verre de bière. Je plains celui qui a goûté par curiosité au verre d'absinthe de son ami, et l'imprudent qui a touché à la carte grasse ou à la queue de billard que dans un café lui a tendues son frère. Celui-là a déjà perdu sa liberté, l'amour du travail et la fierté. Il s'est chargé d'une passion que rien ne soulage; ni l'amour, ni l'amitié, ni le devoir, ne l'emporteront sur elle et il mourra inassouvi de son propre avilissement. Tu me trouves sévère, mais écoute cette histoire, qui est vraie, et qu'elle te serve d'enseignement, jeune disciple! »

*
* *

« Tu as entendu parler de D***, un dessinateur de génie, une des figures de ce temps, oui, le célèbre D*** lui-même. Un jour, las de la vie de café qu'il menait depuis vingt ans, D*** se marie avec une femme qu'il aimait, espérant ainsi rompre avec un passé de paresse indigne de son grand nom.

« Sa femme, bonne et douce, et sentant de quelle grave responsabilité son mariage l'avait chargée, commence par prier l'artiste de reprendre ses habitudes de fumeur. Celui-ci ne se le fait pas dire deux fois : il va chercher sa pipe. Au repas du soir, prévenance nouvelle, le mari se voit servir une tasse du plus fin moka, brûlant et parfumé, et quand il l'a bue, on lui en sert une autre, suivie d'un petit verre de cognac de la plus respectable capacité. La première surprise passée avec la première effusion de reconnaissance, D*** prend machinalement son chapeau et s'esquive sous un prétexte.

« Une heure après, timide et gêné, il rentre avec

l'allure d'un homme qui vient de commettre une faute.

« Vous venez du café, lui dit tristement sa jeune femme, c'est ma faute; je ne vous aurai point donné ce soir tout ce qu'il vous fallait; je chercherai. »

Le lendemain à la même heure, même scène. D*** se lève pour sortir. « Mon ami, dit-elle, voulez-vous m'y emmener avec vous? »

Arrivée à l'estaminet habituel de son mari, elle s'assied et observe, goûtant à toutes les consommations et les trouvant absolument détestables. Le jour suivant, après le dîner, elle apporte à son mari toutes ces mêmes consommations. Celui-ci ne pousse qu'un cri de détresse : « Quelles sont ces drogues?—Mais, répond la pauvre femme toute confuse, c'est ce que je vous ai vu prendre hier à votre café; j'ai cru qu'il fallait vous servir ainsi pour vous plaire. — C'est ma foi vrai! dit D***; mais d'où vient qu'ici cela me semble si mauvais? Ce café est de la boue, cette eau-de-vie du poison pur, et ce sucre n'est que du plâtre. — Retournons donc là-bas, dit la femme, je veux arriver à vous satisfaire et à vous retenir à la maison; je trouverai! »

« J'ai trouvé! » lui dit-elle radieuse, le soir en sortant de la tabagie. Et le lendemain elle sert elle-même à son mari le malheureux café dans une de ces tasses-blocs, massives, atroces, dont les estaminets ont le monopole; plateau, soucoupe, carafon, sucre cassé en rectangle, tout y était. « Qu'est-ce ceci! s'écrie D*** et quelle diable d'idée avez-vous eue là, ma chère?

— Allons! soupire l'innocente, ce n'est point encore cela qui vous attire à votre café et qui vous y attache. Peut-être est-ce le monde que vous y rencontrez. Il faut me le dire, je vous en prie, nous inviterons vos amis. »

Très-ému et très-touché, l'artiste resta pensif quelques instants, puis, les larmes dans les yeux : « Vois-tu, petite, fit-il, ce n'est ni le moka à la chicorée, ni le trois-six, ni la tasse-bloc, ni la société, ni quoi que ce soit de ce que tu penses, qui m'arrache d'auprès de toi que j'aime plus que tout. Ce que c'est, je n'en sais rien, ou plutôt je n'ose pas me l'avouer à moi-même. Mais si tu veux que nous vivions heureux, laisse-moi aller passer là une heure tous les soirs. Je m'y ennuie, je m'y empoisonne, je m'y abêtis, mais c'est mon café, et j'ai besoin d'y aller comme on va à son ministère. »

Et la femme, jalouse de son bonheur, y consentit.

ŒUVRES POSTHUMES
ET PROJETS

Le Preneur de rats. — Le Roi des aulnes. — Les Trois oranges. — Un projet de collaboration anonyme. — Joli mot de danseur. — Mariano Fortuny et le ballet du mariage espagnol.

On m'a bien souvent demandé, après sa mort, si Théophile Gautier laissait des ouvrages inédits.

Le seul écrit, à proprement parler inédit, qui nous reste de cette plume magique, c'est un ballet. On sait que le poëte a été et demeurera le maître du genre dont *Giselle, Saçountala* et *la Péri* passent pour les inimitables modèles. Cette forme du poëme dansé plaisait singulièrement à cet esprit objectif sur lequel le théâtre n'avait de prise réelle que par ses manifestations de couleurs, de lignes et de groupements. D'ailleurs, l'admiration qu'il ressentait pour la grande danseuse Carlotta Grisi tenait constamment en éveil le génie spécial qu'il avait pour ces sortes de compositions.

L'une des dernières fois qu'il descendit dans son jardin, c'était une après-midi de dimanche, par un temps radieux, un ami vint lui présenter le jeune compositeur, déjà célèbre, M. Jules Massenet. Il s'agissait d'obtenir de Théophile Gautier un ballet nouveau pour la musique duquel l'auteur du *Poëme d'avril* avait une commande de l'Opéra. La joie naïve et nerveuse que le jeune artiste témoignait de cette commande, l'anxiété admirative qui le faisait balbutier devant l'arbitre, hélas! si bienveillant, de sa destinée, eurent vite raison des derniers scrupules du malade. Ajoutez à cela que M. Massenet s'était mis à caresser un ravissant petit chat roux, nouvelle recrue de la ménagerie intime, qui ne quittait pas le maître d'une semelle et jouait en ce moment sur le sable avec la pointe de ses pantoufles. C'était prendre le poëte par un de ses côtés faibles. Ce jeune chat nous a valu *le Preneur de rats.*

Théophile Gautier soumit donc au compositeur deux idées de ballet dont il improvisa immédiatement les développements principaux avec cette puissance de réalisation qui faisait de lui le prince des causeurs. M. Massenet peut se vanter d'avoir entendu ce jour-là parler un poëte, et un grand!

Le premier de ces ballets était *le Roi des aulnes*; le second, *le Preneur de rats de Hameln.*

Dans *le Roi des aulnes*, le poëte, mettant en œuvre la légende populaire doublement immortalisée par la ballade de Gœthe et par le lied de Schubert, imaginait la fille du roi éprise du fils du cavalier. Dans l'ombre des forêts, entre les reflets

de lune, sur la nappe des étangs, parmi les ruines
des burgs, et de quelque côté qu'il portât ses yeux
fascinés, l'enfant voyait danser l'ondine amoureuse,
qui lui tendait les bras et cherchait, par des pas
décevants, à l'attirer dans le royaume de son père.
Le vieux roi, pour satisfaire aux désirs de sa fille
bien-aimée, déchaînait tour à tour tous les éléments soumis à son pouvoir. Tout le premier tableau
devait être rempli par les développements de cette
lutte dans laquelle un père défend son fils contre le
vertige d'amour au milieu d'un déchaînement de
phénomènes magiques ; développements chorégraphiques, décoratifs et musicaux, dont le secret demeure à tout jamais enseveli avec le cerveau qui
les contenait et les avait conçus. Cette première
partie se terminait par la disparition de l'enfant
dans les aulnes à la suite et au moyen d'un pas de
deux tournoyant et voluptueux, conclu par sa chute
au fond des eaux.

La seconde partie devait transporter le spectateur dans le royaume fantasmagorique des ondines,
au moment de la célébration des noces de l'enfant
avec la fille du roi des Aulnes. On ne peut plus
qu'imaginer ce qu'un tel poëte aurait trouvé sur
cette donnée de noces aquatiques, bien faite pour
exercer le génie de lakiste qu'il avait en lui. Mais
quelle mise en scène pour l'opéra, et quel thème
pour un compositeur ! Toutes les variétés de danses

entraient naturellement dans ce cadre magnifique, et tous les divertissements y prenaient place. C'eût été là quelque chose comme les immortelles noces de Psyché, sur un fond transparent et limpide, irisé de tous les reflets d'aurore, moiré par les souffles du printemps et limité seulement par les floraisons inexplorées qui voilent les profondeurs mystérieuses des lacs.

A ce moment, et dans le plus fort de ces joies de l'hyménée, — par un phénomène d'optique emprunté aux expériences de M. Robin, le physicien, — se reflétait sur la surface du lac, le vieux Burg désolé, où, seul désormais et sans héritier, se lamentait le pauvre père de l'enfant disparu. Le spectacle de cette douleur attristait à tel point l'heureux couple que la jeune ondine, saisie de remords, courait se cacher dans les roseaux et suppliait son amant de la quitter pour toujours. Mais celui-ci s'y refusait, autant séduit par les grâces de sa belle fiancée que par l'heureuse vie qu'il menait dans ce palais de cristal et d'argent, jusqu'au moment où, apitoyé par tant d'amour, le bon roi des Aulnes finissait par attirer le chevalier inconsolable dans ses États nacrés et partageait avec lui le sceptre des lacs.

Le Preneur de rats de Hameln est aussi un ballet en deux parties, établi sur une légende populaire et fantastique, que d'ailleurs tout le monde connaît. Mais, grâce au choix qu'en fit M. Massenet, il offre sur *le Roi des aulnes* cet avantage inappréciable d'avoir été d'un bout à l'autre dicté par Théophile Gautier. Il ne m'appartient plus d'en parler ici, puisque l'œuvre existe et puisqu'elle verra le jour dès qu'il plaira au ministère des beaux-arts de ne plus en priver le public.

Qu'on me permette seulement de rappeler à M. Halanzier la visite qu'il fit à Neuilly pour remercier le poëte de *Giselle* de vouloir bien honorer d'un ballet nouveau sa direction alors si contestée. Il était, comme on dit, tout feu, tout flamme, pour ce *Preneur de rats* dont Gautier lui conta le projet et lui soumit le plan, et la presse entière retentit de ce mot de chef-d'œuvre échappé aux lèvres d'un juge aussi compétent et aussi intéressé. Hélas! les poëtes meurent et les directeurs restent. Le pauvre *Preneur de rats de Hameln* attend encore le premier coup d'archet du violon magique qui doit le tirer de ses limbes, — et du carton.

Comme il m'est trop prouvé désormais que *le Preneur de rats* ne verra jamais le jour de la rampe, et comme je n'ai point de recours contre le sot arrêt qui le condamne, je prends sur moi de porter la question de sa viabilité théâtrale devant le public, et je transcris à cette place le scénario de ce poëme à danser tel que mon maître me l'avait dicté pour être livré au chorégraphe.

LE PRENEUR DE RATS DE HAMELN.

PREMIER TABLEAU

Décor. — Le théâtre représente la place publique d'une petite ville d'Allemagne au XVIe siècle. A gauche, hôtel de ville gothique en brique, avec bas-reliefs de marbre et pilastres à chapiteaux, contenant des sujets grotesques. Au fond, cathédrale de brique noircie, à toits et à clochers revêtus de lames de cuivre, vert-de-grisées par la pluie. Au fond, sur le même plan, ouverture de rue s'enfonçant dans le cœur de la ville, large allée d'arbres descendant vers une rivière.

Au milieu de la place, puits en ferronnerie ouvragée comme celui de la place d'Anvers, surmonté d'une statuette de Thémis tenant la balance et l'épée. Des groupes variés sont répandus çà et là et semblent causer avec animation.

A différents endroits, des placards aux armes de la ville avec cette inscription : A QUI APPORTERA A LA MUNICIPALITÉ UNE DOUZAINE DE RATS, UN FLORIN DE RÉCOMPENSE. Cartouche plus grand, annonçant cent ducats de récompense à qui délivrera la ville du fléau.

Sur le devant, de graves personnages, bourgmestres et échevins, causent entre eux.

A droite, la maison du bourgmestre PYRKMAYER. Muraille à panneaux de brique séparés par des poutres sculptées avec des étages formant surplomb, et, dans l'angle, une tourelle prenant vue sur la place et sur la rue voisine.

SCÈNE PREMIÈRE

Un certain désordre se manifeste au fond de la place. De ce groupe effaré de jeunes filles et de jeunes gens se détache Vanda, fille du bourgmestre, qui traverse rapidement le théâtre sur les pointes. Elle semble poursuivie par un ennemi invisible qui lui inspire une peur mélangée de dégoût. Elle est pourchassée par un de ces rats innombrables qui transportent une des plaies d'Égypte dans la petite ville de Hameln. Pour éviter son frétillant adversaire, elle déplace les plis et replis de ses jupes de toutes sortes de façons, saute çà et là et cherche à se défendre contre une irruption de l'ennemi. — Il n'est pas besoin de montrer un rat imité par des procédés mécaniques; au moyen d'une pantomime ingénieuse et qui peut donner lieu à des poses et à des gestes chorégraphiques nouveaux, la danseuse peut faire deviner la présence et les attaques de l'animal. Le pas peut prétexter des parcours rapides, des sauts, des déplacements brusques, favorables à la danse.

Bientôt, fatiguée de ces poursuites, Vanda, par des signes de détresse, appelle à son secours son galant Hermann, qui, avec un air de bravache, tire son épée et cherche à transpercer le rat à travers les gazes et les évolutions de la danseuse, ce qui donne le thême d'un pas de deux, demi-comique,. demi-héroïque. Hermann embroche l'animal et prenant Vanda par la taille, élève le rat au bout de son épée et conduit la jeune fille délivrée devant le bourgmestre. Les jeunes filles qui subissaient les mêmes angoisses et tourbillonnaient au fond du théâtre, formant un vaste ballabile, se rapprochent et se massent devant le bourgmestre. Elles s'agenouillent et se joignent aux supplications des deux amants, qui demandent au bourgmestre de les marier, ce qu'il refuse opiniâtrément en menaçant Hermann de le chasser de la ville s'il le voit rôder autour de son logis.

Pendant la scène précédente, le vieux bourgmestre, avec une lourdeur sénile et grotesque, a essayé de porter secours à sa fille, en manquant plusieurs fois de tomber. Des ménagères s'approchent de lui et des échevins leur montrent des jambons rongés, des pains émiettés, des hardes déchiquetées et autres dégâts faits aux provisions par les envahisseurs de Hameln. Quelques jeunes filles montrent leurs jolis souliers rongés, ce qui les empêche de danser le soir sous les tilleuls. Le sonneur montre la corde de la cloche qu'ils ont sciée avec leurs dents et qui empêche le carillon. Un recteur avec un in-folio déchiqueté, etc., etc. Gestes éplorés des échevins et du bourgmestre qui reconnaissent leur pouvoir impuissant.

SCÈNE II

Une mélodie bizarre se fait entendre dans le lointain, elle se rapproche graduellement grossie par les rumeurs de la rue. Un groupe nombreux s'approche du bourgmestre et, s'entr'ouvrant, laisse apercevoir un personnage d'aspect singulier, moitié saltimbanque, moitié musicien. Il est coiffé d'un feutre pointu dont les plumes se dressent comme des antennes d'insecte; une vaste fraise en roue de carrosse entoure son cou. Son pourpoint est formé de larges rubans de couleurs éclatantes et semés de signes cabalistiques dessinés en noir. Des fils de fer roulés en cercles sont passés autour de son corps comme une espèce de baudrier. A sa ceinture pendent divers sachets contenant des engins à prendre les rats. Une longue épée à garde de fer lui bat le flanc. Entre les mains il tient un violon au manche bizarrement sculpté d'où il tire la mélodie qui soulève la ville de Hameln. Une longue perche à laquelle sont suspendus une grande quantité de rats victimes de ses précédents exploits, est portée par une espèce de nain vêtu en Kobold; petite jaquette grise, agrémentée de vert et chapeau de feutre vert.

Le Kobold plante la perche devant l'affiche qui promet cent ducats au libérateur de la ville, et le

Preneur de rats se tournant vers le bourgmestre, lui débite un discours plein d'emphase dans lequel il lui promet de délivrer la ville si on lui accorde la récompense promise. Se défiant des échevins et du bourgmestre, il réclame la moitié de la somme d'avance. Contorsions et grimaces de la municipalité qui tire pièce à pièce de ses poches la somme requise avec des gestes d'avares de Quentin Metzys.

SCÈNE III

L'argent empoché, le Preneur de rats commence un air à la Paganini, impérieux et sauvage, et cependant d'une douceur extrême, mêlé de *pizzicati*, de *staccati* et de tous les tours de force que peut exécuter sur le violon un virtuose accompli. Il se met en marche sur la place, entrant dans les maisons dont il fait tenir les portes ouvertes, puis se plaçant au milieu, le dos tourné à la cathédrale, il joue son grand air magique. De tous les côtés surgissent les rats, des caves, des gouttières, des soupiraux, des portes, des fenêtres, de toutes les issues, qui s'attroupent par légions aux pieds du personnage fantastique. Sans cesser de jouer sa mélodie, le Preneur de rats les passe en revue soigneusement, et s'apercevant qu'il manque le grand rat blanc, le vieux patriarche de la tribu des rats de Norwége, sans lequel le charme est impuissant et qu'il faut rendre captif à tout prix, il détache deux rats jeunes et vigoureux qui amènent le vieux rat blanc après l'avoir extrait de son trou. Cela fait, il joue un air de marche et conduit à la Hameln toute la procession des rongeurs et les noie en entrant lui-même dans la rivière jusqu'à la ceinture.

SCÈNE IV

La ville est délivrée ; tous les habitants, poussant des cris de joie et se livrant à des pantomimes joyeuses, forment un cortége triomphal au musicien, portant des perches ornées de rats jusque devant le bourgmestre et les échevins. Hermann se tient fièrement près de Pyrkmayer, avec son rat embroché, ayant l'air d'avoir pris une large part à l'extinction du fléau. Le Preneur de rats le complimente d'une façon ironique, et demande quelle récompense il exige pour un si rare exploit. La main de Vanda. Le magicien salue avec un respect ironique, puis demande au bourgmestre la seconde partie de la somme promise qu'il a si bien méritée.

SCÈNE V

Voyant la ville délivrée du fléau, le bourgmestre pense que le jongleur ne pourra pas la repeupler de rats avec la même promptitude qu'il l'en a nettoyée, et il juge qu'il serait bon pour la caisse municipale d'esquiver le second payement. Aussi, avec un air composé, il refuse les cinquante ducats qui restent à solder. Les échevins approuvent de la tête cette mesure économique. Le Preneur de rats indigné s'emporte et les accable d'injures en faisant des gestes de colère extravagants et diaboliques.

SCÈNE VI

Les magistrats effrayés appellent les reîtres du poste en leur ordonnant de se saisir de ce frénétique qui, en les touchant du bout du doigt, les fait rouler aux quatre coins du théâtre. Les reîtres se relèvent péniblement et se tiennent désormais à distance, comme des chiens battus, aboyant de loin. Le Preneur de rats disparaît par une rue transversale après avoir menacé les échevins de sa vengeance.

SCÈNE VII

En réjouissance de l'extinction du fléau un ballabile général se forme sur la place. Pas de Vanda et d'Hermann, tenant toujours son rat transversal. Bientôt une mélodie se fait entendre, contrariant le rhythme et le son de la musique sur lesquels s'exécute la danse. Un pouvoir magique semble séparer les groupes, défaire les enlacements et pousser les danseurs vers un coin du théâtre et les danseuses vers un autre, comme si une répulsion subite s'était déclarée entre eux. Le chant devient plus impérieux, les garçons restent immobiles et les jeunes filles s'arrangent en un cortége dont la tête est formée par les plus jeunes (les plus petites) et la queue par les plus grandes.

SCÈNE VIII

Le Preneur de rats débouche sur la place, suivi de son nain et se démenant de l'archet avec une furie incroyable. Il va se poser sur la margelle du Puits, dansant et jouant sur le bord du gouffre cette mélodie irrésistible, dans le goût des chants tsiganes. Une première petite fille, tout en sautillant, s'approche, évidemment contre sa volonté, saute sur la tête des statues et des chimères qui entourent la margelle, arrive devant le jongleur qui redouble son jeu, et elle finit par se précipiter dans le Puits en donnant des signes de la plus vive terreur. Une autre suit, puis une autre : alors les citadins commencent à comprendre.

SCÈNE IX

Ils se jettent à corps perdu sur les jeunes filles ; les mères les entourent de leurs bras et tâchent d'empêcher cette fascination. Scène demi-grotesque de vieilles, soulevées par la puissance de la mélodie et retenues par la crainte de tomber dans le gouffre noir. Le nain, avec sa gaule, les bat et les écarte. Les hommes arrivent et le jongleur, déposant un instant son violon, tire son épée dont il fait siffler la lame en rond et trace un cercle qu'il est impossible de franchir. Il reprend son instrument, dont le rhythme s'accélère et dont la mélodie s'accentue. Toute la procession fait le saut, jusqu'à Vanda, embrassée par Hermann qui monte avec elle jusque sur la margelle en dansant. Mais la puissance magique le rejette en arrière, et avec de grands gestes de désespoir il voit Vanda s'engloutir.

SCÈNE X

Le bourgmestre averti, arrive avec un sac d'écus qu'il brandit dans le cercle en le tendant au magicien, qui lui fait signe qu'il est trop tard.

DEUXIÈME TABLEAU

Décor. — Le théâtre change. La partie supérieure avoisinant les frises représente, sur une coupe transversale, une silhouette de la ville de Hameln, semblable aux vignettes collées sur les boîtes d'eau de Cologne. Des tours, des clochers, des donjons se détachent sur les tons clairs du ciel. Aspect gothique, comme dans la promenade des bourgeois de Leys. Fortes voûtes de terrains superposés, comme dans les plans géologiques. Cette masse est traversée par le Puits, aboutissant à la place publique de Hameln, qu'on aperçoit coupé en deux comme dans une coupe architecturale. Chaos de rochers, de couches de filons, de minerais, etc. Plateau souterrain où aboutit le Puits, sur une nappe d'eau sombre où scintille une étoile bleuâtre de lumière, et se tient une belle femme aussi nue que possible, la Vérité avec son miroir. Seaux de bois, cruches et urnes, jetés çà et là, au bout de leurs chaînes et de leurs cordes. A droite, sur un immense arc de rochers surbaissés, s'ouvrent des perspectives du Pays vert, en camaïeu du céladon le plus tendre, au vert de l'émeraude : tout est vert, le ciel, l'eau, le terrain, les édifices, et mieux, les figures.

SCÈNE PREMIÈRE

Quand la toile se lève, les nymphes du Pays vert, avec des ailes vertes et de longues robes de gaze teintées de vert, volent dans l'intérieur du Puits et montent en spirale vers l'orifice, où elles recueillent entre leurs bras des jeunes filles de Hameln qui sautent par-dessus la margelle entraînées par le chant magique du PRENEUR DE RATS, dans des poses effarées et ravies. Les deux troupes forment des groupes qui rappellent en sens contraire les ascensions de Murillo où les vierges se meuvent dans le vide soutenues entre les bras de petits chérubins. Arrivée sur le plateau, la troupe s'arrange en corps de ballet et les nymphes du Pays vert font accueil aux jeunes filles de la terre et les consolent de leur captivité qui cessera, si leurs fiancés désolés de leur perte viennent les rejoindre : quelques-unes semblent pleines de confiance, sûres de leurs charmes, d'autres pleurent ou se lamentent. La coryphée des nymphes souterraines conseille aux jeunes filles de consulter la Vérité sur cet important sujet. VANDA, la fille du bourgmestre, qui compte sur l'amour d'HERMANN, s'offre pour affronter la première l'épreuve. La Vérité se lève, regarde son miroir et dit : C'en est fait, l'amoureux à VANDA se précipitera dans le Puits pour rejoindre celle qui l'aime, et son retour aux régions supérieures est assuré, si elle le veut. D'autres jeunes filles consultent aussi la Vérité qui leur répond d'une façon négative.

SCÈNE II

Là-dessus, des Kobolds élégamment vêtus de satin vert et blanc, la tête couverte d'un bonnet vert avec un bouton d'émeraude retenant une plume verte, se présentent d'un air tendre et passionné aux jeunes filles délaissées par leurs galants terrestres, leur offrent de remplacer ces amants pusillanimes et de les épouser. Quelques-unes refusent, le plus grand nombre accepte et le tout se termine par un ballabile général. Le Preneur de rats, qui est descendu aussi, le dernier, saisit par la taille Vanda et commence avec elle une valse infernale et fantastique, qui serpente à travers les danses; il essaye sur elle ses moyens de séduction et cherche à lui faire partager l'amour qu'il semble ressentir. Si elle veut répondre à sa passion, car c'est pour elle qu'il a envoyé tous les rats dans la ville de Hameln afin d'avoir une occasion de la soumettre à ses opérations magiques, il l'épousera, et la fera reine de ce royaume souterrain des Kobolds et des Pays verts auxquels il commande en souverain. Hermann n'est qu'un pleutre, et avoir embroché un rat au bout d'une épée n'est pas un exploit suffisant pour mériter la belle VANDA. Vanda semble hésiter. Hermann lui paraît en effet ridicule.

SCÈNE III

Le PRENEUR DE RATS saisit son violon et joue une sorte de marche, pendant laquelle défilent les Kobolds de diverses classes et portant les échantillons des mines dont ils ont la direction : émeraudes, opales, filons d'argent, etc... Ils arrivent devant la fille du bourgmestre, s'agenouillent, et lui présentent des corbeilles tressées pleines de pierreries, où le PRENEUR DE RATS l'engage à puiser à pleines mains; le magicien fait signe aux Kobolds d'élever un palais. Les Kobolds l'ont apporté tout fait par pièces détachées qui se réunissent subitement dans la résolution du pas, quand les figures se terminent. Sur la façade du palais s'élève un trône où le magicien conduit VANDA et la fait asseoir comme une reine. Il s'agenouille à ses pieds et des marches du trône commande la fête.

SCÈNE IV

La couleur de l'atmosphère change et prend la teinte verte et bleuâtre des transparences de glaciers. Une perspective s'ouvre sur le Pays vert; un camaïeu comme celui des dessus de portes Louis XV s'encadre dans une bordure de pépites d'or, et donne l'aspect étrange que prend la nature à travers la vitre colorée d'un kiosque. Le magicien propose à Vanda, si cette teinte ne lui plaît pas, de changer la couleur de ses futurs sujets, et le camaïeu devient rouge, etc., etc.

SCÈNE V

Pendant que ces divertissements ont lieu, une agitation se répand sur le théâtre. Les nymphes et les gnomes courent çà et là et tous les yeux se lèvent en l'air. Du haut des frises, par l'orifice du Puits qui s'inonde de lumière, on voit Hermann filer rapidement au bout d'une corde et arriver au fond du Puits, devant la Vérité surprise qui n'a que le temps de jeter son manteau sur ses épaules. Des Kobolds habillés en gardes du palais se saisissent d'Hermann et le conduisent au trône où est assise Vanda qui abandonne sa main aux lèvres du sorcier. Elle n'a pu résister à la fascination de ses richesses et de ses pouvoirs. L'arrivée d'Hermann est pour Vanda un reproche de sa perfidie et de sa légèreté. Elle était sur le point de trahir l'amant qui, pour la rejoindre, ne craignait pas de se précipiter dans l'abîme.

SCÈNE VI

Le magicien, à la vue d'Hermann, fait signe aux Kobolds de lui laisser la liberté de ses mouvements. Il lui dit qu'il approuve fort ce beau zèle, mais qu'il est décidé à disputer Vanda à son galant par tous les moyens possibles : s'il veut dégaîner cette rapière terrible avec laquelle il a embroché le rat dans les jupes de Vanda, il est prêt à prouver qu'il ne joue pas moins bien de l'épée que de l'archet; il lui demande de quelle blessure il lui serait agréable de mourir; que pour lui la place lui est indifférente; il n'a qu'à indiquer la porte par où son âme préfère s'échapper. Duel grotesque entre Hermann et le musicien fantastique. Les lames des épées frétillent à tous les chocs et jettent des lueurs électriques; autour des combattants se massent en groupes variés les nymphes et les Kobolds. Vanda glisse à demi pâmée sur les coussins du trône, tremblant pour Hermann dont l'infériorité est visible. Le magicien le touche à la poitrine, la blessure se met à flamboyer comme une touche de feu.

SCÈNE VII

Tout à coup une rumeur se fait entendre; les groupes se retournent du côté du Puits; l'on voit descendre lentement de la voûte un appareil compliqué soutenant un fauteuil dans lequel est assis, maintenu par des ligatures solides, l'obèse, majestueux et important personnage her Pyrkmaker, bourgmestre de la ville de Hameln. L'appareil touche le fond du Puits; les Kobolds s'empressent d'extraire le bourgmestre de sa machine, ce qui se fait avec des contorsions comiques; ils le déposent délicatement sur le rivage. Dans une dernière passe, le magicien, pour terminer le duel, fait sauter l'épée des mains d'Hermann. La blessure n'était qu'une illusion, un moyen de s'assurer des sentiments de Vanda qui aime véritablement son amoureux de Hameln. Le bourgmestre est amené tout tremblant devant le magicien, qui le regarde de l'air le plus rébarbatif et menaçant, lui reprochant son manque de foi et lui annonçant qu'il gardera Vanda comme otage, ne la laissera jamais retourner sur terre et l'épousera. Le bourgmestre reconnaît qu'il a agi d'une façon peu délicate, mais c'était dans l'intérêt de ses administrés : un bon magistrat doit être économe des deniers de la ville, et puisque les rats étaient détruits, on pouvait bien faire une petite réduction sur le compte du libérateur. Mais il a reconnu sa faute et, résolu à la réparer, il n'a pas craint de descendre dans ce Puits dont le fond recélait des mystères si étranges, muni du reste de la somme et de quelques sacs de plus pour intérêts. L'ennui d'être séparé de sa fille qu'il adore et qui est tout son portrait, l'a déterminé en outre à se risquer. Le Preneur de rats ne voudra pas priver un si bon père du bonheur d'embrasser sa fille. Hermann et Vanda se joignent au bourgmestre pour supplier le magicien d'accepter la rançon offerte par le bourgmestre et les laisser remonter sur la terre.

SCÈNE VIII

Il se laisse fléchir; toutes les jeunes filles sautées dans le Puits se groupent. Le Preneur de rats joue un de ses airs magiques, le théâtre s'abîme, la petite ville gothique qu'on apercevait près des frises sur une ligne du ciel se développe et descend, reconstituant la place telle qu'on l'a vue au lever de la toile. Noces, réjouissances, marche nuptiale, ballabile et fête. Les habits fantastiques du Preneur de rats disparaissent; un costume splendide de prince les remplace et on reconnaît le prince Udolph, jadis banni, et qui a conquis le Pays vert et s'est fait roi des Kobolds. C'est lui qui avait envoyé les rats, qui s'est vengé de ses sujets rebelles par cette espièglerie. Il bénit le couple et son ancien peuple.

FIN DU PRENEUR DE RATS.

***

L'un des projets de théâtre le plus caressé par Théophile Gautier a longtemps été celui d'une féerie. La féerie lui semblait revenir de droit aux poëtes, et non pas aux émoucheurs de chandelles dramatiques, et il s'étonna toujours de voir le public se contenter du peu qu'on lui donnait sous ce nom de féerie, le plus fécond de tous ceux qui livrent les clefs du théâtre.

« Il n'y a, disait-il, pour manier la baguette magique, que les poëtes : le jour où on se décidera à la leur mettre en main, on verra merveille et l'art dramatique sortira de l'ornière. »

C'est dans ces idées qu'il songea à approprier aux trucs de la féerie *les Trois Oranges*, de Gozzi. Mais de ce qu'il voulait en faire, je ne dirai rien, par la raison que je l'ignore : jamais il n'exposa son projet en ma présence. Je me rappelle cependant qu'il fut question pour le Châtelet, il y a quelques années, d'une féerie de Théophile Gautier ; peut-être étaient-ce *les Trois Oranges?* M. Hostein seul pourrait le dire. Je me borne donc à signaler cette tentative trop vite abandonnée (par la direction sans doute), dans le but de provoquer les souvenirs de ceux qui auraient été initiés à sa pensée.

L'angoisse de la *première* est le plus souvent la

cause de l'horreur que les grands écrivains ressentent pour le théâtre. Tout les froisse dans le jugement de la masse, et aussi bien la spontanéité des applaudissements que la brutalité des sifflets. Être exécuté, sans débats ni discussion, dans le tumulte, d'après un critérium indécis; être joué, mais, pour ainsi parler, à pile ou face, voilà qui épouvante les fiers esprits conscients de la valeur de leur œuvre. Ajoutez à cela que, loin d'amortir le coup, la critique moderne semble se plaire à enfoncer le coin planté par le public. Théophile Gautier redoutait extrêmement ces soirées d'abattoir, et l'on peut attribuer à cette terreur la rareté des œuvres théâtrales de cet artiste, doué universellement comme Gœthe, et apte à tout exercice littéraire, quel qu'il fût.

Il m'avoua un jour qu'il rêvait d'écrire incognito, dans une de mes pièces, deux ou trois scènes qu'il choisirait et qu'il serait libre de traiter à sa guise. On pense si je me prêtai à ce désir! Il fut convenu que le secret serait gardé, même au directeur du théâtre, et que j'endosserais la responsabilité entière de tout ce qui serait écrit par ce collaborateur glorieusement anonyme. De cette façon le poëte s'entendrait juger sans crainte, et, pareil à quelque Haroun-al-Raschid déguisé, parcourrait ainsi le pays de la critique dont il était le prince depuis trente ans.

Malheureusement, la maladie qui devait l'emporter entrava toujours la réalisation de ce rêve dont il m'entretenait sans cesse ; à ce point que, malgré tout mon amour-propre, j'avais bien fini par comprendre que son amitié paternelle pour moi lui avait suggéré ce moyen de me faire signer enfin une œuvre durable, et digne, par quelques endroits du moins, de la protection qu'il m'avait publiquement accordée.

*
* *

Le célèbre tableau de M. Fortuny, exposé en 1870 chez Goupil, place de l'Opéra, sous le titre de : *Mariage dans la Vicaria de Madrid*, est peut-être, de toutes les œuvres d'art contemporaines celle qui avait frappé le plus vivement Théophile Gautier. Lorsque nos entretiens roulaient sur la peinture, c'était toujours à cette toile, ou à l'œuvre d'Henri Regnault, qu'il en revenait : il la tenait non-seulement pour un chef-d'œuvre, mais il lui attribuait une portée immense sur les destinées de l'art. Elle datait, selon lui, une révolution équivalente à celle dont Delacroix avait jadis planté l'étendard romantique ; il en faisait dériver une esthétique nouvelle, à laquelle il promettait un prochain triomphe, et il nous prédisait que tous les jeunes peintres allaient se jeter à la suite du jeune maître espagnol, dont le fougueux

Regnault lui-même n'avait été que le premier et le plus grand élève.

Ajoutons tout de suite que — les plus vifs enthousiasmes du maître ne se départant jamais des formes tranquilles et dédaigneuses dont sa parole revêtait toutes choses — cette admiration pour Fortuny prenait de la majesté de son expression un caractère augural d'infaillibilité critique.

Cette infaillibilité — vraiment extraordinaire — était d'ailleurs sa seule coquetterie, pour ne pas dire sa seule vanité littéraire. Il aimait à s'en targuer. Une de ses joies était de nous prouver, texte et pièces en main, qu'aucun des jugements signés de son nom, en trente ans de critique universelle, n'avait encore été cassé par le public connaisseur : que tous ceux, littérateurs ou peintres, auxquels il avait prédit la gloire ou le succès, étaient parvenus au succès et à la gloire, et que son œil enfin ne l'avait pas trompé une fois.

« Mon premier article à la *Presse*, répétait-il souvent, a été écrit sur Delacroix, pour crier aux philistins que c'était un homme de génie et l'un des plus grands peintres de la France. Il y a de cela trente ans et plus : je ne modifierais pas l'article d'un mot. Lorsque après ma mort on réunira en livres mes Salons et mes critiques d'art, vous resterez tout stupéfaits de leur actualité, je dis : de leur actualité. A l'inspection du premier tableau d'un inconnu, je sais ce qu'il peut faire et ce qu'il fera, presque toujours mieux que l'artiste lui-même. Lis ce que j'ai écrit de Gérôme, par exemple, dès sa première exposition du *Combat de Coqs*, et essaye maintenant de formuler de son œuvre un jugement plus complet que mes simples présages sur le débutant. J'ai, le premier, reconnu et signalé le génie de Regnault, éreinté par la grande et la petite critique, et même par Saint-Victor, si je ne me trompe ; et lorsque Fortuny est venu à Paris, je lui ai signé dans le *Moniteur* son passe-port pour la postérité.

« J'ai déjà proposé à Marc (le directeur de l'*Illustration*), qui me demande de la copie, une série intitulée : *Ceux qui seront célèbres*. Dès que je pourrai me remettre au travail, c'est par là que je commencerai. Ce sera un Salon dans le Salon, mais un Salon des jeunes, de ceux dont personne ne s'avise, qui ne sont pas sur la cimaise, mais qui ont l'étoile au front. Ceux dont je parlerai là et qui s'y verront nommés n'ont rien à craindre de l'avenir. Si je peux les aider à se débrouiller, ce sera tant mieux ; je veux seulement me donner le dernier plaisir d'en baptiser quelques-uns pour leur célébrité que je ne verrai point. Ne trouves-tu pas qu'il serait beau de terminer ma vie de critique par ce tour de force ? »

De ces noms obscurs encore que le maître voulait produire prématurément à la lumière, j'en ai recueilli quelques-uns ; peut-être l'occasion se présentera-t-elle à moi, un jour ou l'autre, d'exécuter pour eux, comme une dernière volonté, ce bienveillant caprice de Théophile Gautier. Mais revenons à Fortuny et au *Mariage dans la Vicaria de Madrid*.

« Fortuny, a écrit le maître dans son feuilleton du 19 mai 1870, au *Moniteur*, Fortuny est un artiste complet; toutes les fées de la peinture étaient à son baptême et lui ont fait chacune un don, et la mauvaise fée qui rend les qualités inutiles ne s'est pas trouvée là. »

Mais cette fée de la chance, il faut bien l'avouer encore, ce fut, pour Fortuny, Théophile Gautier qui en dirigea la baguette. A ce seul feuilleton, l'artiste a dû peut-être cette consécration parisienne sans laquelle la célébrité la plus européenne ne semble qu'une gloire de clocher. Fortuny ne l'ignora assurément pas; mais ce qu'il ne sut point, c'est que, non content d'avoir établi sa jeune gloire sur douze colonnes officielles, inscrutées et semées de tous les diamants du plus riche style qui fut jamais, Théophile Gautier résolut de populariser encore ce fameux *Mariage dans la Vicaria de Madrid*, en en tirant, pour notre Opéra, un ballet de caractère. L'émotion du critique avait réveillé le génie du poëte. Et, fait que je constate trop rarement dans ses souvenirs sur notre maître, il mit cette fois son projet à exécution. Le ballet existe; il a été écrit entièrement, comme *le Preneur de rats*, dont bien décidément M. Halanzier ne veut point, et que, *de sa propre autorité*, il déclare inexécutable[1].

Le *Mariage à Séville* — c'est le titre de ce ballet inédit de l'auteur de *Giselle* — a été composé pour servir de cadre à tous les airs espagnols, de danse ou de chant, séguedilles ou boléros, qu'il serait possible de recueillir. Car, dans l'idée du poëte, c'est un ballet chanté aussi bien que dansé. L'adaptation pour le théâtre en avait été confiée à M. Morphy, musicien-amateur, l'ancien précepteur du prince des Asturies. L'une des deux copies est demeurée entre ses mains, l'autre appartient à M. Théophile Gautier fils; il n'est donc point perdu. Voici d'ailleurs comment le poëme était conçu et quelle en était l'ordonnance pour la chorégraphie :

Les divers personnages sont représentés à la scène à ce moment du mariage où tous les invités sont forcément réunis. Ceux du marié, riches, de

---

1. Et quand je dis « de sa propre autorité », j'oublie celle de M. Mérante, le maître de ballets de notre Opéra national. M. Halanzier, en effet, désireux de faire décider par un juge compétent et expert entre son opinion sur *le Preneur de Rats* et la mienne, fit venir M. Mérante. Celui-ci me déclara que le rat lui semblait un animal immonde et que les abonnés n'en supporteraient point la vue, sous quelque forme qu'on la leur présentât. Et prenant la pose d'un sylphe dont les ailes s'entr'ouvrent au zéphyr :

« Encore, monsieur, me dit-il, si c'était une abeille! »

noble condition, hautains et persifleurs, formant bande à part et évitant tout contact avec les invités de la mariée ; ceux-là, pauvres, de caste inférieure, lourds et ridicules sous leurs habits de fêtes surchargés de clinquant, sonores comme des chapeaux-chinois, scintillants comme des lustres.

Les groupes pour meubler les fonds sont pris de divers types espagnols bien caractéristiques, de tous les rangs et de toutes les origines de la race hispano-arabe; munis des instruments nationaux, ils servent à intercaler dans le ballet les sérénades et fandangos populaires, et leur masse fait chœur. La diversité de leurs costumes pailletés enchante les yeux des spectateurs par des combinaisons harmoniques de colorations, et complète l'illusion.

Au lever du rideau, sur une place publique, près de la cour des orangers, à Séville, à l'ombre de la grande cathédrale profilée sur le fond, le torrero Paco rôde autour de la maison de la señora Carmen. Paco aime Carmen qui, elle-même, ne le voit pas de trop mauvais œil, et l'accepterait volontiers pour époux, n'était la *tia* Aldonza, sa mère et sa duègne. C'est sur celle-ci que se bute l'amoureux torrero, et, comme on pense, il en est bien vite éconduit, cela au grand contentement de don Torribio, son vieux rival, qui a assisté à la scène du haut de son mirador et s'empresse de descendre complimenter la vieille commère. Don Torribio, galantin ridicule, mais riche fabuleusement, emploie pour lever les scrupules, à la vérité bien légers, de la jeune fille espagnole, un argument toujours irréfutable.

Il sort de sa poche un écrin renfermant une parure de diamants, et aux feux qu'ils jettent Carmen se sent tourner la tête, comme un papillon à la lumière des flambeaux. Sa pitié pour Paco est bientôt vaincue par cet artifice vieux comme le monde et bête comme lui; elle se laisse arracher sa parole. Le Bartholo, tout sautillant de joie, s'en va hâter les préparatifs du mariage, dont la *tia* Aldonza se charge de rendre l'événement irrémissible en en colportant la nouvelle dans le quartier. On la voit aller de porte en porte, caquetant et gesticulant, folle des révérences qu'on lui adresse. Pendant ce temps Paco revient avec un bouquet et des cadeaux de mince importance, hélas! peu appréciés de la coquette Sévillane, déjà tout ensorcelée par les pierreries de sa parure. Le pauvre torrero maudit l'inconstance des femmes, compare leur cœur à l'une de ces pierreries, dures et brillantes, et définitivement déclare, devant Carmen, qu'à la première course de taureaux il se laissera embrocher par l'animal furieux, et mettra fin ainsi dans le suicide et la honte à une vie sans amour.

Une bande d'étudiants armés de guitares, de tambours de basques et de triangles, fait irruption sur la place, et chante les louanges de la jeune fiancée.

Ici des airs nationaux. Puis ils donnent à don Torribio un tel charivari que le bonhomme assourdi et sursautant se décide à leur jeter une bourse pour les apaiser, mais avec quelles crampes d'avarice ! Aldonza revient à ce moment accompagnée de ses parents et de ses amis. Les jeunes filles montent habiller Carmen, tandis que les invités de don Torribio débouchent à leur tour de l'autre côté. Les deux groupes, formant le contraste le plus réjouissant d'allures et de costumes, ne veulent point être présentés les uns aux autres. Ils se tiennent chacun d'un côté de la scène, les uns hâblant, les autres gouaillant les hobereaux et le peuple.

Carmen reparaît dans une toilette semblable à celle de la fiancée dans le tableau de Fortuny — « une robe de satin blanc recouverte de dentelles, dont les fleurs brillent comme des paillettes, et sur le coin de l'oreille, parmi des cheveux noirs ébouriffés, un petit bouquet de fleurs d'oranger ! » — Le cortége entre dans l'église, poursuivi par des mendiants importuns et des pénitents masqués, aux torses nus, sillonnés de coups de discipline, aux jambes grêles, culottées de noir, qui colportent sur le bassin où ils « reçoivent les aumônes une petite âme en bois sculpté sortant d'une flamme rouge. » Ils quêtent pour les âmes du purgatoire et se flagellent à tour de bras pour obtenir quelque menue monnaie.

Des tables sont dressées devant la maison de Carmen et, la cérémonie terminée, le cortége sort de l'église. Fête populaire. Un aveugle vient réciter un romancero de circonstance. Les riches invités de don Torribio consentent à danser, après mille grimaces de gentillâtres; mais en gens de qualité, le menuet seulement et des pas nobles, en opposition avec la danse nationale et vulgaire des invités de la *tia* Aldonza. Ballet général.

On conduit la mariée à la maison nuptiale. Marche aux flambeaux.

Les étudiants se groupent au fond. Paco, au milieu d'eux, chante sous les fenêtres de Torribio une sérénade ironique bien connue en Espagne, où sont contés les déceptions et les mécomptes d'une jeune fille pauvre, mariée à un vieillard riche. Torribio furieux descend avec des valets armés de bâtons, coiffés de bonnets de nuit comme leur maître, pour chasser Paco et ses amis. Mais Carmen se montre à la fenêtre, envoie un baiser à l'heureux torrero et lui jette son bouquet de mariée. Les valets de Torribio, et Torribio lui-même, rossés par les étudiants, rentrent précipitamment. Chœur charivarique. Paco, ivre de joie, baise amoureusement les fleurs qui lui promettent tant de bonh ur, et la toile tombe.

Voici, pour terminer, un autre ballet inédit de Théophile Gautier qui m'a été communiqué au dernier moment par M. le vicomte de Spoelberch de Lovenjoul et dont l'authenticité n'est pas contestable. Je ne saurais dire à quelle époque ni pour qui il a été composé. Il a de grandes analogies avec la *Vénus d'Arles* de Mérimée et quelques affinités avec le *Tanhaüser*. Par ce temps de pénurie de poëmes de ballet, il pourrait encore faire le bonheur d'un musicien.

E. B.

LA STATUE AMOUREUSE

Ballet pantomime en deux actes et quatre tableaux.

PREMIER ACTE.

PREMIER TABLEAU.

(Le théâtre représente un jardin de quelque résidence princière en Allemagne; ombrages, vases de fleurs, *fabriques*, statues, parmi lesquelles une Vénus.)

Konrad, jeune artiste, est occupé à copier la Vénus. — Des jeunes filles, amies de sa fiancée, viennent le distraire de son travail et lui rappeler qu'il doit se marier ce jour-là même. — Elles tâchent de lui faire prendre part à leurs danses, mais après quelques pas, il retourne à son dessin. — Les jeunes filles dépitées le laissent seul. — Konrad jetant là son carton, s'approche de la statue : « Qu'elle est belle, se dit-il, et quel dommage que ce ne soit qu'un marbre insensible! D'abord elle m'a charmé comme peintre, et maintenant j'ai pour elle des sentiments plus vifs, je ne puis en détacher mes yeux. Il me semble quelquefois voir sa bouche s'entr'ouvrir et son sein palpiter. — Adeline, ma fiancée, est bien jolie, mais près d'elle je n'éprouve pas ce trouble. C'est toi que j'aime, divin marbre grec, c'est toi qui es ma maîtresse, mon épouse. » — Et Konrad dans un accès de délire passe au doigt de la statue un anneau d'or. — Ce n'est pas sans quelque frayeur qu'il sent la main de pierre serrer la sienne. — Les jeunes filles et les parents d'Adeline reviennent et amènent Konrad à la cathédrale. — Konrad les suit en poussant un soupir et en lançant un regard de regret à la statue.

DEUXIÈME TABLEAU.

(La scène représente la chambre d'Adeline.)

Konrad et Adeline sont unis. — Les jeux et les danses terminés, tout le monde se retire. — Le jeune artiste ramené au sentiment de la réalité, ne paraît guère se soucier de ses fiançailles avec la statue. — Cependant, le temps est orageux, l'air étouffant et lourd, des éclairs brillent. — Adeline ouvre la fenêtre et Konrad la suit sur le balcon. — Quelle est sa frayeur en apercevant la statue de Vénus qui a quitté son piédestal et qui se dirige vers sa maison d'un pas lent et solennel! — En effet, la statue, qui a conservé son costume antique, mais qui a repris les couleurs de la vie, ne tarde pas à entrer dans la chambre. — Depuis quinze cents ans la déesse n'avait pas eu d'adorateur; aussi n'était-elle plus qu'une froide pierre. L'adoration et l'amour de Konrad lui ont rendu tous ses priviléges de déesse et de femme.

Adeline est aussi surprise qu'effrayée de l'apparition de cette femme pâle à un pareil moment, et elle lui demande ce qu'elle veut. — « Mon fiancé, mon époux, Konrad! voilà l'anneau qu'il m'a donné! — Voici le mien! — Je l'avais avant toi d'ailleurs Konrad me suivra! — En disant ces mots, elle détache sa ceinture et la passe autour du jeune artiste, qu'elle entraîne malgré les pleurs d'Adeline et les cris des gens de la noce accourus au tumulte.

SECOND ACTE.

TROISIÈME TABLEAU.

(Le Colisée de Rome. — Clair de lune.)

Konrad arrive avec Vénus. Il ne sait s'il est éveillé ou s'il dort. Vénus lui dit qu'elle l'aime et qu'il lui a rendu la vie. Depuis tant de siècles, elle n'avait pas été aimée! La passion de Konrad lui rend toute sa puissance! Il verra combien sont indulgents et bons les dieux de l'ancien paganisme qu'elle veut lui faire connaître. — Elle étend la main. — Le Colisée s'illumine et les dieux de l'Olympe paraissent et viennent saluer la mère des Amours. — Danse, bacchanale.

Vénus supplie Konrad de renoncer au christianisme et lui promet de le rendre immortel. — Hébé lui présente sa coupe d'ambroisie, quand, tout à coup, on entend tinter une clochette ; le prêtre vient dire la messe à la chapelle du Colisée ! — Les dieux terrifiés s'enfuient et Konrad, à moitié fou, se trouve abandonné au milieu de l'immense arène. — La procession le recueille et le saint prêtre lui dit qu'il a manqué tomber dans une embûche du démon, et l'emmène avec lui pour l'exorciser.

QUATRIÈME TABLEAU.

(Un palais magnifique. Colonnes, galeries, tableaux.)

Vénus ne veut pas abandonner sa proie. — Craignant d'effrayer Konrad, elle a pris le costume d'une superbe courtisane romaine. Elle a su attirer Konrad dans ses filets. Konrad est amoureux de dona Imperia. — Mais à mesure que Vénus sent le jeune peintre revenir aux idées voluptueuses, elle se défait d'une pièce de son costume et finit par apparaître sous son véritable aspect. — Konrad, enivré, tombe dans ses bras. — Les tableaux du Titien et de Paul Véronèse, représentant des nymphes, des scènes mythologiques, descendent de leurs cadres. — *Ballet*. — Pendant les danses, Konrad lève par hasard les yeux sur un des tableaux restés vides. — Il y voit sa fiancée, pâle, malade, versant des pleurs. — L'émotion le gagne. Le prêtre du Colisée arrive ; il reconnaît Vénus, et avant qu'elle ait eu le temps d'entourer Konrad du ceste magique, il l'enferme dans son rosaire. — Vénus ne peut surmonter cet obstacle et tend les mains à Konrad d'un air suppliant. En ce moment, entre Adeline, que l'ermite a fait venir d'Allemagne, pour l'aider dans la cure de Konrad. — A l'approche de sa fiancée, l'amour chassé rentre dans l'âme de l'artiste. — Vénus, qui n'est plus aimée, pâlit; le marbre la reprend, elle devient immobile et l'ermite arrache de son doigt pétrifié l'anneau que Konrad lui avait donné dans un moment de folie et d'amour.

La toile tombe.

TH. GAUTIER.

DERNIERS MOMENTS

On a beaucoup exagéré la crainte que Théophile Gautier avait de la mort. Cela implique une accusation de faiblesse que j'ai hâte de relever, car nul ne fut plus brave. Ce qu'il redoutait dans la mort ce n'était ni la douleur ni l'incertitude, c'était la laideur. Être laid dans la mort, telle fut sa préoccupation suprême, et lorsqu'il suivait attentivement dans son miroir les ravages de la maladie qui l'emportait, il était aisé de voir d'où lui venait sa tristesse. Il ne faut pas oublier que Théophile Gautier a été l'un des hommes les plus merveilleusement beaux d'une époque où la beauté passait pour le don suprême et qu'il avait gardé de cet avantage toute la coquetterie romantique de sa jeunesse.

Quelquefois, pour l'arracher à ses mornes rêveries, ses enfants s'amusaient à mettre en doute devant lui ce qu'on avait conté de cette beauté célèbre. Il envoyait alors chercher un dessin de Chassériau qui le représente à vingt-cinq ans, vêtu à la turque, la tête un peu rejetée, dans l'attitude

victorieuse de la jeunesse, et il le faisait passer de
mains en mains en disant : « Voilà celui que j'ai
été. » Tout le monde de s'écrier que ce n'était pas
possible, que le peintre l'avait flatté, qu'un homme
n'était pas aussi beau que cela !... Alors il se mettait
en colère; il prenait ses sœurs à témoin; il attestait la terre et les cieux! Pauvre père! Puis ses filles
allaient l'embrasser, et il souriait en les regardant.
C'était le moment des bonnes causeries. Il reprenait
doucement le portrait, et entamait des récits sans
fin que nous écoutions, sans jamais l'interrompre,
pleins de joie et de respect, car nul n'a jamais causé
et ne causera jamais comme Théophile Gautier.

Une de ses autres coquetteries était sa force,
véritablement étonnante. Ce qu'il nous en racontait
aurait fait rêver un hercule. Dans la verdeur de
l'âge, il avait, à Maupertuis, arrêté net un attelage
de chevaux emportés en les saisissant de face par
les naseaux. Il avait, à bras tendus, promené deux
hommes autour d'un salon; que sais-je encore ! Il
fallait l'entendre sur ce sujet favori! Comme il était
heureux de nos admirations! comme il s'attardait
complaisamment dans le récit de ses exploits mus-
culaires! La disparition subite de cette vigueur fut
l'une de ses plus vives tristesses : il ne s'en consola
jamais tout à fait. Comme un grand enfant qu'il
était, il s'en exagérait même le découragement, et
je me souviens encore de son étonnement comique,

à un déjeuner chez Edmond de Goncourt, quand nous lui prouvâmes qu'il pouvait encore faire prendre une allumette, tout seul et sans le secours de personne.

Je parle ici des singularités de tempérament de ce fier génie sans oublier que la plupart sont déjà un peu connues du public. Mais c'est qu'il est important aussi de borner la légende et de mettre un frein à l'imagination des faiseurs d'anas. Théophile Gautier a trop souffert de la réputation d'original, la plus dangereuse de toutes dans ce pays de vulgarité triomphante, pour que je ne tente pas de réduire les jolis conteurs au respect dont ils s'écartent. — On a beaucoup dit, par exemple, que le poëte avait horreur de la musique. — Ce qui le choquait, dans la musique, c'était la place qu'elle tend insensiblement à prendre dans la société moderne, et son rôle de démocratisation. Chez lui le causeur seul en demeurait froissé, et il se déclarait naïvement de force à être, dans un salon, aussi intéressant qu'un pianiste. Mais les œuvres musicales trouvaient en lui un juge éclairé et sûr, et les hommes du métier sont encore unanimes à déclarer que dans ce genre de critique, comme dans les autres, Théophile Gautier était le maître incomparable.

Il avait un faible pour Weber. De si loin qu'une phrase lui en parvenait à l'oreille, il la reconnaissait, fût-elle prise des ouvrages les moins connus du musicien. Il disait souvent qu'il écoutait en Weber la voix même de la nature. Il le comparait à l'Hugo de la dernière manière, l'Hugo des *Travailleurs*. « l'Hugo inconscient dans le cerveau duquel l'Océan même est entré ». D'ailleurs, de tous les gymnasiarques, les virtuoses étaient ceux dont il prisait le moins les exercices. « Vois-tu, me dit-il un jour, on devient si fort en musique que le temps approche où ce sont les pianos qui joueront des pianistes. »

Depuis que sa santé ne lui permettait plus de hanter les bureaux de rédaction, Théophile Gautier écrivait la nuit, dans son lit, au crayon, sous une petite lampe mobile que nous lui avions disposée. Tout ce qui a paru de l'*Histoire du romantisme* au *Bien public* a été fait de cette manière, jusqu'au jour où les médecins lui ont ordonné le repos. Alors il ne se coucha plus. Il passait la nuit dans un fauteuil, ne dormant pas, hélas! et pris quelquefois d'hallucinations extraordinaires. Avec le talent de réalisateur qu'il possédait, il nous en raconta une, un matin, à faire dresser les cheveux; les plus monstrueuses tentations de saint Antoine n'offrent auprès que des objets paradisiaques. C'est à ce moment que, sur une lettre de M. Hetzel, qu'il qualifiait lui-même de providentielle, il se mit au régime du lait. L'amélioration sensible qui s'ensuivit nous remplit d'espérance. Les battements du cœur étaient moins précipités, les jambes dégonflaient, les yeux étaient plus animés, la gaieté reparaissait et aussi l'appétit. Puis vint la fête du père de famille. On se concerta pour lui faire la surprise d'un de ces feux d'artifice qu'il adorait. Ce fut la dernière joie qu'il ait eue sur la terre. Le lendemain, l'atroce maladie reprit possession de sa victime.

A partir de ce jour, l'angoisse s'installa dans cette chère petite maison de Neuilly naguère si joyeuse et si pleine de ce doux génie. Les jours se succédaient, mornes, longuement vécus, suivis de nuits plus mornes encore. Il allait d'une chambre à l'autre, rallumant son cigare aux bougies que l'on lui ménageait dans tous les coins, et n'ayant déjà plus la force d'en tirer des bouffées. Il se raccrochait à toutes ses affections : il avait besoin qu'on fût autour de lui, qu'on lui tînt compagnie, qu'on lui parlât. Ceux de ses vieux amis qui venaient le voir étaient trois fois les bienvenus : il se mettait en frais pour eux, mais déjà il ne causait plus, car il s'était aperçu que les mots lui manquaient, et jamais homme n'eut davantage la pudeur de son génie. En vain essayâmes-nous de le dissuader de cette sombre idée qui le rongeait; il fit semblant de nous croire, car il était souverainement bon, mais il ne causa plus. Il prenait son miroir, s'y contemplait longuement, le reposait, et finissait par s'endormir dans un fauteuil, la tête penchée sur la poitrine, les bras pendants, et si quelque chat lui sautait sur les genoux, il le laissait se pelotonner et s'endormir, mais il ne le caressait plus.

L'ennui indomptable et le sommeil invincible s'emparèrent alors du malade. Il n'essaya plus de lire, lui, qui pendant soixante années n'avait pas cessé de lire nuit et jour tout ce qui lui tombait d'imprimé sous la main et jusqu'aux cornets à tabac. Depuis bien longtemps il n'écrivait plus. Il avait dicté, à un ami et à l'un de ses gendres, son ballet du *Preneur de Rats*, lorsque le docteur Martineau, devant cet ennui profond, lui conseilla de se remettre à travailler. Il était trop tard; tout ce qu'il put faire fut d'essayer son écriture. Il traça sur un bout de papier ces dernières lignes : « Je veux me remettre à écrire lisiblement, à peu près dans la grosseur du neuf d'imprimerie », et ce fut tout. Jamais plus on ne reverra de cette admirable copie qui faisait la joie des compositeurs.

Quelques jours après ce dernier effort, Théophile Gautier eut une première crise d'étouffement; c'était le 19 au matin. Le médecin accourut, et celui qui le reconduisit reçut de lui l'ordre formel d'avertir le reste de la famille; la maladie de cœur organique s'était compliquée d'une albuminurie; l'eau du sang décomposé se logeait dans les tissus cellulaires et envahissait le poumon. Le dimanche 20, le père descendit une dernière fois dîner avec les siens. Était-ce inconscience de son état, ou bien sublime comédie d'un mourant qui ne veut pas effrayer ceux qu'il aime, il ne nous entretint que d'espérances. Chacune de ses phrases, ponctuée d'un sourire, commençait par : « Quand je serai guéri ! » — Le lundi 21, on ne le nourrissait déjà plus que de bouillon et de jus de viande; encore était-on forcé pour les lui faire prendre de le réveiller d'un sommeil de plomb ; mais l'albuminurie s'était augmentée d'une fluxion de poitrine. Le mardi 22, la fluxion de poitrine s'aggravait d'une maladie de reins. C'en était trop, il fallait courber la tête. La nuit se passa dans le désespoir.

Le lendemain matin, mercredi, 23, à huit heures trente-deux minutes du matin, Théophile Gautier rendait à Dieu la meilleure et la plus belle âme de poëte qui fut jamais.

Par une faveur inespérée, il est mort en dormant, sans aucune souffrance visible. Son dernier soupir a été aussi doux que le premier d'un enfant. On n'eut pas la peine de lui fermer les yeux. La seule personne en dehors de la famille qui assista à cette mort admirable fut un vieillard de soixante-seize ans, M. Charles Robelin, son plus vieil ami. Il tenait dans ses mains les mains refroidies du poëte, et, par une sorte d'instinct machinal, allait de temps en temps se réchauffer à la cheminée et revenait prendre les doigts du mort, comme s'il eût voulu suppléer à la chaleur qui les abandonnait.

L'enterrement de Théophile Gautier a été l'un des plus beaux qu'ait jamais eu un simple artiste. Tout le Paris intellectuel y assistait, et lorsque la voiture mortuaire atteignait à la place de l'Étoile, les derniers suivants du cortége passaient à peine la route de la Révolte. Dans l'intérieur de Paris ce cortége se grossit et s'allongea presque du double. On vit là combien il était aimé. A la place Clichy, la foule des curieux obstruait la voie jusqu'à la porte du cimetière Montmartre. L'un de nous entendit là une voix populaire qui disait : « C'est un richard ! » Hélas ! un richard, lui, mon pauvre maître ! Le corbillard était entouré d'un peloton de soldats, car Théophile Gautier était officier de la Légion d'honneur. Il parlait souvent de ce peloton, auquel il avait droit, et il attachait une grande importance à sa présence à ses obsèques. Une personne amie avait envoyé, pour mettre sur le cercueil, un énorme bouquet de violettes, sous lequel il disparaissait presque entièrement. Une autre avait envoyé des palmes.

Au dernier moment, le clergé, qui jusque-là avait fidèlement accompagné le convoi, s'esquiva et disparut en emportant le bénitier, de telle sorte, qu'après le discours de M. Alexandre Dumas fils, lorsque l'on se disposait à l'aspersion finale, on ne trouva plus d'eau bénite ni de goupillon. M. Auguste Marc, interprète de l'indignation générale, arracha une branche d'un arbre voisin et la jeta dans la fosse. Tous les assistants l'imitèrent, et un lit de feuillage fut ainsi fait feuille à feuille au poëte endormi.

L'année suivante, au bout de l'an de Théophile Gautier, M. Théodore de Banville prononça devant tous les amis du poëte, réunis une dernière fois devant le monument édifié par M. Godebski et que l'on inaugura ce jour-là, le discours suivant, que je lui demande la permission de reproduire en manière de conclusion.

25 juin 1875.

« Messieurs,

« Que nulle pensée funèbre ne courbe nos fronts vers la terre ; celui que nous avons pleuré est entré maintenant dans la vie immortelle, et son génie, qui demeure parmi nous, est pour jamais en possession de la pure gloire. L'admirable monument qui vient d'être découvert à nos yeux et qui est dû à l'amitié et au talent si élevé du grand artiste Godebski, exprime clairement la destinée de Théophile Gautier. Dans la mort comme dans la vie, la Muse, l'inspiratrice des chants qui ne peuvent cesser, protége son visage fier et calme, sa noble chevelure, sa lèvre d'où coule le miel des beaux vers. La Muse, pieusement, garde la dépouille mortelle de celui qui l'a fidèlement et uniquement adorée. Car Théophile Gautier fut essentiellement le poëte; il en eut le génie et il en eut l'âme, poëte non-seulement dans ses odes gracieuses et superbes, d'un si large vol, mais aussi dans toutes ses œuvres et dans ses moindres œuvres littéraires; car à tout ce qu'il a touché, roman, récits de voyage, études d'art, critique de théâtre, il a donné la magie, l'éclatante couleur, la séduction charmeresse, la réalité nette et définitive de la poésie. Mais il fut aussi le poëte par la bonté, par la douceur, par la pitié universelle; par cette haute et claire vision des choses qui le rendait si indulgent à tout et à tous; pur, loyal, exempt de haine, sévère pour lui-même, il tenait compte aux autres du plus faible mérite, et s'il eut plus que personne la divine pudeur des sentiments intimes, nulle âme plus que la sienne ne fut pleine d'affection et de tendresse.

« Ne le pleurons pas, messieurs; rien ne peut désormais nous prendre ce vivant, plus vivant que nous tous, car Théophile Gautier a été le plus robuste artisan de la langue moderne; il l'a reforgée et façonnée de ses puissantes mains; les images et les mots qui viennent aujourd'hui naturellement à notre esprit portent la marque de ce créateur, et nous ne saurions ni penser ni parler, sans qu'il apparaisse dans sa force et soit présent au milieu de nous. Mais où n'est-il pas présent? Paris, où, en bon citoyen, il était volontairement revenu, lors de l'invasion, pour partager son martyre, Paris dont pendant trente années il avait raconté au jour le jour les travaux, les efforts, les fêtes, et dont il peignait la superbe misère dans ses épiques et admirables *Tableaux du Siége*; l'Italie, l'Espagne, la Hollande, l'Angleterre, la Russie, Constantinople, l'Égypte, où le voyageur ne saurait faire un pas sans rencontrer la pensée et le souvenir de Théophile Gautier; tous ces pays si bien vus, décrits, peints au vif par lui, qu'en y venant pour la première fois son lecteur ne peut que les revoir à nouveau, lui appartiennent par le plus indescriptible droit de conquête et il a laissé dans tous les chemins du monde l'empreinte de son vif esprit et sa trace ineffaçable.

« Théophile Gautier est un génie et il a tous les caractères du génie; la précocité d'abord, car il a publié à dix-neuf ans le merveilleux poëme d'*Albertus*, et peu d'années après, ses premières nouvelles et *Mademoiselle de Maupin*, qui, s'il fût mort jeune, eussent suffi à sa renommée : la fécondité ensuite, car son infatigable production ne s'est pas arrêté; son dernier roman, *le Capitaine Fracasse*, est un pur chef-d'œuvre, et son talent, grandi et fortifié sans cesse, a suivi sans défaillance toutes les phases de sa vie ; et enfin, qualité suprême, la plus haute, la plus rare de toutes, sur laquelle j'appelle instamment votre attention, la faculté d'admirer. Oui, le génie seul peut et sait admirer le génie; cette faculté, le poëte des *Émaux et Camées* la posséda jusqu'à la plus méritoire, jusqu'à la plus rare, jusqu'à la plus touchante abnégation. Toute sa vie, il loua, honora religieusement, comme ses maîtres, de grands poëtes qui, si j'en excepte un seul, n'étaient que ses égaux ; aussi qu'arrive-t-il aujourd'hui, messieurs? Dans la réputation de presque tout grand homme, il y a deux parts : celle que ses œuvres lui ont légitimement gagnée, et celle qui lui a été acquise empiriquement, par un charlatanisme qui vient de lui-même ou des siens ; celle-ci, à peine la mort a-t-elle fermé nos yeux, qu'elle se dissout, tombe en poussière, et il ne reste au grand homme que sa part réelle, qui souvent est bien peu de chose. Or, pour Théophile Gautier, la question se trouve retournée ; comme non-seulement il ne s'appliqua pas à enfler, à exagérer outre mesure la renommée à laquelle il eut droit, mais comme aussi il se fit petit à côté de ses rivaux, par humilité sincère, et ne réclama pas sa part légitime, il se trouve que la postérité, déjà ouverte pour lui, vient tout de suite le remettre à sa vraie place, et que nous avons vu sa renommée et sa gloire décuplées, depuis le jour où se sont fermés ses beaux yeux dans lesquels on voyait s'agiter déjà la vision de l'infini.

« Oui, Lamartine, Alfred de Musset, Henri Heine furent toujours traités par lui comme des maîtres, et cependant il n'est pas un d'entre eux dont le poëte d'*Albertus*, d'*Émaux et Camées* et de *la Comédie de la mort* ne pût légitimement se croire l'égal. Quant à Victor Hugo, c'est là le plus beau caractère de la vie de notre poëte, et il convient d'insister sur ce point, toute sa vie Théophile Gautier fut et resta l'élève soumis, le disciple filial, l'adorateur fervent de ce grand homme, sans laisser entamer par rien sa croyance dans celui qui était pour lui, comme pour nous, le Pindare et l'Eschyle moderne et le dieu visible de la poésie. On se rappelle que, lors de la grande exposition, l'empereur demanda à Théophile Gautier un rapport sur les progrès de la poésie (étrange assemblage de mots, car la poésie ne progresse pas plus que la lumière du soleil!), et que dans ce travail, qui est un chef-d'œuvre de clarté et de justice, écrit avec une splendeur incomparable, Théophile Gautier, écrivant pour l'empereur, loua comme il mérite d'être loué le poëte des *Châtiments* et de *la Légende des Siècles*. Et ce fut pour lui non pas un acte de courage, mais une action toute naturelle, car il n'imaginait pas quelque circonstance que ce fût combattît jamais sa dévotion au plus grand penseur, au plus grand artiste de la France et du monde.

« De quelque côté que j'envisage la vie de Théophile Gautier, j'y vois toujours une unité parfaite et que rien ne brise ; cette unité, je la vois surtout et je me plais à la voir dans la fidèle religion de Gautier pour Victor Hugo. Ce rude travailleur, ce père excellent, ce parfait honnête homme, qui n'eut jamais un sou de dettes et qui vécut comme le plus simple et le plus régulier des bourgeois, a toujours porté la peine d'avoir commis dans sa première jeunesse quelques excentricités romantiques, et on n'a jamais voulu oublier le gilet rouge de la première représentation d'*Hernani*, que d'ailleurs Gautier ne reniait pas à sa dernière heure. Mais il est bon de dire que ce fameux gilet rouge, il le portait pour la gloire de son maître et non pour la sienne, et que s'il y eut quelque folie dans son fait lorsqu'il avait dix-huit ans, ce fut la folie de l'enthousiasme et l'extase de l'admiration.

« Pour son compte, Gautier fut très-peu romantique, très-peu féru du moyen âge, car il y eut toujours en lui l'amour de la vie, de la beauté pure et sereine, des lignes idéales, comme l'entendit l'antiquité hellénique, l'adoration des golfes d'azur et des lauriers-roses, et en même temps la gaieté, la saine ironie, le clair et net esprit français des vieux conteurs et de Voltaire. Déjà dans les *Jeune-*

France, œuvre de sa première jeunesse, ces tendances s'affirment d'une manière décisive, et ce n'est pas là le seul point par où Théophile Gautier tient étroitement à la grande tradition française. Il se rattache à Rabelais par sa puissante envergure, par son respect pour l'esprit et pour la chair et surtout par sa science universelle, car aucune notion ne lui fut étrangère, ni la technique d'aucun art; et si quelqu'un récréa, renforça, revivifia notre poésie et notre prose, toutes les deux malades, énervées et anémiques, ce fut surtout Théophile Gautier qui, sachant qu'on peint avec de la couleur et non avec du sentiment et de la bonne volonté, eut le courage d'étudier les religions, les philosophies, d'apprendre tous les dictionnaires, tous les patois, les mots spéciaux de tous les métiers, et de reprendre en sous-œuvre, sans orgueil et aussi sans infériorité, la tâche gigantesque du père de Pantagruel, de l'Homère français.

« Je n'ai pas à louer les poésies, les romans de Théophile Gautier, qui sont dans toutes les mémoires; ni ses comédies, des chefs-d'œuvre de gaieté robuste qui ne perdent rien de leur éclat à côté des plus illustres farces de notre théâtre. Dans une nouvelle exquise, *Fortunio,* le poëte suppose qu'un fils de l'Orient s'est fait en plein Paris un paradis de pourpre, d'or, de pierreries, de lumière, où il échappe à la civilisation, et où il est servi par des esclaves plus belles que le jour. Ce Fortunio, c'est Théophile Gautier lui-même; ces belles esclaves qui le servent en l'adorant, ce sont l'Imagination et la Poésie, et pour l'éternité il habitera le palais qu'il s'est construit, resplendissant de saphirs et d'escarboucles, d'où partent des charités royales, et où n'arrivent ni les murmures de la haine et de l'envie ni les bruits de la rue; car le poëte enfermé là ne veut pas connaître autre chose que les extases de l'amour et la contemplation des vérités éternelles. Pour nous, laissons-le méditer dans cette silencieuse retraite du penseur et du sage, mais respectueusement, offrons-lui ce qui fut l'objet unique de tous ses vœux, la récompense mouillée de pleurs, la couronne sombre et impérissable, le cruel, le douloureux, l'idéal, le divin laurier. »

THÉOPHILE GAUTIER

PEINTRE

THÉOPHILE GAUTIER

PEINTRE

« En ce temps-là, je n'avais aucune idée de me
« faire littérateur, mon goût me portait plutôt vers
« la peinture, et avant d'avoir fini ma philosophie
« j'étais entré chez Rioult, qui avait son atelier
« rue Saint-Antoine, près du temple protestant, à
« proximité de Charlemagne, ce qui me permettait
« d'aller à la classe après la scène. Rioult était un
« homme d'une laideur bizarre et spirituelle,
« qu'une paralysie forçait, comme Jouvenet, à
« peindre de la main gauche, et qui n'en était pas
« moins adroit. A ma première étude, il me trouva
« plein de *chic*, accusation au moins prématurée.

« La scène si bien racontée dans l'*Affaire Clé-*
« *menceau* se joua aussi pour moi sur la table de
« pose, et le premier modèle de femme ne me
« parut pas beau et me désappointa singulière-
« ment, tant l'art ajoute à la nature la plus par-
« faite. C'était cependant une très-jolie fille, dont
« j'appréciai plus tard, par comparaison, les lignes
« élégantes et pures; mais, d'après cette impres-
« sion, j'ai toujours préféré la statue à la femme

« et le marbre à la chair. Mes études de peinture
« me firent apercevoir d'un défaut que j'ignorais,
« c'est que j'avais la vue basse. Quand j'étais au
« premier rang, cela allait bien, mais quand le
« tirage des places reléguait mon chevalet au fond
« de la salle, je n'ébauchais plus que des masses
« confuses. » (Autobiographie de Théophile Gautier, *Portraits contemporains*, Paris. Charpentier, 1874.)

Ces quelques lignes, écrites par le poëte lui-même en 1865, pour le *Panthéon des illustrations françaises au* XIXe *siècle*, publié par M. Victor Frond et édité par Abel Pilon, constituent tout ce que nous avons de documents personnels sur Théophile Gautier, peintre.

Ce n'est pas qu'il se refusât, dans les causeries intimes, à parler de cette vocation avortée et de la période de sa vie qu'elle embrasse. Il aimait au contraire à nous en entretenir, et même il se flattait de nous faire partager les illusions et les regrets qu'elle lui avait laissés au cœur. Quand il tenait ce paradoxe, il le poussait jusqu'à la plus amère éloquence ; il accusait les hommes et les dieux de l'avoir dévoyé lâchement ! Il jurait qu'il n'était point né pour « l'écriture », — c'était son mot pour désigner l'art de l'écrivain, — et que le Livre *lui avait volé tous ses sujets de tableaux !*

Puis, sur la trouvaille d'un trait comique ou d'une invective pittoresque, sa fureur tarissait tout à coup, et il se prenait à rire.

Grâce à quelques-unes de ces amusantes explosions, j'ai pu recueillir nombre de renseignements sur la production picturale de mon maître. Plusieurs fois même il m'a été donné de le voir peindre. J'avais un moyen infaillible pour obtenir ce dernier résultat. Je laissais traîner une palette toute chargée dans la chambre que j'occupais à côté de la sienne, et, après avoir eu soin de barbouiller préalablement une toile que je posais bien en vue sur le chevalet, j'allais l'appeler, sous couleur de connaître de lui la juste valeur d'un terme technique ou d'un tour de phrase précieux. Il arrivait, s'asseyait lentement distrait à la toile ébauchée, et commençait par me déclarer que j'étais né coloriste.

— Je te dis que tu as les plus belles dispositions !

— Oh ! je ne m'en fais pas accroire, répondais-je pour l'amener par des objections à cette palette tentatrice : tout le monde est né coloriste ! Mais pour savoir, il faut avoir appris. Vous, vous avez appris ! Vous pouvez mettre un nez en place, tout est là. Moi, je n'y arrive pas. Mon génie se manifeste trop tard. Ainsi voyez cette tête, elle est d'une construction déplorable !...

— Mais non, je t'assure.

— Oh! déplorable!

— Il s'en faut de fort peu de chose qu'elle se tienne très-proprement! Ainsi tu n'avais qu'à jeter ici une ombre portée!

— Mais je ne sais pas jeter les ombres portées! m'écriais-je avec désespoir.

— Tu ne sais pas jeter les ombres portées? Mais c'est puéril! Tiens, tu prends du bout de la brosse, comme ceci, un peu de bitume ou de momie, ce que tu as, tu mélanges de vert Véronèse, et tu frottes. Vois-tu comme cela fait ressortir tes lumières?

Et sans quitter la palette, il reprenait :

— C'est comme ton oreille. Elle n'est pas en place, ton oreille. Regarde!

Puis, de correction en correction, il finissait par repeindre toute la figure. Et qu'il était heureux dans ces moments-là! Quelquefois je reprenais mon travail sans qu'il s'aperçût de ma présence, et la tombée du jour le surprenait immobile, silencieux, tout à sa passion, et avant qu'il eût songé même à rallumer son cigare, son fameux cigare toujours éteint!

Dès son installation dans la petite maison de la rue de Longchamps, à Neuilly (en 1857-58), Théophile Gautier rêvait d'avoir un atelier à côté de son cabinet de travail et de mener de front les deux arts pour lesquels il se croyait doué également. Cet atelier, il ne tarda point à le faire construire, et cela à ses frais, quoique la maison ne lui appartînt point, ainsi qu'on l'a cru. Il était vaste, élevé, bien aménagé, et jouissait sur le jardin d'un joli jour, fin, discret et tamisé par le feuillage. De l'autre côté, au midi, une baie avait été pratiquée dans la toiture, pour les nécessités d'éclairages plus violents. Sous cette ouverture, au fond, et vis-à-vis du vitrage, une bibliothèque circulaire, spécialement affectée aux collections de dessins, gravures, documents d'art, costumes, couleurs et pinceaux, et propre à recevoir tout l'attirail d'un peintre *très-achalandé*, développait ses portes à coulisses engrenées les unes dans les autres; à hauteur du genou le meuble formait coffre et divan bas, à la mode des cafés turcs. Des tableaux et des esquisses couvraient les murs tendus du plus riche papier saumon. Certes le temple était préparé pour recevoir la déesse. Il faut croire qu'elle n'y vint guère, car en deux ans je n'ai pas vu quatre fois le maître dans son atelier, dont on avait fait successivement une chambre de débarras, puis une lingerie, puis un réceptacle de vieux livres, et que je dus enfin disputer à une armée de chats farouches et sauvages lorsque j'y transportai à mon tour mes lares domestiques.

Quoi qu'il en soit, j'estime que le temps surtout

a fait défaut à l'élève de Rioult pour cultiver un art dont le goût, quoique parasite en lui, n'en était pas moins vivace. Pendant quarante ans et davantage d'une production littéraire surmenée, encyclopédique, qui ne lui laissa ni trêve ni loisirs, est-il bien étonnant que le peintre ait succombé sous l'écrivain ? A-t-on bien le droit d'inférer de là qu'il n'aurait jamais eu de talent dans un art dont il traitait, avec une compétence si élevée, un tact vaticinateur et une rare érudition pratique ? J'aurais là-dessus beaucoup de choses à dire, qui ne plairaient pas toutes à mes confrères, grands classificateurs intellectuels, et dont la philosophie s'accommode mal de l'indivisibilité du vrai génie. D'ailleurs, il faut en convenir, mon maître n'a pas été le grand peintre incompris qu'il feignait d'être aux heures des paradoxes : il le savait mieux que quiconque et, si on l'avait interrogé, il aurait répondu qu'il fallait mettre son pinceau à côté du violon d'Ingres, des casseroles d'Alexandre Dumas, de la politique de Lamartine, et même du crayon de Victor Hugo, dans le petit musée des originalités intimes du XIXe siècle.

> Je te dirai comment Rioult, mon maître, fait
> Un tableau qui, je crois, sera d'un grand effet :
> C'est un ogre lascif qui dans ses bras infâmes
> A son repaire affreux porte sept jeunes femmes.

> Renaud de Montauban, illustre paladin,
> Le suit l'épée au poing...
>> (*Premières poésies,* page 100.)

Ce tableau de Rioult, qui inspirait en 1829 des vers si enthousiastes au futur critique d'Ingres et de Delacroix, est aujourd'hui au Musée d'Amiens. Dans cette même poésie adressée à Eugène de Nully, — son camarade de collége avec Gérard, — Théophile Gautier dit encore de Rioult :

> Je préfère pourtant ses petites baigneuses,
> Vrai chef-d'œuvre de grâce et de naïveté,
> Où la jeunesse brille avec son velouté.

Gautier possédait, et il a gardé jusqu'à sa mort deux tableaux de baigneuses par Rioult ; ils mesuraient 0^m,32 de hauteur sur 0^m,25 de large, et ils formaient pendants. A sa vente, ils ont été payés cent francs chacun et adjugés à M. Hulot. Je crois que c'étaient des réductions de toiles célébrées dans le poëme, exposées au salon de 1827, et jugées ainsi par A. Jal : « M. Rioult a fait des choses agréables ; la naïveté de forme et de couleur de ses deux petites baigneuses a plu généralement. L'auteur ne s'est pas encore élevé au-dessus de sa *Velléda*... M. Rioult travaille avec conscience ; s'il ne va pas à Corinthe, ce n'est pas sa faute : le proverbe est plus fort que lui. » (*Salon de 1828,* par Jal, p. 479.)

Je possède une copie à la mine de plomb de l'une de ces deux compositions : elle est exécutée par Théophile Gautier. Rioult, dans ses tableautins, préludait, sans le savoir, à la dernière manière de Diaz, mais du Diaz de commerce, de celui des petites nymphes mirant dans une source leur nudité chaude et incorrecte.

C'est à cette époque que remonte le petit portrait à l'huile de Théophile Gautier par lui-même, appartenant à M. Poulet-Malassis, et que M. Maurice Tourneux a reproduit en tête de son excellente bibliographie du poëte. Il s'y est représenté avec le gilet rouge de *Hernani*, c'est-à-dire à dix-neuf ans. Il ne portait pas encore les cheveux longs et tombant sur les épaules, à la manière d'un roi franc. Il n'adopta guère cette coiffure que vers 1833, ainsi que le démontre un autre portrait autographe, gravé à l'eau-forte vers cette date et reproduit dans les *Portraits contemporains* (Charpentier, 1874). On sait que la raison qui détermina Théophile Gautier à laisser ainsi sa crinière se développer à l'aise, fut la jalousie qu'il avait de la barbe magnifique de Pétrus Borel : « Nous admirons, nous autres imberbes ne possédant qu'une légère moustache aux commissures des lèvres, cette maîtresse toison. Nous avouons même que nous, qui n'avons jamais rien envié, nous en avons été jaloux bassement et que nous avons essayé d'en contrebalancer l'effet par une prolixité mérovingienne de cheveux. » (*Histoire du Romantisme*, page 51.)

Dans le portrait reproduit par M. Tourneux, ainsi que dans un autre dessiné à la mine de plomb, signé et daté de novembre 1831, et qui est aussi chez M. Poulet-Malassis, Théophile Gautier est coiffé à la mode des élégants de l'époque, c'est-à-dire en lion ; presque tous les cheveux sont rejetés en masse d'un seul côté de la tête, comme dans le médaillon de Jehan Duseigneur, fait également en 1831. On retrouve ce dandysme capillaire dans beaucoup de portraits de poëtes et d'artistes contemporains, et notamment dans celui d'Alfred de Musset, par David (d'Angers).

D'ailleurs, pour en finir avec les nombreux portraits, autographes ou non, du maître, je donne ici ce renseignement aux curieux. Le meilleur Gautier jeune, le plus ressemblant et le plus intéressant qui ait été peint, est celui qui appartient aujourd'hui à sa fille aînée, Mme Judith Gautier, et qui fut exécuté d'après nature, en 1839, par le poëte Auguste de Châtillon. Quant au Gautier de la maturité, dont la tête olympienne et populaire eût tenté un Phidias, et qui semblait faite pour la statuaire, il n'a été réussi par aucun de ses contemporains. MM. Clésinger, Carrier-Belleuse, Aimé Millet et d'autres encore s'y sont vainement essayés. On en peut dire autant des peintres. Pas un de nos maîtres n'a su profiter de ce superbe modèle, et nous n'aurons pas de Théophile Gautier un portrait historique. Celui que M. Bonnegrace exposa en 1861 a de sérieuses qualités; mais c'est le Gautier familial et bourgeois. Il ne rend qu'un des côtés intimes du modèle. Deux aquafortistes seulement me paraissent avoir compris la rare beauté plastique de la figure du poëte, MM. Bracquemond et Jacquemart. Le premier a publié dans *l'Artiste* une eau-forte d'après une photographie de Nadar, qui est un chef-d'œuvre d'après un chef-d'œuvre. Un autre portrait de Théophile Gautier, entre vingt-quatre et vingt-six ans, lestement enlevé à la mine de plomb par Théodore Chassériau, et légué par le poëte à Mme Carlotta Grisi, mérite d'être encore signalé. Gautier avait pour lui une préférence marquée. C'était celui-là qu'il montrait quand il voulait nous prouver qu'il avait été fort beau dans sa jeunesse. Il a été gravé pour *l'Artiste* par M. A. Bodin, et *l'Art* l'a fait reproduire pour ses lecteurs. Quant au médaillon exécuté par M. Jules Jacquemart pour l'édition définitive d'*Émaux et Camées*, on a pu dire qu'il était, lui aussi, définitif.

Mais peut-être y aurait-il là pour l'administration des beaux-arts l'occasion d'une commande sympathique à tous ceux que touchent les intérêts de l'art et de la gloire nationale.

L'abbé de Montesquiou, l'ancien ministre de

Charles X, a été longtemps le protecteur de la famille Gautier, et il était l'ami de M. Gautier le père. C'est ainsi qu'il fut le parrain de l'une des sœurs de Théophile, et qu'une bonne partie de sa bibliothèque échut au poëte. Pendant que celui-ci étudiait chez Rioult, M. Gautier le père emmenait assez souvent les siens passer les vacances à Maupertuis, auprès de Coulommiers, où les Montesquiou avaient un château. Une partie du domaine avait été donnée à la commune pour la construction d'une église et d'un presbytère. C'est pendant ces vacances que Théophile, alors dans toute l'ardeur de sa vocation de peintre, proposa au curé de cette église de réparer tous les tableaux qu'elle renfermait. L'offre fut acceptée, mais bientôt suivie d'une autre plus audacieuse encore, qui était de cacher la nudité du fond du chœur par un tableau religieux, entièrement composé et exécuté par Théophile Gautier, élève de Rioult.

Le lecteur lira au catalogue la description de cet ouvrage curieux, qui fut fait, accepté et mis en place. C'est en songeant à cette toile perdue dans un coin d'église de village, que les sœurs du poëte, complices tenaces de ses jeunes illusions, disaient avec de gros soupirs :

— Ah! si Théo avait persévéré!

Jusqu'au dernier jour, Gautier a trouvé parmi les siens une foi invincible en sa vocation de peintre.

On attribuait très-sincèrement son abandon de la peinture à l'odeur malsaine des couleurs !

Malgré tout ce que j'entendais dire autour de moi de cette vocation pour la peinture, j'ai toujours soupçonné mon maître d'avoir abandonné cet art à bon escient et pour des raisons plus décisives que celle de cette myopie à laquelle il attribuait tout le mal. Lorsque je l'accusais gaiement à ce sujet d'avoir voulu commencer sa vie par un paradoxe, le regard sévère qu'il me lançait m'a paru plus d'une fois démenti par un imperceptible sourire. Cependant il n'aimait pas qu'on lui contestât le talent regretté. « Je ne prétends pas que j'aurais été un Rembrandt ni un Véronèse ! Mais j'aurais fait très-proprement, voilà tout, et pour le moins aussi bien que ton X... ou ton Z..., qui sont aujourd'hui de l'Institut, et cela grâce à mes feuilletons peut-être ! D'ailleurs sache ceci pour ta gouverne : un de mes pastels a été, en vente publique, payé plus de trois cents francs, *malgré ma signature!* Je dis trois cents, tu entends ! »

En cela il ne disait que la vérité. Le pastel existe encore : il appartient à M. Haro, l'expert ; il est signé des initiales T. H..., et il a été adjugé en effet au prix dénoncé, à l'hôtel Drouot. J'ignore si c'est *malgré* ou *à cause* de la signature, mais je ne me rappelle pas sans émotion avec quelle fierté naïve Gautier prononçait ce « trois cents francs ! » et quelle importance il attachait à ce jugement porté sur sa peinture par la spéculation, l'infaillible, l'incorruptible spéculation ! Il semblait qu'il s'en trouvât vengé du dédain public, de sa myopie, de la littérature et de tous ses contempteurs ! Ce pastel, vendu trois cents francs, lui était trois cents fois plus cher que tous ses livres, même les plus célèbres! Il ne se rassasiait pas d'en parler, quand il en parlait.

La première fois qu'il me mena chez M. Haro, il ne put se tenir de me dire, à peine arrivés : « Monte là-haut voir mon pastel de trois cents francs ! » Et à peine y étais-je, qu'il vint me joindre : « Eh bien, qu'en dis-tu ? » Et comme j'offrais à M. Haro de l'acheter pour le double prix : « Ce garçon-là, fit mon maître en se tournant vers l'expert, est doué d'un goût remarquable pour les choses de l'art : quand je l'aurai formé, il fera un bon critique! » Et il se prit à rire, de ce doux rire d'enfant qu'il avait aux bons jours, quand la maladie lui accordait une trêve de souffrances.

A la vérité, ce fameux pastel, — qui provient, je crois, de la vente de Mlle Alice Ozy, — n'est pas un si mauvais morceau. Cela n'est point du premier ordre, mais cela n'est point non plus du dernier, et je ne vois guère, parmi les spécialistes, beaucoup de gens capables d'écraser plus vigoureusement cette poussière d'ailes de papillon dont est fait le pastel. Il représente l'une des créations du poëte, et il est dénommé par lui-même Βακχὶς Σαμία, c'est-à-dire Bacchide de Samos, l'héroïne de ce joli conte *la Chaîne d'or ou l'Amant partagé*, que Gautier écrivit pour Balzac et qui parut dans la *Revue de Paris*.

« Elle est grande, svelte, bien faite ; elle a les yeux et les cheveux noirs, la bouche épanouie, le sourire étincelant, le regard humide et lustré, le son de la voix charmant, les bras ronds et forts, terminés par des mains d'une délicatesse parfaite. La peau est d'un brun plein de feu et de vigueur, dorée de reflets blonds comme le cou de Cérès après la moisson : sa gorge fière et pure soulève deux beaux plis à sa tunique de byssus. » (*Nouvelles*, Charpentier, page 314.)

C'est ce portrait littéraire d'une hétaïre grecque, — portrait que je crois d'ailleurs exécuté d'après nature et sur un modèle que quarante ans séparent de la ressemblance, — qu'il s'agissait de transposer dans un autre art également familier. Dans le pastel, Bacchide est présentée de face sur un fond bleu, les cheveux noués par des bandelettes d'or qui lui retombent sur les épaules, d'où pend une tunique rose, laquelle recouvre la moitié de la poitrine. Je ne veux pas dire que le peintre y vaille le poëte et qu'il ait trouvé des touches aussi admirables que ce : *dorée de reflets blonds comme le cou de*

Cérès, après la moisson; mais les tons sont fins et solides, le modelé parfaitement correct, et la physionomie, d'une expression charmante, répond fort bien à l'idéal que l'on se fait de la belle courtisane, sans compter qu'elle offre cet avantage de nous résumer le type favori de femme du peintre écrivain.

Il est remarquable que, dès que Théophile Gautier s'emparait d'un crayon ou d'un pinceau, sa main traçait une tête de femme d'un genre de beauté invariable, fût-elle d'ailleurs brune ou blonde. Ceux qui ont lu dans *le Diable à Paris*, édité par Hetzel, le chapitre consacré à l'Hôtel des Haricots auront sans doute remarqué, parmi les illustrations qui reproduisent les fantaisies décoratives tracées par des artistes sur le mur de la mémorable prison, une petite frimousse de manola, signée Théophile Gautier, et dont Alfred de Musset, son coreligionnaire en garde nationale, a écrit :

> Celui qui fit, je le présume,
> Ce médaillon,
> Avait un gentil brin de plume
> A son crayon.

Or, cette « Andalouse assez gaillarde, au cou mignon », comme la décrit encore Musset, peut être prise pour le prototype de toutes les têtes féminines dessinées ou peintes par Théopile Gautier. Sur trois peintures que, pour ma part, je possède du maître, deux reproduisent les traits de cet idéal intime. J'en puis dire autant de tous les croquis de lui que j'ai vus chez des amis ou chez des membres de la famille. A de longs intervalles, sans y songer ou sans s'en apercevoir, il retrouvait cette tête d'Andalouse ; sa main se l'était comme assimilée, et quelque diverses que fussent les visions féminines de ce grand adorateur de la femme, apte d'ailleurs à toutes les beautés, ses doigts soumis ou rouillés ne formulaient plus que celle-là. C'était sa Fornarine et sa Monna Lisa.

Un jour cependant,— c'était sans doute le lendemain d'une indigestion de copie, — le maître résolut d'en revenir à ce qu'il appelait son vrai métier. C'était en 1867. Il avait conçu l'idée d'une figure allégorique, grandeur naturelle, *la Mélancolie*. Il s'agissait d'arriver pour le Salon de l'année.

— Nous verrons bien si je suis reçu par le jury! s'écriait-il.

Et comme on lui faisait malignement observer qu'il ferait très-probablement partie de ce jury-là, ainsi qu'à l'ordinaire : « Je vais envoyer ma démission, et je signerai mon tableau d'un faux nom. Êtes-vous satisfaits? Que l'on aille me chercher une toile et des couleurs! »

L'entreprise fut d'abord menée vigoureusement,

s'il faut en juger d'après l'esquisse qui nous en reste et pour laquelle il fit poser la plus jeune de ses filles. Mais la copie, la copie maudite, reprit bientôt ses droits, hélas! quotidiens, et le maître se découragea de son rêve. D'ailleurs Théophile Gautier n'était pas homme à passer successivement du cabinet à l'atelier, et de l'atelier au cabinet; son esprit, lent aux décisions, se désenchantait assez vite et ne résistait guère à l'obstacle. Cette étude de *la Mélancolie* est demeurée en ma possession, et certes! je ne l'échangerais point contre un Rembrandt; mais il faut bien dire qu'elle justifie peu les regrets de son auteur pour son premier métier. Il n'avait pas sur sa palette de peintre la millième partie des tons qu'il a sur sa palette d'écrivain. Le plus étrange, c'est que ce coloriste littéraire sans égal, ce patricien extraordinaire du verbe, qui a tiré des mots leur pourpre et leur quintessence de lumière, nous apparaît tout autre dans sa peinture. Il s'y révèle dessinateur correct et froid, élève exemplaire, tout imbu des bons principes et de la tradition, j'allais dire « fort en thème ». Le Gautier peintre, celui des dernières années surtout, est notoirement académique. N'est-ce pas bizarre? J'avoue n'avoir pu encore m'expliquer comment la même main a pu tenir à la fois la plume en Véronèse et le pinceau en Chênedollé. O mon bien-aimé maître! si vous m'entendez, pardonnez-moi; mais votre *Mélancolie,* que vous me montriez jadis avec tant de fierté, ne vaut pas une page de *Mademoiselle de Maupin* ou dix vers de *la Comédie de la Mort.*

Le pastel semble avoir porté meilleure chance au poëte. Outre Βακχὶς Σαμία, il a laissé dans ce genre plusieurs ouvrages véritablement intéressants. Le portrait de sa mère, entre autres, tout vivant d'une ressemblance intime et profonde, et modelé généreusement. Puis celui de Mme Carlotta Grisi, très-blond au contraire et vaporeux. La célèbre danseuse est blanche et d'une carnation fragonardienne : posée de trois quarts, elle se formule comme une apparition flottante, par lignes indécises, estompées de tons doux et légers, souriante et demi-idéalisée dans sa création de *Giselle.* Il est regrettable que M. Boulanger n'ait pas connu ce morceau : il s'en serait inspiré fructueusement pour son médaillon du Foyer de la Danse, à l'Opéra.

Un autre portrait de la même personne, mais à l'huile, celui-là, est à Genève. Théophile Gautier le fit, le soir, à la lumière d'une lampe. Le modèle est de profil, les yeux baissés et travaillant à quelque broderie ; le haut du visage baigne dans l'ombre, et la joue est éclairée, au niveau d'un abat-jour. L'effet est fort bien rendu, sincèrement et sans procédé. C'est, à mon sens, la meilleure peinture du maître. Au sujet de ce portrait, on racontait dans la famille que M. Ingres, en le voyant, s'était écrié avec cette brutalité bonhomme qui prêtait tant de prix à ses éloges : « Qui est-ce qui a fait cela? Je ne connais pas cette peinture-là! »

Inutile d'ajouter que Gautier citait volontiers le mot et lui attribuait le sens le plus favorable.

Au résumé, quelles qu'aient été ses illusions sur son talent de peintre, le maître a aimé passionnément la peinture. Il en jouissait plus profondément que de tous les autres arts et il la comprenait si bien qu'il en est resté le juge le plus admiré de ce temps. Il savait, pour les avoir éprouvées, ce que la pratique du métier contient de joies, et quel plaisir il y a dans sa manipulation. Tous ses chagrins étaient oubliés quand il pouvait frotter de la couleur sur une toile, bien à l'aise, manches retroussées et col ouvert. Pour moins que cela même il devenait heureux : je l'ai vu prendre un tel plaisir à peindre en rouge des portes de son appartement, y dépenser une telle ardeur, et parler avec tant d'envie du bonheur des décorateurs, que la distraction lui en devint dangereuse et que l'on fut forcé de la lui interdire. Hélas! toute émotion trop vive pouvait déjà lui être mortelle. Mais de quel accent inoubliable il nous dit ce jour-là, et avec sourire :

— Allons! me revoilà condamné à mettre du noir sur du blanc!

CATALOGUE

DE

L'ŒUVRE PEINT, DESSINÉ ET GRAVÉ

DE

THÉOPHILE GAUTIER.

---

1. 1818 (Sept ans). *Némorin*, composition au crayon. (Disparue.)

2. *Estelle*, le pendant. Elle est restée dans la famille, et elle appartient à Mlles Gautier, sœurs du poëte. C'est une figure aux trois quarts de nature. Elle est présentée de face, costumée en bergère, en corsage à bretelles, et le chapeau rejeté en arrière d'où s'échappent deux longues tresses frisées en tire-bouchons.

(Par une curieuse coïncidence, ce nom d'Estelle devait être trente ans plus tard celui de l'une des filles de Théophile Gautier.)

3. 1825 (Quatorze ans). Église de Maupertuis, près Coulommiers. Réparation des tableaux de l'église.

4. Décoration de la grande nef. Elle embrasse

tout le fond du maître-autel, et représente *Saint Pierre guérissant un paralytique*. A gauche, le paralytique assis sur une pierre fendue; debout devant lui, saint Pierre occupe le centre. A droite, des femmes vêtues en Égyptiennes assistent au miracle. La scène se passe dans une salle à colonnes, tendue de draperies rouges; par l'ouverture du fond on aperçoit la campagne, symbolisée par un arbre de Judée. Cet arbre et la pierre fendue avaient été étudiés d'après nature. La composition est de forme hémicyclique.

5. Même époque. Une vue de la place de l'église de Maupertuis. A droite, le presbytère : on en voit sortir la servante du curé, qui se dirige avec des seaux vers la fontaine de la place; poules et canards. Au milieu, sur le premier plan, la fontaine; plus loin, l'église, sous le portail de laquelle le curé entre. A gauche, la vieille porte du château de Montesquiou, porte du xviiie siècle, fort curieuse, avec serrures, agrafes et clous ouvragés; de grands arbres l'ombragent et indiquent le parc. Du même côté, sur les plans avancés, une boucherie et un banc de pierre avec deux personnages. (Ce tableau est perdu.)

Même époque encore.

6. 1° Portrait du boucher de Maupertuis.

7. 2° Portrait de la bouchère.

8. 3° Portrait de la servante du curé, très-jolie fille, paraît-il, en robe à petits carreaux et à fleurs roses.

9. 4° Portrait d'une jeune fille brune en robe blanche.

10. 5° Tête de vierge, brune, vêtue de rouge.

11. 6° Titine. (Titine était la petite fille d'une paysanne de Maupertuis, qui avait soigné Théophile lorsqu'il s'était cassé la jambe, et que l'on surnommait « Chère amie », à cause de l'habitude qu'elle avait de cette locution familière.

12. 7° Portrait d'un vieux paysan.

13. 8° Beaucoup d'études d'enfants, parmi lesquelles une d'enfants de meuniers, sortant de leur moulin.

14. 1827 (Seize ans.) Portrait de M^{mo} Gautier, sa mère. Pastel. Il est resté dans la famille, et il appartient aux sœurs du poëte.

15. Portrait de Mlle Émilie Gautier, sa sœur. Mêmes propriétaires.

16. Portrait d'Auguste Maquet, à l'huile.

17. Portrait de M. Massé, avocat à Bourges.

Même époque (rue du Parc-Royal).

18. Divers portraits de petites filles mortes.

Le spectacle des enfants morts est un de ceux

qui l'ont ému toute sa vie : ses poésies en font foi.

Même époque.

19. L'*Innocence*. Composition à l'huile, de grandeur naturelle.

C'est une figure nue, vue de face, de jeune fille blonde. Elle est couronnée de marguerites ; à la main droite, qui pend le long du corps, elle tient un bouquet des mêmes fleurs, parmi lesquelles se cache un lézard. Elle s'avance sur un chemin bordé de fleurettes et d'herbes sauvages, et à ses pieds se déroule un serpent symbolique.

On ignore ce qu'est devenue cette allégorie, qui avait été offerte par l'artiste à Mme Damarin.

20. 1829 (Dix-huit ans.) Quatre petits tableaux à l'huile ovales, de 0^m,20 de hauteur ; ils appartiennent à Mlles Gautier.

1° Femme brune, représentée jusqu'à la ceinture, comme les suivantes. Bonnet dit à la folle, robe rose avec ceinture de soie noire.

2° Femme brune ; toilette de soirée ; décolletée ; roses rouges dans les cheveux ; un manteau d'hermine sous lequel passe un cachemire rouge.

3° Femme blonde : béret cerise avec deux marabouts blancs sur des cheveux bouclés ; corsage en velours cerise, bordé de pierreries, et de forme dite jockey ; petits revers triangulaires sur les épaules. Des bandes de pierreries bordent l'ouverture du corsage et celle des manches blanches. A la taille une ceinture de pierreries avec une grosse escarboucle formant boucle.

4° Femme blonde. Coiffée en boucles remontantes ; chapeau à larges bords, orné d'une plume blanche et de rubans de satin blanc et cerise. Collerette blanche tuyautée. Spencer bleu pervenche à pointe, sur une robe de mousseline blanche.

21. 1830. Son portrait à l'huile, en tenue de Hernaniste. Reproduit en fac-simile en tête de la *Bibliographie* de Théophile Gautier, par M. Maurice Tourneux. (Baur, 1876, in-8°.) Ce portrait, dont Gautier avait fait don à la famille Damarin, se trouvait chez Poulet-Malassis, qui le tenait de Mme Renaut, née Damarin.

22. 1830. Jeune fille en costume de bal ; coiffée de marabouts, avec une ferronnière sur le front. Chez Poulet-Malassis.

23. Portrait de Mlle Damarin, à l'âge de quarante ans. A M. Renaut, receveur des douanes, à Paris.

24. 1830. Portrait d'Eugène de Nully, peinture à l'huile, signé et daté. (Collection de M. Prosper de Nully.)

25. 1830. Femme en robe bleue, avec toque rose à plume blanche. Elle est accoudée sur une

table.; peinture à l'huile, signée et datée. (Même collection.)

26. 1830. Portrait de M. *Prosper de Nully*, à l'huile; daté seulement. (Même collection.) Sans date, mais probablement de la même époque.

27. — *Gurth*; personnage de Walter Scott; petit panneau.

28. — Jeune fille à toque rouge; panneau rond.

29. — *Sarah la baigneuse*; petit panneau ovale. (D'après l'*Orientale* de V. H.)

30. — *Le Sylphe*; d'après la *Ballade* de Victor Hugo; panneau en ogive. Le Sylphe apparaît à une châtelaine placée derrière sa fenêtre.

Ces quatre pièces appartiennent à M. Prosper de Nully.

DESSINS.

31. 1831. Quatre têtes de fantaisie; — à savoir :

32. *Lauretta :* signé et daté 31 janvier 1831.

33. *Élisa Evertje*; signé et daté 4 juillet 1831.

34. *Rebecca*; signé et daté 28 mars 1831.

35. *Olinde*; signé et daté 28 mars 1831.

} Mine de plomb.

36. 1831. *A hora y sempre*, crayon noir; signé et daté 8 juillet 1831.

37. 1831. *Paula*; au crayon noir.

38. 1831 (?). *Femme nue en pied*, auprès d'un arbre, présentant une rose à un serpent. C'est peut-être l'esquisse de l'*Innocence*.

39. 1831. *OEfella*; signé et daté. ⎫

40. 1831. *Ninetta*; signé et daté 25 fé- ⎪ Mine
vrier 1831. ⎬ de

41. 1831. *Tête de jeune fille*; signé et ⎪ plomb.
daté janvier 1821. ⎭

42. 1834. *Magdeleine de Maupin*; signé et daté octobre 1834. Mine de plomb.

Sans date :

43. *Odalisque tenant un éventail*; signé.

44. *Portrait de Théophile Gautier* en costume moyen âge au célèbre bal de l'impasse du Doyenné, chez Gérard de Nerval. Aquarelle.

45. Dessin à la plume représentant trois portraits : 1° celui d'*Alfred de Musset*, vu de dos, en lion; 2° *Balzac*, avec sa canne célèbre, de profil; 3° au revers, celui de *Théophile Gautier*, en tenue romantique, avec le chapeau pointu, de face, jusqu'à mi-jambes.

46. Croquis de tête d'homme et de tête de femme.

47. 1830. *Musidora*; signé et daté. Mine de plomb.

48. *Arabella*; signé et daté. Mine de plomb.

49. Esquisse au crayon de la femme en robe bleue.

Tous ces dessins font partie de la collection de M. Prosper de Nully, au château de la Blotinière, près Vendôme.

Ici se termine la période picturale de la vie de Théophile Gautier. Le cor d'Hernani a retenti, et Victor Hugo l'emporte sur Rioult. Le premier ouvrage de Théophile Gautier allait paraître l'année suivante (29 juillet 1830) chez Charles Mary, passage des Panoramas.

50. 1831. *Jacinta,* type de la maîtresse d'Onuphrius, des *Jeunes-France;* mine de plomb, signée et datée du 14 juillet 1831. A Poulet-Malassis.

51. 1831. Son portrait à la mine de plomb, signé et daté de novembre 1831. A Poulet-Malassis.

52. 1833. Son portrait à l'eau-forte. Reproduit en tête des *Portraits contemporains.* (Charpentier, 1874.)

53. 1835. Trumeau pour la décoration de la maison de l'impasse du Doyenné.

54. 1836. Cartouche-frontispice de la *Couronne de bluets,* roman par Arsène Houssaye. Il est formé de mascarons, de sphinx et de sirènes; au centre se lit le titre du livre, et à gauche la signature *Th. Gautier.*

55. 1837. *Angélique,* étude faite dans l'atelier de Chassériau.

56. 1842. Tête de petite fille de treize ans. Type

israélite. Un cercle d'or dans les cheveux; collier de perles blanches; grandeur naturelle.

57. Hôtel des Haricots. L'Andalouse, dessin sur le mur de la prison. Reproduit dans *le Diable à Paris*. (Disparu.)

58. 1845. Une douzaine de bois exécutés pour l'illustration d'un voyage en Afrique, et commandés par M. Hetzel, qui les possède encore. Ces bois, restés inédits, sont charmants; il est à souhaiter que l'éditeur les utilise. Sur son excursion en Afrique, faite en compagnie de M. Noël Parfait, Théophile Gautier n'a laissé que quelques pages recueillies par Michel Lévy dans le volume intitulé : *Loin de Paris*.

A partir de ce moment, il est presque impossible de préciser les dates auxquelles l'écrivain a peint ou dessiné, dans ses heures de loisir, les diverses études dont j'ai retrouvé les traces. D'ailleurs mes prétentions ne sont pas d'établir ici un catalogue définif de son œuvre, je ne puis et ne désire que faciliter la besogne et la dégrossir à celui qu'une telle entreprise tenterait. Les dessins de Gautier sont fort nombreux, et il n'est pas un de ses amis qui n'en possède un ou deux à titre de souvenir.

59. Vers 1858. Portrait de Mme Ernesta Grisi, au crayon Conté. — Collection de M. Émile Bergerat.

60. Portrait de sa fille, Mlle Estelle Gautier, au crayon Conté. — Même collection.

61. Portrait de M{^{lle}} Dupin, au crayon Conté. — Même collection.

62. Entre 1862 et 1864. Tête de fantaisie (Ophélie?), mine de plomb. — Même collection.

63. *Baigneuses*, d'après Rioult, mine plomb. — Même collection.

64. Portrait de M{^{lle}} Marie Barbey, mine de plomb. — Même collection.

65. Tête de Bacchante, faite à Saint-Pétersbourg. — Fac-simile par M. Aglaüs Bouvenne dans la publication : *Sept dessins de gens de lettres...* Paris, 1874, in-fol.

66. Répétition de la même tête. — Collection de M. Émile Bergerat.

67. Profil de M{^{me}} Carlotta Grisi, mine de plomb. — Même collection.

68. Portrait de M{^{lle}} Ernestine Grisi, enfant, mine de plomb. — Même collection.

69. Portrait au pastel de Carlotta Grisi, dans le rôle de Giselle.

70. *Bacchante*, à mi-corps, blonde et nue. — Collection de M. Émile Bergerat.

71. Βαχχὶς Σαμία, pastel de M. Haro.

72. De 1864 à 1870. *La Mélancolie*, à l'huile (1867). — Collection de M. Émile Bergerat.

73. 1865. Tête à la sanguine, à M. Alfred Stevens, avec dédicace de Théophile Gautier à M{^{me}} Alfred Stevens.

74. Deux pochades sur papier à chandelle, à l'encre rouge. La première, intitulée : *Cuisine du samedi*, représente une scène du sabbat; la seconde est une fantaisie burlesque sur la *Tentation de saint Antoine*, de M. Gustave Flaubert. L'écrivain est occupé à composer, et autour de lui voltigent des apparitions de tigres, de lions, d'ours, au milieu desquels s'étire une femme nue, enceinturée d'un serpent, etc. — Émile Bergerat.

75. Portrait à l'huile de Mme Carlotta Grisi, à Genève.

76. Portrait à l'huile de Mlle Ernestine Grisi, à Genève.

77. Plusieurs photographies, tirées pâles, et reprises aux crayons de couleur ou à l'aquarelle, selon un procédé de M. Hébert.

78. Portrait de Mlle Rivoire, mine de plomb.

79. Copie d'une Léda de Ziégler, qui était dans la collection de Théophile Gautier, à Neuilly. (Voir catalogue de la vente Th. Gautier, n° 101.) Cette copie, commencée par une de ses filles et achevée par lui, avait été offerte par Gautier à Mme Bénard, maîtresse de piano (1869).

80. Portrait de Théophile Gautier (1870). C'est une esquisse blonde d'aspect et très-peu poussée. M. Auguste de Châtillon ayant entrepris de recommencer, trente et un ans après sa première et heureuse tentative, de saisir la ressemblance du

maître, celui-ci voulut rivaliser avec son peintre. Mais cette fantaisie n'eut qu'une heure et qu'une séance. Cette ébauche de portrait autographe appartient à Mlles Gautier.

81. *Ophélie*, étude à l'huile (1872). — Collection de M. Émile Bergerat.

Parmi les personnes qui, à ma connaissance, possèdent quelques dessins ou croquis de Théophile Gautier, je nommerai MM. Poulet-Malassis, le peintre Chaplin, et le musicien Laffitte. Mais parmi celles qui doivent en posséder, j'énumère, selon toute probabilité, Mme la princesse Mathilde, M. Arsène Houssaye, M. Paul Dalloz, M. Émile de Girardin, M. Maxime Du Camp, M. de Gourjault, et en général tous les amis du poëte.

LETTRES

AU LECTEUR.

Dans le principe, cette première réunion de la correspondance de Théophile Gautier comprenait — outre les lettres que le lecteur a sous les yeux — un certain nombre d'autres lettres adressées à Mme Carlotta Grisi. J'ai dû les supprimer au dernier moment; voici pourquoi.

Mme Carlotta Grisi m'avait d'abord autorisé à publier ces lettres, dont je possède encore une copie faite par moi, sous ses yeux, à Genève. L'autorisation, d'ailleurs, était purement verbale, je le reconnais sans peine, et je n'ai d'autre preuve à fournir du fait que cette copie même dont je parle et que je conserve précieusement. Par des circonstances indépendantes de ma volonté, il s'est trouvé que les sentiments de Mme Carlotta Grisi pour le poëte se sont modifiés. A cela je n'ai rien à dire. Mais il en résulte que Mme Carlotta Grisi m'a repris sa parole et qu'elle me refuse aujourd'hui ce qu'elle m'avait accordé hier. A cela je n'ai rien à faire. On sait, d'ailleurs, que les lettres de Théophile Gautier se vendent fort cher.

J'avais donc d'abord purement et simplement supprimé ces lettres de la correspondance que je publie, lorsque, avertie sans doute de la gravité de la responsabilité qu'elle prenait vis-à-vis du public, Mme Carlotta Grisi se ravisa et me fit offrir de me laisser une partie de ces lettres à la condition que je lui soumettrais mon texte personnel et que j'en retrancherais ce qu'elle ne trouverait pas à sa convenance.

Malgré les protestations indignées de mon éditeur, M. Georges Charpentier, j'acquiesçai à ces prétentions, d'abord parce que ce texte avait paru entièrement dans les journaux sous forme d'articles, et ensuite parce que je voulais donner à la pauvre femme cette dernière preuve de bonne volonté. Je lui envoyai les épreuves de mon ouvrage. Elles me revinrent dans un état à stupéfier les plus indifférents. Non-seulement Mme Carlotta Grisi ne voulait pas que je prononçasse son nom, qui cependant appartient au public depuis plus de quarante ans, mais encore elle exigeait que je supprimasse tous les passages relatifs aux séjours fréquents de Théophile Gautier à Genève dans sa *propriété de Saint-Jean (voir* Émaux et Camées *), celle-là même où j'ai copié les lettres.*

Mon devoir était d'aller jusqu'au bout, ne fût-ce que par curiosité. Je voulus savoir ce que Mme *Carlotta Grisi me laissait de lettres du maître en échange de ces suppressions arbitraires. La liste de ces suppressions passe toute imagination. Sur quarante-six lettres, M*^me *Carlotta Grisi en réservait trente-quatre! Et, sur ces trente-quatre, j'en ai compté plus de vingt-cinq où son nom n'est même pas prononcé et où il n'est pas question d'elle, même accessoirement. Ses exigences, d'ailleurs, étaient de celles dont on rirait de bon cœur s'il n'était pas si triste de voir une personne pour qui un homme de la valeur de Théophile Gautier a professé une amitié si disproportionnée déserter ainsi une noble mémoire.*

Ainsi défigurée et réduite aux banalités courantes, la correspondance n'avait plus aucun intérêt pour le public; il était de mon devoir de n'en plus tenir compte. Dieu veuille qu'elle ne soit pas perdue pour toujours et que tant de belles pages éloquentes, dans lesquelles tout le grand cœur de Théophile Gautier se révèle, ne disparaissent pas à jamais avec leur propriétaire! Mais le droit est là, les lettres d'un écrivain appar-

tiennent à leur destinataire. Il peut les détruire si cela lui plaît, sans en devoir le moindre compte à personne. Ah! que j'aurais aimé à risquer le procès, et même à le perdre!

ÉMILE BERGERAT.

LETTRES.

DEUX LETTRES DE VICTOR HUGO

A THÉOPHILE GAUTIER.

I

1835.

Édouard[1], *cher Théophile, a dû vous porter le livre de Mlle Louise*[2], *vous savez comme je l'aime, je vous la recommande du fond de l'âme et du fond du cœur.*

Venez donc un de ces jours dîner dans votre vieux coin de la place Royale. Il y a sur l'une de vos anciennes fenêtres un nid d'hirondelle qui me fait toujours penser à vous. Vous devriez bien faire comme elle, et revenir vous loger là au mois d'avril.

A bientôt, à toujours.

Victor H.

2 janvier.

1. Édouard Thierry.
2. Mlle Louise Bertin.

II

1835.

Je suis tout fier, cher Albertus, fier de votre amitié, fier de votre talent. Quelle magnifique image vous avez faite à propos de moi ! Je suis orgueilleux de l'avoir inspirée et je ne le serais pas moins de l'avoir trouvée. C'est que vous êtes un grand poëte en même temps qu'un excellent ami.

A bientôt, n'est-ce pas ? Je vous serre les deux mains[1].

VICTOR H.

15 janvier.

CORRESPONDANCE DE THÉOPHILE GAUTIER.

I

A EUGÈNE DE NULLY.

1835.

Mon cher Eugène, que fais-tu là-bas dans ta boutique africaine? Les lettres que tu adresses à tes

---

[1]. Ces deux lettres de Victor Hugo m'ont été communiquées avec les billets suivants de Théophile Gautier, par M. Prosper de Nully. Elles témoigneront glorieusement de la tendre amitié que le plus grand des poëtes avait pour son disciple, et qu'il lui a toujours gardée. Leur place, je crois, était ici.

E. B.

aïeux sont pleines de détails de cuisine fort intéressants, mais cela manque un peu de liberté et d'intimité. Y a-t-il des.....? Chie-t-on le long des murs ou tout en haut des minarets, comme cela se pratique à Venise où le jeune Loubens nage dans des flots de m... et de poésie? Écris-moi une petite pancarte particulière où tu m'éclairciras sur tous ces points importants que les pudiques voyageurs laissent habituellement dans l'ombre. Parmi tous ces nobles insectes dont tu parles, punaises, puces, poux, cousins, tiques, moustiques, le [sc]orpion est-il indigène ou transplanté? Tu devrais bien puisque tu es en Afrique tâcher de c.... quelque négresse; cela te ferait plaisir et à elle aussi. Je t'irai voir incessamment et pour ce, j'entasse liard sur liard. Je travaille à la *Chronique de Paris,* qui est maintenant dirigée par Balzac, qui est un bon gros porc très-plein d'esprit et très-agréable à vivre. Je fais le salon dans le *Cabinet de lecture*, et je dirige conjointement avec cet honnête Lassailly un petit journal inédit intitulé l'*Ariel.* Tu vois que je suis dans l'ouvrage jusques au cou. Je gagne le plus d'argent que je peux afin de voler à ton perchoir mauresque et de faire connaissance avec ton odalisque A'hama, dont le nom me paraît tout à fait appétissant. Tâche de ne pas te faire couper le col par les Kabyles ou les Bédouins, ou du moins ne le fais qu'après ma visite. Il vient de paraître un sale poëme de Quinet sur Napoléon; c'est une merdiana sur la plus grande échelle, et la Confession d'un Enfant du siècle par de Musset, qui n'est pas aussi drôle que l'on aurait pu le croire d'abord. Ma pauvre Ninette-Ninon Cidalise est très-malade, très-malade et j'en suis très-affligé, car j'ai eu beaucoup de plaisir avec elle, et je crains fort de ne plus en avoir, au contraire. Envoie-moi quelques pots de couleur locale, je ferai des nouvelles algériennes et turques pour la *Chronique,* et ce sera bouffon, des choses domestiques et familières, tu m'obligerais beaucoup. Si tu veux, en revanche, je t'enverrai des descriptions de la rue Saint-Honoré et de la place Maubert. As-tu la foire, ô grand homme[1] ?

Tout à toi, à bientôt.

THÉOPHILE GAUTIER.

1. Cette curieuse lettre est d'environ 1835 ; elle a été envoyée à Eugène de Nully, en Afrique, et c'est M. Prosper de Nully qui la possède. A la vérité, je n'ai pu la donner intégralement et telle qu'elle est écrite, car la liberté de rédaction en est de celles que les pruderies françaises ne supportent point. Au point de vue biographique, elle offre un grand intérêt, et elle fera monter en vente publique les exemplaires, s'il en reste, de ce petit journal *Ariel,* auquel Théophile Gautier nous apprend qu'il a collaboré. On remarquera aussi ce cri charmant et qui le peint tout entier : « Envoie-moi quelques pots de couleur locale! » Quant au ton qui règne dans cette lettre, et que j'ai été contraint d'adoucir, je l'avoue, il ne faut pas oublier que mon maître avait vingt-quatre ans quand il l'écrivit, qu'il l'adressait à un ami intime, comme lui romantique à tous crins et habitué au parler salé des ateliers de l'époque. Du reste, elle n'était point destinée à la publicité, il est inutile de le faire remarquer. Théophile Gautier a écrit deux ou trois lettres libres dans sa vie, plutôt pour exercer la verve rabelaisienne qui était en lui et s'amuser à l'emploi de mots tombés en désuétude, que pour les raisons vulgaires que l'on supposerait. Il maniait la langue des vieux conteurs gaulois avec une éloquence prodigieuse. L'une

II

A EUGÈNE DE NULLY,

1836.

Mon cher,

Je ne serai pas aujourd'hui chez moi. Une affaire imprévue m'en empêche, mais voici de quoi il s'agit : Je suis à présent directeur de la Presse pour la partie littéraire, comme Desnoyers au *Siècle*. Je me suis engagé à fournir le journal de feuilletons ; j'espère que tu seras un de mes collaborateurs les plus assidus. Tu dois être fort comme un Turc sur la question d'Orient et tu nous conteras de belles histoires comme Scheherazade, moyennant quoi nous t'abreuverons de capitaux abondants. Trouve-toi lundi de quatre heures à cinq heures chez toi, nous causerons,

Tout à toi.

THÉOPHILE GAUTIER.

de ces lettres dont je parle le fait l'égal de Rabelais : de ce morceau d'exécution, les artistes de notre métier qui le connaissent ne parlent qu'avec enthousiasme ; c'est le récit d'un voyage en Italie ; il comprend plus de vingt pages et formerait une plaquette... s'il était imprimable. Il ne l'est pas, malheureusement ; car il démontrerait quel orfévre des mots c'était que Théophile Gautier, et quel conteur !

E. B.

III

A EUGÈNE DE NULLY.

1836.

Veux-tu donc que je donne l'argent à mes ennemis?
Fais de la copie, *les capitaux sont réunis.*

Sont réunis les capitaux.
Les capitaux (*bis*) sont réunis (*ter*).

Je suis venu hier, être impalpable, introuvable et plus que chimérique.

THÉOPHILE GAUTIER.

IV

A EUGÈNE DE NULLY.

Mon cher Africain,

Serais-tu en Alger que l'on ne te voit jamais? Tu sais pourtant qu'une visite de toi est une bonne fortune pour moi, et mieux qu'une bonne fortune: viens donc demain dîner à la maison, nous boirons un peu et nous parlerons beaucoup. Demain c'est vendredi soir.

Tout à toi de cœur.

THÉOPHILE GAUTIER.

Ce jeudi 23 janvier 1838.

V

A EUGÈNE DE NULLY.

Sans date.

Je suis venu à cinq heures et quelques minutes, envolé. Viens demain matin chez moi, tu pâtureras avec moi. Je n'imagine pas de meilleur moyen de coïncider avec toi.

VI

A EUGÈNE DE NULLY.

Mon cher Eugène,

Toi qui as toutes sortes de relations noires et cuivrées ne pourrais-tu pas trouver moyen de faire passer Francesco-Adolfo Fezalla Abdallah, mon ex-nègre, dans l'Algérie? Les divers jargons qu'il parle pourraient lui servir. Il ferait un guide-interprète très-suffisant. Tu me rendrais service, car il ne veut pas s'en aller de la maison et il y revient toujours, il me plairait beaucoup qu'il fût dans une autre partie du monde : si tu connais quelque officier qui ait besoin d'un domestique, recommande-le-lui; il n'a guère d'autres défauts que d'être ivrogne, paresseux et sale, ce qui est peu de chose.

Enfin contribue à ma délivrance, et je te serai reconnaissant en ce monde et dans l'autre.

Tout à toi.
Théophile Gautier.

VII

A EUGÈNE DE NULLY.

Mon cher Eugène,

Me voilà revenu des pays les plus extravagants. Je voudrais bien te voir, mais tu es introuvable; comment faire? Si tu voulais venir dîner demain jeudi à cinq heures et demie rue de Navarin, n° 27, tu me réjouirais fort. Comment va Prosper?

Ton vieux ami.
Théophile Gautier.

Ce 4 novembre 1840.

VIII

A EUGÈNE DE NULLY.

13 mai 1842.

Mon très-cher,

As-tu sauté en l'air, es-tu grillé, cuit, resté dans les cendres? S'il y a encore un petit morceau de toi sur la terre, écris-moi où il se trouve.

Tout à toi.
Théophile Gautier.

IX

A EUGÈNE DE NULLY.

1842.

Mon cher Eugène,

Desespérant de te trouver, je t'assigne un rendez-vous pour lundi à cinq heures du soir, chez toi. J'ai été six fois à ton perchoir, mais tu étais déjà déjuché; ce matin, je me suis mis en route devant l'aube; il y avait déjà une heure que tu étais parti, ô le plus fugitif de tous les gens qui savent l'arabe! tu n'étais pas au café Desmares. Dis-moi les rues où tu passes et j'irai t'y attendre debout, sur une patte, comme un héron désillusionné. Au moins, quand tu étais en Afrique, Prosper venait me dire si tu étais mort ou en vie; on a bien raison de dire que le vrai désert est Paris. J'ai plusieurs choses et beaucoup d'autres à te dire.

Adieu très-cher! à lundi, si cela ne te dérange pas.

THÉOPHILE GAUTIER.

X

A EUGÈNE DE NULLY.

Mon ami,

Ma fluxion s'étant augmentée au point de m'empêcher de sortir et même de parler librement à cause du gonflement de mes lèvres, il en résulte que je m'ennuie beaucoup et que je ne sais que faire. Tu m'as dit que tu avais les poésies de Sainte-Beuve ; si tu pouvais me les prêter, tu me ferais le plus grand plaisir, cela m'aiderait à tuer le temps en attendant que je sois rétabli. Je compte sur ton obligeance.

Porte-toi mieux que moi. Adieu.

GAUTIER.

XI

A MADAME G...

(Sans date.) Nohant.

Je suis arrivé à Nohant en bon état et j'y ai reçu l'accueil le plus amical. Il y a Marchal et le petit Dumas. L'endroit est très-solitaire, quoique sur le bord de la route. La maison demi-château a bonne figure avec ses lierres et ses vieilles murailles grises au milieu d'un vaste enclos moitié parc, moitié jardin, le tout assez négligé et juste au point où je l'aime. J'ai passé ma journée à regarder jouer aux boules et à me promener dans les allées dans un calme profond dont j'avais besoin. car j'étais encore fatigué de la fête. Mme Sand est la tranquillité même ; elle roule sa cigarette, la fume et parle peu, car elle travaille toutes les nuits jusqu'à trois ou quatre heures du matin, et jusqu'à midi, une heure, elle est comme une somnambule; puis elle commence à s'éveiller et rit des calembours de Dumas qu'elle ne comprend qu'après tout le monde : il est impossible d'être meilleure femme et meilleur garçon à la fois. J'ai vu le théâtre ; il est bien arrangé et fourni de quatre-vingts décors, mais il a coûté petit à petit une vingtaine de mille francs. Maurice Sand, Lambert, Manceau et d'autres amis de la maison y ont travaillé des hivers entiers, Dans ce moment-ci, la troupe est dispersée par l'ouverture de la chasse et je ne sais pas si l'on pourra jouer une pièce improvisée, mais l'on exécutera probablement quelque scène détachée.

XII

A MADAME G...

Moscou, 22...

... Nous avons fait un voyage très-curieux de Tver à Nijni-Novogorod sur le Volga en bateau à vapeur. Trois cents lieues de descente et autant de remonte. Cela m'a reposé. Mes sueurs ont disparu. Singulier repos cependant que ce voyage où nous sommes restés quinze jours sans nous déshabiller et nous coucher dans un lit. Il n'est pas besoin de te dire qu'il n'y avait pas de Chinois à Nijni, puisque c'était pour en voir que j'y étais allé. Il paraît qu'il en est venu deux il y a trois ans. On en attendait un cette année, mais la guerre de Chine lui a fait peur et il n'a pas osé se risquer chez les barbares d'Europe, de peur sans doute qu'on ne lui coupât la queue. Je n'ai pas vu de Chinois, mais d'autres choses fort curieuses et superbes dont personne ne parle comme de juste. Entre autres des commodités souterraines, babyloniennes et gigantesques, où mille hommes peuvent se satisfaire à la fois. Il y a des niches pour les mahométans, les adorateurs du feu, les chrétiens de diverses sectes qui ne s'accroupissent pas de la même manière. A chaque niche musulmane est suspendue une cruche pleine d'eau pour les ablutions. La nuit, on ouvre une écluse et tout le souterrain est inondé; le matin on lève la vanne opposée et le résidu s'en va dans la rivière hors la ville. Assez sur ce propos : soyons calme et inodore ! Des marchands de thé, — non chinois mais russes, — ont été avec nous d'une amabilité extrême; ils nous ont donné, sans vouloir être payés, du thé exquis et une brique de thé baskir, chose très-rare et très-curieuse ; il n'en existait que deux à la foire; l'autre a été donnée au grand-duc Constantin. Ce thé nous a été d'un grand secours à travers les cuisines plus ou moins sauvages que nous avons été forcés d'avaler. La petite bande vit dans la plus parfaite union et va toujours ensemble comme les canes aux champs : le premier va devant, le second suit le premier et le troisième va le dernier. Toto, comme le plus maigre, ouvre la marche, il est d'ailleurs chargé de porter la parole; Olivier vient ensuite et moi après à peu près comme ceci :

*
* *

Telle est la forme habituelle de la constellation voyageuse quand elle est à pattes, ce qui arrive rarement, car la Russie est un pays de trimbalage perpétuel.

XIII

A M. MAXIME DU CAMP.

Lundi, 13 décembre 1851.

Mon cher Maxime,

Que puis-je vous écrire, sinon que je suis bassement jaloux de votre bonheur et que j'envie le sort de votre domestique? Je claque d'ennui et je me donne des coups de pieds au cul toute la journée pour ma lâcheté. Je devrais voler la Banque de France, assassiner quelque bourgeois, suriner un capitaliste et vous aller rejoindre, car on paye si peu les syllabes que ce serait le seul moyen. Louis a l'air de sa propre ombre sur les murs tant il s'embête, et sans les quatre mois d'Italie nous serions crevés comme des chiens, de rage, ou comme des

Anglais de spleen. On vit ici entre la double vase du ciel et de la terre, aussi crottés l'un que l'autre, avec des bourgeois étroniformes et plus laids encore en dedans qu'en dehors. — Il faudra décidément que je me fasse valet de chambre ou courrier d'un nabab ou d'un boyard, car le séjour d'un endroit quelconque m'est impossible et je ne peux plus vivre que sur les grands chemins. Je me sens mourir d'une nostalgie d'Asie Mineure et si je ne faisais quelques vers, je m'abandonnerais aux asticots, quoique je trouve la mort plus hideuse encore que la vie. Quand je songe que nous aurions pu nous trouver à Naples ; quelle belle quadrinité cela aurait faite! Mille compliments pour Flaubert. E..... vous salue et le salue. Vous baiserez son pied à votre retour.

Adieu ou au diable à votre choix.

XIV

Communiquées par M. Roger de Cormenin.

1852.

A LOUIS DE CORMENIN.

Mon cher Louis,

Je te remercie de ta bonne et charmante lettre quoiqu'elle contienne de mauvaises nouvelles; mais je n'ai pas plus tôt relevé ma maison d'un côté qu'elle s'écroule de l'autre. Enfin tout cela finira, il faut l'espérer. Tu as dû recevoir deux feuilletons d'impressions de voyage, en voici deux autres. Le bateau du 5 en emportera six autres. Porte-les à Saint-Victor pour qu'il arrange la chose avec Dutacq, puisque le borgne Buloz intercepte la *Presse*. Il faut seulement qu'il garde ma copie sans la faire paraître jusqu'à ce que je sois revenu et qu'il m'envoie l'argent de façon à ce qu'il m'arrive à Constantinople le 31 août. — J'ai de quoi vivre abondamment jusque-là, mais il ne faut pas me laisser pourrir dans les pays étrangers. Il faut quinze jours pleins pour qu'une lettre arrive de Constantinople à Paris et réciproquement. Mon affaire est ainsi divisée sous le titre général de *Promenades d'été*. — De Paris à Constantinople, Malte, Syra, Smyrne, la Troade, les Dardanelles, 5 feuilletons; Constantinople, 10 feuilletons; le Bosphore comprenant les villages et les îles des environs, 5 feuilletons; en tout vingt, que j'enverrai cinq par cinq à chaque départ, c'est-à-dire tous les dix jours. M'étant payé d'avance, l'on n'aura rien à voir là-dessus. La signora ne m'a écrit qu'une seule fois. C'est peu pour quelqu'un que j'aime tant et qui n'a pas de copie à faire. Mes parents ne m'ont pas écrit, ni Maxime non plus; toi seul m'es fidèle dans la nature entière. Quel triste voyage! D'abord la signora n'est pas venue et elle reste à Paris, où j'aurais pu la voir. Ensuite j'ai commencé à être malade en arrivant; puis c'est le tour d'E..., qui est au lit depuis une douzaine de jours et se lève aujourd'hui pour la première fois. Pour achever, l'on veut me couper les vivres. C'est dégoûtant, tu as bien dit le mot. Tu serais bien gentil de m'envoyer deux ou trois de mes volumes de vers par le prochain courrier. Il faut que l'on m'envoie l'argent par le bateau qui part de Marseille le 21 août : il m'arrivera le 5 septembre, et je partirai immédiatement pour la France. Tu vois que c'est grave. Mon troisième envoi de copie arrivera à Paris le 18 ou le 19. Le quatrième envoi partant le 15 de Constantinople (arrivera) le 31 août à Paris. Je joins à ceci un reçu de 1,500 francs. Arrangez tout cela avec Saint-Victor, que j'aime de tout mon cœur ainsi que toi. Tes feuilletons pétillent d'esprit. Pourquoi le nom d'Houssaye n'est-il plus sur la *Revue* comme fondateur propriétaire ?

Tout à toi : Théophile.

Les compliments d'E... et les miens à tous nos amis.

XV

A LOUIS DE CORMENIN.

Ce 22... Venise 1852.

Mon cher Louis,

Sois calme. Ta lettre chargée m'a suivi fort exactement à travers mes méandres, et rejoint enfin heureusement à Venise. Les 500 d'extraction si difficile me vont faire voler à tire-d'aile vers la France, patrie des beaux-arts et des belles manières. Je te remercie *ex imo corde* de toutes les peines que tu prends pour moi. Je t'en sais un gré extrême, sachant ta pudeur et ta délicatesse enfantine dans les affaires de douille, toujours si ennuyeuses et si répugnantes. Ce que tu fais pour moi, tu ne le ferais certes pas pour toi. Mais je ne pense pas comme Roqueplan que l'ingratitude est l'indépendance du cœur. Tu me parles d'une lettre de Maxime; je n'ai reçu qu'un mot au commencement de mon voyage, puis rien. Peut-être que la chose est arrivée à Athènes après mon passage. J'y ai trouvé un pays, oh! qu'il est doux d'être loué ainsi! et une lettre de Londres de la signora à qui je vais écrire d'ici. Toutes ces choses m'ont beaucoup ennuyé et gâté un peu mon voyage. Athènes m'a transporté. A côté du Parthénon, tout semble barbare et grossier. On se sent Muscogulge, Uscoque et Mohican en face de ces marbres si purs et si radieusement sereins. La peinture moderne n'est qu'un tatouage de cannibale et la statuaire un pétrissage de magots difformes. Revenant d'Athènes, Venise m'a paru triviale et grotesquement décadente. Voilà mon impression crue. Adieu, cher Louis. Baise Maxime pour moi. Je serai à Paris dans la huitaine, sur le bienheureux boulevard de Gand, œil et nombril du monde. Je te serrerai la patte et tu me feras quatre-vingt mille questions à la minute. Regarde ma première lettre comme non avenue: l'arrivée du plâtre la rend superflue.

Tout à toi,

THÉOPHILE GAUTIER.

Mille choses à Saint-Victor dont je reçois la lettre. Aie la bonté de commander à Lemasquilier une redingote noire, un pantalon gris et un gilet montant boutonné droit. Je suis tellement en haillons qu'il me faudrait rester huit jours tout nu dans ma chambre pour attendre mes hardes.

XVI

A LOUIS DE CORMENIN.

(*Lettre d'introduction.*)

Mon cher Louis,

Reçois bénignement M. Bourdet, collaborateur à cheval de la *Presse* et mon ami, qui veut confabuler quelques minutes avec toi. Écoute-le entre la charcuterie et le cigare.

Tout à toi.

XVII

Mon cher Louis,

J'avais déjà lu ton article à la *Revue* et j'avais dit à Maxime que je le trouvais très-bien; tu peux le signer en toute conscience et tranquillité. Peut-être aurait-il fallu une polémique, plus directe, mais Champfleury ayant écrit dans la *Revue* et d'assez bonnes choses, cela devenait de mauvais goût. Ainsi tout est pour le mieux.

A toi, de cœur.

XVIII

Mon cher Louis,

Voici ton épreuve. Substitue un autre singe au bedeau. Il est malsain en ce moment de toucher à la soutane, et renvoie-moi le tout. La chose passera dans le numéro prochain, celui-ci étant déjà plein de copies forcées, fins d'articles et autres.

A toi de cœur.

XIX

Neuilly, 1er janvier 1863.

Mon cher Louis,

Je te remercie de l'article sur *Salammbô* que tu m'as envoyé. Il me prouve que de près et de loin, nous voyant tous les jours ou ne nous voyant jamais, nous sommes toujours en communion de cervelle comme autrefois, et aussi de cœur, je n'en doute pas. Toute la smala t'embrasse avec un souvenir bien affectueux.

Tuus ad finem usque.

XX

(Envoi du volume de Contes.)

Mon bon Louis,

Je reconnais bien ta vieille amitié pour moi à ta bonne lettre. Quoique nos corps ne se voient pas souvent, nos esprits ne s'oublient pas. Ton conseil est devancé et je t'envoie le livre qui réalise ton idée. Tu retrouveras là tout ce que tu voulais voir réuni.

Bien à toi *cominus et eminus.*

XXI

L'ARTISTE
Beaux-Arts et Belles-Lettres, rue Laffitte, 2
DIRECTION

Cher Louis,

Fais le jeune Dumas. Ce sera charmant et fin comme tout ce que tu écris. Rien ne me cause plus de plaisir que de voir ton nom sur le papier que je signe. Si tu n'es plus le compagnon de ma vie, tu es toujours le compagnon de mon esprit

Tout à toi, de cœur.

XXII

A MADEMOISELLE SIONA LÉVY,
AUJOURD'HUI Mme ERNST.

Mademoiselle,

J'ai vu Mme de Girardin lundi à l'Opéra, elle m'a dit qu'elle serait enchantée de vous entendre mercredi soir à neuf heures; transportez-vous donc, avec votre mère dans ce temple grec, qui a l'air bâti tout exprès pour la Muse tragique. Il n'y aura que trois ou quatre intimes, ce sera la répétition de la grande soirée. Excusez-moi de ne vous avoir pas avertie plus tôt. Je voulais vous aller dire hier cette nouvelle moi-même, mais j'ai été retenu par mille fâcheux.

Agréez, Mademoiselle, l'expression de mes sentiments les plus distingués.

THÉOPHILE GAUTIER.

Ce mercredi.

P. S. Mercredi veut *dire aujourd'hui,*

Pour Siona Lévy.

Enfant, doublement applaudie,
Tu chantes et tu fais des vers,
Et ton masque de Tragédie
Est couronné de lauriers verts.

THÉOPHILE GAUTIER.

XXIII

A MADAME G...

28 juillet 1865.

... Mardi nous nous sommes mis en route pour nous rendre à la grande fête des vignerons de Vevay. On nous avait retenu des chambres à un petit endroit près de Vevay, et c'est de là que je t'écris, hôtel du Cygne, comme tu le verras par le timbre du papier et la bizarre enveloppe jaune d'un goût tout à fait suisse qui enferme ma missive. Le temps, qui non-seulement est un grand maigre, mais encore un vieux contrariant, a eu l'ingénieuse idée, voyant beaucoup de bourgeois, de touristes et d'Anglais réunis sur le même point, de les arroser pour voir s'ils pousseraient. Ce qui est favorable aux légumes doit l'être pour l'homme, disait ce pauvre Gérard, qui se tenait tête nue à la pluie sentant qu'il avait besoin de douches. Si c'est vrai, nous devons être aujourd'hui bien grandis et bien raisonnables, car toutes les variétés imaginables de pluie nous ont été libéralement versées sur le crâne depuis six heures du matin jusqu'à onze heures du soir : pluie fine, bruine, pluie intermittente, pluie continue, pluie battante, pluie perpendiculaire, pluie diagonale, pluie torrentielle, à seaux, à baignoires, diluviale, en herse comme celle du *Paradis Perdu*. Ces pluies variées ont produit toutes les espèces de boues, crottes, fanges, ruisseaux, cloaques, flaques d'eau, bouillies, purées, marmelades, imitations de macadam en déliquescence, dans quoi Carlotta, Léontine[1], Mlle R..., et moi, fermant la marche, nous avons stoïquement pataugé sans murmurer (*bis*) avec une constance digne d'un meilleur sort. — A travers cela, la fête se continuait comme s'il faisait le plus beau temps du monde, et les divinités de l'Olympe du cortége recevaient le baptême bien malgré elles. Palès, Cérès et Bacchus à la fin de la journée devaient être bons chrétiens. Environ une vingtaine de mille spectateurs assis sur des estrades, prenaient gravement des bains de siége en écoutant des cantates en l'honneur des vignerons. Jamais fête bachique ne fut plus hydraulique. L'eau méprisée par les ivrognes se vengeait avec cruauté, et n'étant pas reçue dans leurs corps, se répandait à profusion sur leur peau. C'est égal, nous nous sommes amusés et la fête était fort belle, malgré les mauvaises farces du temps. Aujourd'hui, il est superflu de le dire, il fait une température la plus magnifiquement inutile du monde. Les costumes sont gâtés, les chars dédorés, les gazes fripées, les velours de coton déteints : le but est rempli. J'admire la constance des Suisses. Malgré l'averse, ils ont rempli le programme jusqu'au bout. Il y a eu fête vénitienne entre deux

1. Mlle Léontine Grisi.

eaux, et feu d'artifice qu'on rallumait à chaque instant avec des allumettes chimiques, comme un mauvais cigare qui ne veut pas aller. Ce n'est pas de sa faute à ce pauvre feu d'artifice qui recevait l'ondée sans parapluie depuis une vingtaine d'heures. Mais en voilà assez, le reste au feuilleton... Pensez au vieux Sachem qui tout en vous écrivant regarde par la fenêtre les bleus impossibles du lac. Herst[1] lui-même y perdrait sa cendre d'Égypte, son bleu minéral, son cobalt, son outremer, son indigo... Adieu, chère Smala, je vais tâcher de radouber ma vieille carcasse et de vous revenir plein de grâce et de sérénité!...

P. S. Il y a aujourd'hui trente-cinq ans juste que j'ai débuté dans la littérature : fatal anniversaire !

XXIV

A SA FILLE ESTELLE.

29 juillet 1865.

... Comme le déluge auquel j'ai été exposé n'était pas un déluge sec, à l'instar du théâtre du Châtelet, j'ai attrapé une fluxion qui m'a fait souffrir beaucoup et m'a rendu abominable. Je commence à peine

---

1. M. A. Herst, un de nos meilleurs aquarellistes, et le professeur de peinture des filles de Théophile Gautier.

à reprendre ma vraie tête d'Holopherne suspendue à la main de Judith par une touffe de crins. Souffrir, ce n'est rien, mais être laid, horreur! J'espère que ta coquetterie féminine comprendra ce sentiment. J'ai déploré comme il convient la mort de Babylas[1] « qui avait des ailes et n'a pas volé »; épitaphe digne de l'Anthologie et qui semble être de Méléagre, le charmant petit poëte grec. Enfin son tombeau n'a pas été l'estomac vorace d'Enjolras ou d'Éponine, chatte bien élevée, mais très sur sa gueule. Judith avait juré de ne jamais quitter Babylas; mais cela n'a servi à rien; il n'a pas été mangé, mais il est mort : « Ce n'est pas la balle qui tue, c'est la destinée », disent mélancoliquement les Arabes fatalistes. Assez jaboté sur le trépas de ce pierrot modèle.

XXV

A M. MAXIME DU CAMP.

14 décembre 1866.

Mon très-cher Max,

Je profite de ce que Charpentier me presse de t'écrire à propos de *Fracasse* (il veut une réclame, cet homme!) pour te dire quelle profonde émotion m'ont causée les *Forces perdues*... C'est un chef-d'œuvre. Peut-être ne le sais-tu pas. Un chef-d'œuvre dans

---

[1]. Voir *Ménagerie intime*, chez A. Lemerre.

toute la force du mot, vécu, souffert, aimé, pleuré, fait avec de la vraie chair, du vrai sang, de vraies larmes, et par-dessus tout cela une sobriété, une mesure, une absence de déclamation, une philosophie pratique et résignée de la plus grande hauteur. Les *Forces perdues* seront ton livre, ta note, ton sanglot dans ce grand hurlement du xixe siècle. Il y avait longtemps que je n'avais rien admiré et cela m'a fait du bien de lire ton beau livre.

Toujours à toi, quoique je ne te voie jamais.

XXVI

A SA FILLE ESTELLE

1867.

Ma chère Estelle,

Tu m'as fait un peu attendre ta lettre, mais elle est si gentille et si affectueuse que je lui pardonne de grand cœur d'être légèrement en retard. Tiens ta risette prête, je serai mardi matin à Paris et cette fois ce ne sera pas comme à l'autre retour de Saint-Jean; je rentre à la maison, bien charmé d'y revenir, quoique je sois très bien et très heureux où je suis. Juste au moment de mon départ, le temps se met à être insolemment superbe. Il fait chaud, il fait bleu, le raisin gonfle et mûrit, les marronniers, qui commençaient à perdre leurs feuilles, font mine de refleurir, et tout le temps de mon séjour, ce n'a été que bise, pluie, orages, variétés de températures exécrables. C'est à peine si dans une journée on trouvait dix minutes pour kilométrer dans le jardin. Enfin jouissons de cette éclaircie de soleil sans grogner, et prenons le temps comme il vient puisqu'il est beau. Il aurait pu neiger et pleuvoir à verse. C'est heureux que la chaleur soit venue, car une source s'est déclarée dans le calorifère de Saint-Jean, qui est baigné par trois pieds d'eau venue on ne sait d'où et qu'on ne peut pas étancher. Je pense tous les matins à la baignoire et je me réjouis d'y plonger mon cadavre la semine prochaine. Si Bœuf-en-Chambre pouvait venir déjeuner mardi à Neuilly avec Toto, cela me ferait plaisir de voir au débotté ces deux Auvergnats, quoiqu'ils ne m'aient pas rapporté de Saint-Flour le chaudron en cuivre jaune qu'ils m'avaient promis. Le menuisier finira, le tapissier reviendra et nous sortirons à la longue du capharnaüm, comme dit Lili. Nous ferons cuire des viandes avec le tournebroche comme au temps de Charles X. Remercie Zo-langue-de-Coq du mot qu'elle a mis pour moi dans ta lettre. Mille choses fraternelles à Lili. Toute la maison de Saint-Jean t'embrasse et Fofo, qui t'adore particulièrement, me prie de la rappeler à ton bon souvenir.

Mille caresses. L'auteur de tes jours,

THÉOPHILE GAUTIER.

XXVII

A SA FILLE ESTELLE.

1er septembre 1867.

Je te remercie bien tendrement de la façon charmante et discrète avec laquelle tu as fait allusion à ce jour néfaste qui est celui de ma naissance et dont le retour augmente d'un chiffre un âge déjà suffisamment respectable[1]. Hélas! il faut donc à la longue devenir un roquentin et renoncer sous peine d'être ridicule à dire des choses agréables aux belles jeunes femmes qui sont par la ville, comme dit le père Hugo.

> C'est donc à dire
> Que je ne suis qu'un vieux dont les jeunes vont rire!
> On se rira de moi, soldat de Zamora,
> Et quand je passerai, tête blanche, on rira!
> Ce n'est pas vous du moins qui rirez!...

Sais-tu que je n'ai à présent que quatre ans de moins que cette ganache de Ruy Gomez de Silva, qui nous fait l'effet d'un ancêtre. Jamais je ne le croirai! Pour mes vacances je travaille comme un nègre, à ce fameux Rapport sur la Poésie dont

---

1. Il venait d'atteindre à sa cinquante-sixième année.

j'envoie aujourd'hui même un gros paquet à T... Il va falloir demain recommencer mon métier de croque-mort et faire une nécrologie de ce pauvre Baudelaire[1]. *Crénon!* comme il disait, c'est embêtant d'enterrer ainsi tous ses amis et de faire de la copie avec leur cadavre. La nature, qui se soucie fort peu des crevés, a jugé à propos de mettre ses tentures bleues et il fait le plus beau temps du monde. Nous avons fait hier avec les Cherbuliers une partie très-amusante à Saint-Cergues, dans le Jura.

XXVIII

A SA FILLE ESTELLE.

17 novembre 1867.

Je t'écris officiellement sur un papier de préfecture à vignette impériale, c'est assez flatteur, j'espère. Ce papier t'indique que je suis à Clermont-Ferrand, chez le patron de Toto[2]. C'est un homme charmant de quarante-trois ans, chauve, avec des favoris blancs et des sourcils très-noirs, des yeux très-vifs et l'air très-jeune. C'est l'ancien préfet d'Emmanuel. Il a beaucoup d'esprit et c'est un très-bon

---

1. Baudelaire est mort le samedi 31 août 1867, jour anniversaire de la naissance de Théophile Gautier.
2. M. Théophile Gautier fils.

diable qui a mené la vie de bohème à Paris et tiré la courroie avec les dents comme nous avons tous fait et le faisons encore. Il a une femme blonde rose, grasse, douce et en adoration devant lui. Nous sommes là comme des coqs en pâte. J'ai ma soupe le matin, *très-épaisse*, et tout mon souci est de ne pas trop manger ni boire. J'ai une chambre superbe et un lit excellent. La préfecture est établie dans un ancien couvent dont l'église sert de salle d'archives et où il y a un ou deux kilomètres de corridors. Il y aurait de quoi loger à l'aise cinquante personnes. Du reste, le préfet a trois voitures et quatre ou cinq chevaux; c'est comme un petit roi de département. Toto est là-dedans comme l'enfant de la maison ; il a séduit le chien et le petit garçon. Il ne peut faire l'apprentissage de son métier en de meilleures conditions. Mardi nous irons à Ambert, car Toto fait ses visites aux autorités, en habit noir et cravate blanche, avec un sérieux parfait, conduit par son patron. Nous avons fait hier une magnifique promenade à Royat et dans les montagnes. C'est très-beau et d'un caractère tout autre que la Suisse ; des rochers noirs brûlés par d'anciens volcans et que l'automne revêt en ce moment de superbes fourrures rousses, sauf les sapins toujours verts. — Aujourd'hui nous avons vu de belles églises romanes et une vieille ville, moyen âge, noire comme de l'encre, d'une saleté horrible, mais pleine d'architectures bizarres, d'ogives, de colonnettes, d'escaliers en spirales, de gargouilles et de mascarons à demi noyés dans des pierrailles et des raccommodages d'auvergnats. Cette ville s'appelle Ferrand tout court et méprise Clermont-Ferrand comme il convient. Le puy de Dôme n'est pas une farce : il existe, et on l'aperçoit à chaque bout de rue. — Tu verras dans le *Moniteur* que j'ai été obligé de reprendre mon métier de nécrologue et de déplorer la mort de ce pauvre Philoxène Boyer[1]... Je ne te cache pas que ce métier de croque-mort commence à m'ennuyer.

XXIX

A SA FILLE ESTELLE.

1867.

Ambert est un pays de montagnes, et de la fenêtre de ma chambre on aperçoit une chaîne d'un gris violet coupée de bandes de nuages qui rappelle assez le Salève. La ville est petite, assez jolie et contient dit-on huit mille habitants. On ne le croirait pas à voir les rues désertes, où les oies se promènent avec une tranquillité que rien ne dérange. L'église est magnifique, moitié gothique et moitié renaissance. L'hôtel de la sous-préfecture pourrait loger vingt-cinq personnes aisément et nous n'y tenons pas grand'place. Toto a reçu aujourd'hui les visites officielles des autorités, donné des signatures et com-

---

1. *Portraits contemporains.* Chez Charpentier.

mencé son règne. Cependant ce n'est qu'une prise de possession... Une chose m'a frappé, c'est le profond silence qui règne dans la ville : on n'entend absolument rien, pas un bruit de voiture, pas un claquement de fouet, pas un caquet de poule, pas un aboiement de chien, pas un bruit d'eau courante, aucun frémissement de quoi que ce soit de vivant. C'est une sensation bizarre pour moi qui ai l'habitude du tumulte parisien. Toto, le soir, pourra traduire *Jean-Paul* sans distraction. Cependant cette absence de toute sonorité occupe malgré soi : on écoute le silence.

XXX

A SA FILLE ESTELLE.

22 octobre 1869.

Ma chère Estelle,

C'est à toi que j'écris aujourd'hui pour te rassurer sur l'existence de ton papa par cet autographe. On dit qu'un courrier extraordinaire va partir et je ne veux pas manquer cette occasion de te donner de mes nouvelles ainsi qu'à E. et à mes sœurs, qui doivent être bien inquiètes. Dis-leur bien qu'elles ne s'exagèrent pas les choses. Je me porte parfaitement bien et j'ai une mine superbe. Il est vrai que c'est bien fâcheux d'avoir été blessé de la sorte, au commencement d'un voyage depuis si longtemps rêvé et qui s'annonçait d'une manière si heureuse. Mais, grâce aux soins exquis de Marc [1], qui a renoncé au voyage de la haute Égypte pour rester avec moi au Caire, je ne me sens pas trop de ma catastrophe et je vois encore bien des choses curieuses. Les camarades Gérôme, Tournemine, Berchère, Chennevières, Berthelot, Isambert, Quatrefages et *tutti quanti* se sont embarqués cette nuit sur le bateau à vapeur qui remonte le Nil. J'aurais pu, à la rigueur, les suivre, mais il aurait fallu se priver des excursions à âne, cheval ou chameau, pour aller voir les antiquités quelquefois éloignées du fleuve d'une lieue ou deux. Il était plus sage de rester jusqu'à parfaite consolidation de mon bras, c'est ce que j'ai fait. Nous sommes très bien à l'hôtel *Sheppeard*, place de l'Esbekieh, et les visites ne nous manquent pas. Le médecin du vice-roi, autrement du khédive, s'est mis très gracieusement à ma disposition et remplace M. Broca, parti pour la haute Égypte. Ses soins se bornent, du reste, à fort peu de chose. J'ai visité hier Boulaq, le port du Caire, sur le Nil, et le palais, préparé pour l'impératrice, qui arrive aujourd'hui. Cela est d'un goût contestable, mais d'une somptuosité folle. Quant au Nil, ses eaux chargées de limon sont complétement rouges et coulent avec une grande impétuosité. J'ai aperçu les pyramides du haut de la citadelle, mais l'inondation ne permet pas d'y aller maintenant. Je t'embrasse de tout mon cœur. Ton père cassé mais non Cassandre.

1. M. A. Marc, le directeur de l'*Illustration*.

XXXI

A SA FILLE ESTELLE.

Février 1870.

A propos de mon article sur *Lucrèce Borgia*, que tu as peut-être lu, j'ai reçu d'Hugo une charmante lettre avec une photographie qui le représente la main appuyée sur un fauteuil. Au bas sont écrits ces mots : « Je vous offre un fauteuil. » Derrière la photographie il y a : « A Théophile Gautier. »

Victor Hugo.

2 février 1833.

2 février 1870 (date de la première représentation et de la reprise de *Lucrèce*).

Je te transcris la lettre :

Hauteville-House, 9 février 1870.

Mon Théophile, comment vous dire mon émotion? Je vous lis et il me semble que je vous vois. Nous revoilà jeunes comme autrefois. Votre main n'a pas quitté ma main. Quelle grande page vous venez d'écrire sur *Lucrèce Borgia!* Je vous aime bien : vous êtes toujours le grand poëte et le grand ami. V. H.

Voici mon portrait : il *vote* pour vous.

XXXII

A SA FILLE ESTELLE.

... Il n'y a plus de chevaux à Paris, on les a tous mangés, ou peu s'en faut. Nous voilà enfin, — à quel prix, grands dieux ! — débarrassés des Prussiens. Ils ont fait une entrée peu brillante, suivie d'une prompte sortie. Quand ils sont arrivés sur la place de la Concorde, ils se sont trouvés face à face avec les huit statues des villes de France, spectres de pierre masqués de noir, qui les attendaient dans une solitude profonde ; ils n'ont pas osé lever les voiles de crêpe. Rien n'était plus lugubre et plus effrayant. La ville est encore exaspérée et frémissante, mais le calme va se faire... Nous avons eu la douleur de perdre ce pauvre Victor Giraud, le peintre du *Marchand d'esclaves* et du *Charmeur*. J'ai fait sa nécrologie, comme j'ai fait celle de tant d'autres, hélas ! Celui-là, ce n'est pas une balle qui l'a tué, mais une nuit d'avant-poste par un froid de 15 degrés. Il n'avait pas encore trente ans, était beau comme le Lucius Vérus, adoré de ses parents et le mieux doué des jeunes artistes après Regnault.

XXXIII

A SA FILLE ESTELLE.

Les journées de siége sont plus longues que les autres et peuvent compter pour des mois. On ne saurait imaginer une existence plus morne et plus triste... De danger, il n'y en a pas dans le vrai sens du mot. La ville n'est pas attaquée sérieusement, mais investie, de façon à nous faire mourir de faim dans un temps donné. Dans ce cachot de plusieurs lieues de tour, je n'ai pas, comme Ugolin, la ressource de manger mes enfants puisqu'ils sont en Suisse ou en Angleterre. Il n'y a plus de beurre depuis longtemps; l'huile commence à manquer, le fromage est un mythe et je t'avoue que le macaroni à l'eau et au sel est un mince régal. La ration de viande est descendue à quarante grammes par jour pour chaque personne et l'on n'obtient sa portion qu'après des queues de trois heures. J'ai mangé du cheval, de l'âne, du mulet, mais il n'y en aura bientôt plus. Il se forme des boucheries où l'on vend du chien, du chat et même des rats et des pierrots; un chien un peu fort vaut 20 francs; une moitié de chat vaut 6 francs; les rats et les pierrots 50 centimes. Pardonne-moi tous ces détails, mais la grande affaire est de se nourrir. Quand on se rencontre, la première question que l'on s'adresse, c'est : « Avez-vous de la viande? » cela a remplacé le banal : « Comment vous portez-vous? ».

14 novembre 1870.

XXXIV

LETTRE A HIPPOLYTE MOULIN, STATUAIRE.

Monsieur,

Je suis charmé de la fidèle réduction de la magnifique tête de la République en « Paros céleste » que le dégel a si vite fait fondre. J'ai porté ce souvenir du bastion 85 au bureau du journal et notre directeur, M. Lavertujon, en a été si charmé que vous feriez bien de lui en envoyer un exemplaire ; il demeure rue Halévy, 8, il voit tous les jours le gouvernement, il a une grande influence et pourrait contribuer à la réalisation d'une idée que j'ai émise, c'est-à-dire de vous commander en marbre et de dimension colossale ce buste, qui est vraiment fort beau et honore « l'art pendant le siége ».

Mille remercîments.

THÉOPHILE GAUTIER,
Rue de Beaune, n° 12.

XXXV

A SA FILLE ESTELLE.

15 décembre.

Chère mignonne, n'oublie pas ton pauvre père. enfermé dans la tour d'Ugolin avec deux millions d'affamés. Ce n'est pas l'argent qui me manque, mais on ne mange pas des pièces de cinq francs, et je t'avoue que le macaroni sans beurre et sans fromage perd beaucoup de son charme.

XXXVI

A SA FILLE ESTELLE.

11e lettre, 113e jour de siége, 9 janvier 1871.

Ma chère Estelle,

J'ai attendu sans grand espoir qu'elle arrivât, la réponse à la carte-poste que je vous avais envoyée et qui peut-être ne vous est pas parvenue. Mais comme un plus long silence pourrait vous inquiéter, je vous écris à tout hasard. Ma santé, qui avait été excellente, a été altérée vers la Noël, où les froids ont commencé par le plus abominable rhume qu'on puisse souhaiter à un ennemi. J'étais pris du nez, de la gorge, de la poitrine, mais j'ai été très-bien soigné et cela va mieux; mais je garde encore la chambre, où je m'amuse médiocrement, comme tu peux bien le penser. Mes sœurs ont eu la grippe et c'était dans notre galetas d'interminables chœurs de tousseries auxquels Rodolfo joignait sa voix. La situation est toujours la même et ce n'est pas une exagération que de l'appeler mélancolique. Les vivres deviennent de plus en plus rares et nous ne vivons que de chocolat, de riz et de crêpes, car la ration de cheval livrée par le gouvernement est absolument insignifiante. Le pain et le vin ne manqueront pas de longtemps et avec cela on peut vivre à la rigueur. L'important est de gagner du temps. Pour nos étrennes, messieurs les Prussiens ont commencé le bombardement, qui ne produit pas l'effet qu'ils en attendaient sans doute. Chacun va à ses affaires comme s'il n'y avait rien. Quelques obus sont arrivés jusqu'au Luxembourg. C'est la limite extrême. Si M. de Bismark pensait effrayer les Parisiens par cette pyrotechnie, il s'est bien trompé. Loin de causer de la terreur, le bombardement excite de la curiosité et l'on est obligé de poser des sentinelles aux endroits où les bombes arrivent pour chasser le public. Les gavroches ramassent les morceaux d'obus et les vendent aux bourgeois depuis 1 franc jusqu'à 5 francs. Cependant il serait bien temps que tout cela finît et que les armées de province tombassent sur les derrières des

Prussiens, comme on dit en style stratégique. Espérons qu'elles vont arriver bientôt et que le général Chanzy, dont on dit merveille, nous débloquera. Je pense que tu te portes bien.

XXXVII

A SA FILLE ESTELLE.

Ce 19 avril 1871. Versailles,
avenue de Saint-Cloud, n° 3.

Chère mignonne,

Il s'est passé des choses bien terribles depuis ma dernière lettre. Courbevoie et le pont de Neuilly sont devenus le théâtre de luttes acharnées. L'avenue est balayée perpétuellement par les canons, les obusiers et les mitrailleuses des combattants. Lili [1] voyant après quelques jours le calme revenu, a eu l'idée malheureuse de retourner à la maison où elle s'est trouvée bloquée et elle vit à la cave comme toute la population de Neuilly. Nous avons été, comme tu le penses, dans une inquiétude affreuse. Impossible d'aller la rejoindre ou de la faire replier sur Versailles. Toutes les lignes sont coupées et qui essayerait de les franchir serait exposé aux feux des assiégés et des assiégeants. Pendant toute une se-

---

1. La sœur aînée de Gautier.

maine nous avons ignoré si elle était vivante ou morte ensevelie sous les débris de la maison. Elle a enfin trouvé moyen, sans doute par des soldats revenant à Versailles, de nous faire passer quelques lettres qui nous ont rassurés sur son compte. Sa dernière est arrivée hier 18 avril. Lili va très bien. La maison n'a pas été atteinte, sérieusement du moins, car pour quelques balles perdues dans les murs, je n'en répondrais pas. Cette vie d'anxiété et de dispersion est insupportable. On s'ennuie mortellement à Versailles. La copie ne passe pas à cause des Chambres qui remplissent tout le papier. L'argent baisse et l'on ne sait comment le remplacer; c'est fort triste. Les *Communeux* ne sont pas si gentils que vous l'imaginez en Suisse. La République est sans doute une très belle chose tant qu'elle reste à l'état de théorie, mais chez nous quand on veut la mettre en pratique elle tourne tout de suite en guerre civile. Le rôle de prophète de malheur ne me séduit pas, mais tu dois te rappeler que, dans mes lettres, depuis plus de deux mois je prédisais des journées pires que les journées de juin après la révolution de février en 1848. Il règne à Paris une véritable terreur comme en 93. On a brûlé la guillotine, c'est vrai; mais le chassepot la remplace avec avantage. Six cent mille personnes ont quitté Paris, les rues sont désertes, les boutiques fermées ou seulement entr'ouvertes. On se sauve en se laissant glisser du haut des remparts le long d'une corde à nœuds. Mais tu dois voir tout cela dans les journaux. Tu me demandes ce que devient Rodolfo ; il est resté avec nous jusqu'au 18 mars, jour de notre réinstallation à Neuilly. Je n'ai pas eu de ses nouvelles depuis. Les lettres de Paris à Versailles ne passent pas et Rodolfo se trouve, ayant trente-huit ou trente-neuf ans, dans la catégorie de la levée en masse, de dix-neuf à quarante. J'ai laissé à sa disposition le petit logement de la rue de Beaune : peut-être s'y cache-t-il ou est-il avec son ami Yon, celui qu'il appelait le ballonneux. A-t-il eu l'esprit de s'échapper à temps, je l'ignore. Rien ne serait plus raisonnable que ta petite politique, si malheureusement les hommes n'étaient des idiots, des fous, des scélérats et surtout des lâches.

XXXVIII

A SA FILLE JUDITH.

Chère enfant,

J'ai été bien touché de ta lettre. Eh ! quoi, tu penses au vieux Sachem abandonné et tu as assez d'âme pour imaginer que le père pourrait bien manquer d'argent et crever un peu de faim dans ses exodes. Cette idée, toi seule l'as eue et je t'en remercie ; tout le monde, c'est plus commode, fait semblant de croire que je regorge d'or et que je me porte comme le Pont-Neuf. Toi, créature originale et bizarre, tu t'inquiètes de mon sort. Il est vrai, tu t'en souviens, que dans mes ennuis je t'ai longtemps appelée mon dernier espoir. Garde ton argent, cher cœur, garde-le pour toi, j'ai trouvé une veine de copie qui convient à la situation — des articles sur le Versailles de Louis XIV — restituant l'ancien état du palais, et dans quelque temps, je serai remis à flot; seulement donne la pâtée à la maman pour quelques jours, jusqu'à ce que je puisse lui refaire sa pension, cela ne tardera pas. Paris va bientôt, il faut l'espérer, rentrer dans l'ordre, et nous pourrons reprendre la vie humaine, car nous menons une existence de sauvages. N'essayez aucune sortie, le mieux est de se tenir coi encore quelque temps, ce ne sera pas long. Remercie Ernesta des chaussettes, qui me sont parfaitement arrivées et qui vont comme des gants. L'héroïque Lili est toujours en cave : elle n'a pas voulu quitter la maison, qui, déserte, serait impartialement pillée par les ennemis ou les amis imbus des mêmes doctrines en fait de butin. Dans quelques jours nous irons la délivrer. Nous recevons des nouvelles de Neuilly de temps en temps, et Zoé, accompagnée d'un sergent de ville, y a fait une visite des plus périlleuses avec une bravoure que n'auraient pas eue bien des hommes : voilà Zoé transformée en Bradamante et en Marphise avec l'armure de moins et les bombes en plus. Qui l'eût dit! rien de tout cela n'a l'air vraisemblable et le siége de Paris par les Français a l'air aussi chimérique que le siége de Pékin par les Chinois du Dragon Impérial. A propos du Dragon Impérial, il y a ici une petite société de mandarins et de raffinés qui voudraient bien le lire, rassasiés qu'ils sont des bulletins de guerre du *Gaulois*. Si tu pouvais m'envoyer ce bouquin, tu me et leur ferais plaisir. Où des chaussettes passent, passera bien ce livre.

Je t'embrasse de tout cœur,

Ton père,

THÉOPHILE GAUTIER.

Zoé t'embrasse mêmement ; les chats et les chiens vont bien. Zizi est à Versailles, où il fait l'admiration des douairières.

XXXIX

A SA FILLE ESTELLE.

... Dans notre maison de Neuilly, il y a eu un commencement d'incendie causé par un obus. Lili l'a courageusement éteint avec l'eau du réservoir. Sans cela tout brûlait. L'obus avait éclaté dans le lit de mes sœurs. La cuisine et la salle à manger ont été traversées par des boulets. Il n'y a rien dans ta chambre ni dans la mienne. Au plafond de l'atelier seulement quelques balles... On a jeté bas la colonne, rasé et pillé la maison de Thiers ; on attaque le monument expiatoire ; on va mettre le marteau à la Sainte-Chapelle (monument du fanatisme) et violer le tombeau de l'Empereur, dont on doit enfouir à Clamart, dans le cimetière des suppliciés, les restes augustes à côté de la charogne de Troppmann. Pour couronner la petite fête, on fusillera l'archevêque et les otages. C'est charmant et d'une haute civilisation. Ce ne sont pas là malheureusement des inventions de réactionnaires pour discréditer la République. Cela se passe à la pure clarté du soleil, au milieu de Paris, devant un peuple dont l'âme semble s'être évaporée, abruti qu'il est par cette Terreur bête. Le bagne et la ménagerie et Charenton sont logés là, et les sauvages, un anneau dans le nez, tatoués de rouge, dansent la danse du scalp sur les débris fumants de la société. Quel avilissement! Autrefois vingt-cinq sergents de ville eussent suffi pour fourrer au violon ces drôles, ou plutôt ces gorilles avinés, maintenant il faut une armée... Je vais chercher un coin de terre paisible où l'on puisse gagner sa nourriture et celle des siens parmi des êtres raisonnables.

TABLE DES MATIÈRES.

Préface..................................... 1
Théophile Gautier. — Souvenirs........... 1
Biographie de Théophile Gautier......... 25
Entretiens.................................. 55
Œuvres posthumes et Projets............. 184
Derniers Moments.......................... 223
Théophile Gautier peintre................. 241
Lettres.................................... 273

Extrait du Catalogue de la BIBLIOTHÈQUE-CHARPENTIER
à 3 fr. 50 le volume

THÉOPHILE GAUTIER
PORTRAITS CONTEMPORAINS

Henry Monnier. — Tony Johannot. — Grandville — Marilhat. — Chassériaux. — Ziégler. — Ingres. — Paul Delaroche. — Ary Scheffer. — Horace Vernet. — Eugène Delacroix. — Hippolyte Flandrin. — Gavarni. — Joseph Thierry. — Hebert. — Appert. — Dauzats. — Gabriel Tyr. — Simart. — David d'Angers. — Alphonse Karr. — Béranger. — Balzac. — H. Murger. — Méry. — Léon Gozlan. — Charles Baudelaire. — Lamartine. — Paul de Kock. — Jules de Goncourt. — Jules Janin. — Denecourt. — Mlle Georges. — Mlle Juliette. — Mlle Jenny Colon. — Mlle Suzanne Brohan. — Mme Dorval. — Mlle Mars. — Mlle Rachel. — Rouvière. — Provost, etc.. 1 vol.

THÉOPHILE GAUTIER
HISTOIRE DU ROMANTISME

Eugène Delacroix. — Camille Roquep'an. — E. Devéria. — Camille Flers. — Louis Boulanger. — Théodore Rousseau. — Froment Meurice. — Barye. — Frédérick Lemaître. — A. de Vigny. — Berlioz. — Célestin Nanteuil, etc.................................. 1 vol.

HENRI REGNAULT
CORRESPONDANCE

Annotée et recueillie par Arthur Duparc, suivie du catalogue complet de l'œuvre de H. Regnault et ornée d'un portrait gravé à l'eau-forte par M. Laguillermie.
SOMMAIRE. — 19 janvier 1871. — Enfance de Regnault. — Ses études. — Ses débuts dans la peinture. — Concours pour le prix de Rome. — Départ pour Rome. — Rome. — Retour à Paris. — Portrait de Madame D. — Second séjour à Rome. — Automédon. — Départ pour l'Espagne. — Espagne. — Madrid. — La révolution espagnole. — Portrait du général Prim. — Troisième séjour à Rome. — Judith. — Salomé. — Départ pour Grenade. — L'Alhambra. — Tanger. — Retour à Paris. — Le siége. — Exposition des œuvres de Henri Regnault. — Catalogue complet de son œuvre.. 1 vol.

ALFRED DE MUSSET
MÉLANGES DE LITTÉRATURE ET DE CRITIQUE

Un mot sur l'art moderne. — Salon de 1836. — Exposition du Luxembourg. — Revue fantastique, etc... 1 vol.

PHILIPPE BURTY
MAITRES ET PETITS MAITRES

L'enseignement du dessin. — L'atelier de Mme O'Connell J. P. M. Soumy, peintre et graveur. — Eugène Delacroix. — Les Études peintes de Théodore Rousseau. — Camille Flers. — Les portraits de Ch. Méryon. — Théodore Rousseau. — Dauzats. — Paul Huet. — Sainte-Beuve, critique d'art. — Gavarni. — Les eaux-fortes de Jules de Goncourt. — J. F. Millet. — Les dessins de Victor Hugo. — Diaz. — Les salons de Diderot, etc........... 1 vol.

Paris. — Imp. E. CAPIOMONT et V. RENAULT, rue des Poitevins, 6.

www.ingramcontent.com/pod-product-compliance
Lightning Source LLC
Chambersburg PA
CBHW050745170426
43202CB00013B/2308